Identité de marque

Éditions d'Organisation
Groupe Eyrolles
61, bd Saint-Germain
75240 Paris Cedex 05

www.editions-organisation.com
www.editions-eyrolles.com

Cet ouvrage est la nouvelle édition revue et actualisée de l'ouvrage
précédemment intitulé :
Ce que marque veut dire…
paru en 2001

Marie-Claude Sicard

Identité de marque

Deuxième édition

Sommaire

Introduction   1

À l'assaut du marketing classique   7

Quand le sens naît d'une mise en relation   11

Pourquoi recourir aux sciences de la communication   14

Première partie
Identité de marque :
petite histoire d'un météore

Chapitre 1   Un succès paradoxal   21

À l'origine, un concept flou   21
Un nom, un produit, un logo : 3 conditions nécessaires,
mais pas suffisantes   24
Que faire d'un concept si complexe ?   27

Splendeurs et misères d'un concept marketing   30
À la recherche d'une date de naissance   30
Attention, fausses pistes !   38

Chapitre 2   Où en sommes-nous aujourd'hui ?   47

Les modèles d'analyse actuellement en vigueur en France   48
L'école anglo-saxonne   48
Les alternatives françaises   50
L'identité de marque : un concept à cheval sur les deux branches
du marketing   55

Comment on en vient à changer d'avis sur l'identité
de marque   59

Chapitre 3   Quand l'inconscient s'en mêle   65

Petites mythologies à l'usage des marques   68
  Au commencement étaient la marque roc et la marque machine… 69
  …puis vint la marque personne   71
  La marque personne, petit soldat du marketing guerrier   74

La géométrie au service de l'identité   78
  Identités concentriques, identités triangulaires   79
  Les marques possèdent-elles une « essence » ?   91
  Le noyau et la pyramide ou l'art d'emprisonner l'identité
  de marque   95
  De « l'essence » à « l'âme » de la marque   98

Chapitre 4   Pour renouveler la réflexion
              sur l'identité de la marque   103

Faut-il se focaliser sur le « noyau identitaire » ?   104

Que disent les recherches les plus récentes sur l'identité ?   107

Et s'il y avait plusieurs noyaux ?   111

Quatre modèles de l'identité   115

Entre ordre et désordre, où situer l'identité de marque ?   118

L'architecture du vivant au secours de l'identité de marque   121

Deuxième partie
Une méthode d'analyse

Chapitre 5   Le concept de la méthode de l'empreinte   133

Pourquoi sept contextes ?   136

Un réseau « non centré »   139

Des intitulés au pluriel   140

Manipuler ou activer ?   141

Sept pôles, autant d'hologrammes   143

Pas de communication hors contexte   144

CHAPITRE 6   LA MÉTHODE DE L'EMPREINTE : LES 7 PÔLES   149

Le pôle Physique   152
Le corps de la marque   153
Questions de noms   160
Questions de détails   163
Questions de design   165
Questions de prix   169

Le pôle Spatial   171

Ailleurs   172
Ici   176
Nulle part/Partout   179

Le pôle Temporel   181
Manipuler le passé   182
Manipuler le futur   187
Manipuler le temps présent   188
Viser l'éternité   193

Le pôle des Normes   196
La norme publicitaire   197
La norme du métier   201
La norme du produit   205
La norme de la marque   206
La norme sociale ou culturelle   208
Toutes les normes à la fois   213

Le pôle des Positions   215
Complémentarité stable   226
Symétrie stable   228

Le pôle des Relations   230
Relation et contenu   234
Jeu et rituel   237

Le pôle des Projets   241
Intentions, enjeux, visions, croyances, valeurs   244
Le temps des utopies   246

CHAPITRE 7   LA MÉTHODE DE L'EMPREINTE, MODE D'EMPLOI   249

Les neuf règles du jeu   251

Plusieurs pôles à la fois   255

Physique – Espace   255
Physique – Normes   255
Physique – Projets   256
Physique – Relations   256
Physique – Temps   256
Espace – Positions   256
Espace – Projets   257
Espace – Relations   257
Espace – Temps   257
Normes – Positions   257
Normes – Projets   258
Normes – Relations   258
Normes – Temps   258
Positions – Projets   259
Positions – Relations   259
Positions – Temps   259
Projets – Relations   259
Projets – Temps   260
Temps – Relations   260
Physique – Espace – Relations   260
Physique – Espace – Temps   261

Tous les pôles ?   262
Ikea   263
Club Med   265

Qui active les 7 pôles de l'identité de marque ?   267

Conclusion   277
Bibliographie   285
Index des marques   289

INTRODUCTION

Si j'étais anglaise ou américaine, ou si j'avais commencé par faire des études de marketing, j'aurais eu bien du mal à développer une réflexion originale sur les marques, car j'aurais été prisonnière du vocabulaire anglo-saxon qui infiltre cette discipline, et donc de l'idéologie qui la sous-tend.

Mais le hasard en a décidé autrement. Avant d'aborder le monde des marques, j'avais reçu une éducation littéraire très poussée, dont j'ai gardé l'amour et le respect des mots, de leur histoire et des multiples sens qu'ils prennent au fil du temps ou de leurs voyages dans l'espace. Ensuite, j'ai plongé dans l'univers des sciences humaines et dans l'histoire des idées. Et quand, enfin, j'ai eu l'occasion de créer le planning stratégique d'une excellente agence de publicité française, puis d'assurer la direction opérationnelle du marketing et de la communication d'une grande marque de prêt-à-porter, tout ce que j'avais appris auparavant a soudain éclairé cette nouvelle aventure d'une lumière inattendue.

Au début, la routine professionnelle m'a fait adopter comme allant de soi la traduction de « marque » par *brand*, et *vice versa*. Car si le mot « table » est le même en anglais et en français, la plupart du temps, dans deux langues différentes, il faut deux mots différents pour désigner la même chose, comme *dog* pour dire « chien » en anglais ou en italien *nave* pour « bateau ».

Et puis, mes vieux réflexes ont repris le dessus. Shakespeare n'a-t-il pas dit, par la voix de Juliette s'adressant à Roméo, qu'une rose sentirait aussi bon si elle portait un autre nom que celui de « rose » ? C'est même ce qu'on entend chaque fois que quelqu'un le cite, pour faire le malin, lorsqu'il s'agit de soutenir que peu importe le nom, seul l'objet ou le fait compte.

Sauf que révérence gardée envers Shakespeare, il se peut que ce soit faux, parce que le sens des mots varie, justement, et qu'ils gardent des traces de ces variations parfois des siècles, des millénaires après leur apparition. Ainsi, nous traduisons « travail » par *work*, mais même dans le langage courant, ils n'ont pas exactement les mêmes résonances : le français conserve le souvenir du latin *tripalium*, un instrument de torture formé de trois pieux, tandis que l'anglais a hérité *work* du haut allemand, qui l'avait emprunté à un mot grec signifiant simplement une « activité », une « action ». L'étymologie est l'inconscient du langage : il faut la connaître pour entrevoir ce qui se cache derrière des similitudes commodes, mais parfois trompeuses, et dont les faux-semblants sont toujours révélateurs.

Ainsi, pourquoi dit-on *brand* d'un côté de l'Atlantique et « marque » de l'autre ? Sous l'apparente équivalence de ces deux mots, n'y aurait-il pas deux conceptions différentes de la notion de marque ?

Il y a quelques années, la question pouvait sembler futile, mais le contexte la rendait nécessaire. Jusqu'alors, la suprématie du marketing à l'anglo-saxonne, et donc la conception de la marque qui s'ensuivait, s'était imposée sans discussion aux professionnels du monde entier. La vraie discussion – pour ne pas dire la controverse – est venue d'ailleurs, des consommateurs, et devint de plus en plus vive. Ce n'était pas la première fois que les marques se retrouvaient accusées d'envahir indûment l'espace public, mais cette fois-ci, la vague prit une ampleur mondiale avec le succès de *No Logo*. Précipitant, au sens chimique, l'irritation larvée de nombre d'Occidentaux, ce best-seller fut massivement plébiscité par les consommateurs, tandis que les accusés, annonceurs ou publicitaires, s'avéraient incapables de lui opposer la moindre défense collective. Il y eut bien, çà et là, quelques tentatives de réponses individuelles, aucune n'eut le moindre effet sur le discrédit dont souffrent les marques et le marketing, lequel n'a fait que s'aggraver depuis.

Ce discrédit n'aurait-il pas pour origine une vision du métier inconsciemment canalisée par le mot *brand* dans une direction que le public a de moins en moins envie de suivre ? Et, dans ce cas, une autre piste pourrait-elle être ouverte par l'exploration du mot « marque » ? Car ce qui saute aux yeux en français, c'est l'inverse de ce que l'on observe en anglais : au lieu d'une différence bien tranchée entre le langage technique (*brand*) et le langage courant (*mark*), nous avons une homonymie parfaite entre une marque au sens courant (une trace, une empreinte laissée par quelque chose ou par quelqu'un) et la même au sens technique (un signe matériel ou un nom servant à distinguer les produits d'un fabricant, les marchandises d'un commerçant). Pourquoi ne pas tirer les conséquences de cette homonymie ? Notre langue nous y conduit presque naturellement, alors au lieu de mettre les marques « de commerce » à l'écart des autres, si on les ramenait dans leur berceau commun, au contraire ? En transférant l'idée qu'une marque est une empreinte à l'univers des marques de commerce, de nouvelles perspectives, de nouveaux outils pourraient peut-être apparaître et contribuer à débloquer les crispations engendrées par des pratiques anglo-saxonnes entrées dans une impasse.

Ainsi naquit la méthode de l'empreinte, conséquence opérationnelle de réflexions plus générales sur les raisons qui avaient mené le marketing classique à cette impasse.

Et pour ceux qu'inquiéterait une entreprise fondée sur d'aussi fragiles pilotis – tant d'élucubrations à partir de deux petits mots de rien du tout ? – on rappellera que les scientifiques trouvent chaque jour de nouvelles preuves à cette intuition des poètes, merveilleusement formulée par Tristan Tzara : « La pensée se fait dans la bouche ».

Oui, nous pensons avec des mots et des images, et non avec des idées abstraites. Ce ne sont pas nos convictions qui influent sur nos actes, c'est le langage, en amont, qui influe sur nos convictions et donc nous fait agir. Les travaux menés par Daniel Kahneman sur la finance comportementale, qui lui ont valu le prix Nobel d'économie en 2002, l'avaient déjà montré. En collaboration avec Amos Tversky, il avait étudié les biais cognitifs à l'origine de certaines turbulences boursières, et notamment élaboré la théorie des effets de cadrage (*framing effects*) que l'École de Palo Alto, de son côté, analysait depuis longtemps. De nombreux chercheurs suivent aujourd'hui les mêmes pistes[1] – y compris quand elles croisent le monde des marques de commerce – et confirment que les mots donnent forme à la pensée.

Autrement dit, on n'a pas exactement la même fleur en tête selon qu'on l'appelle *daffodil* ou jonquille, ni le même objet mental quand on l'appelle *brand* ou quand on l'appelle marque. Sinon, si cet objet ne rencontre plus l'adhésion du public sans lequel il n'est rien, il est temps de le repenser.

Et de repenser, dans la foulée, cet autre mot devenu central en marketing, dont tout le monde se sert comme si chacun savait très exactement ce qu'il signifie : identité. On verra qu'il n'en est rien. C'est un moulin à paroles, mais creux, auquel on fait brasser beaucoup de vent : il n'en sort donc rien d'autre. À moins de lui donner un peu de grain à moudre, on n'a aucune chance d'en tirer autre chose que les idées reçues qui s'y sont engouffrées… comme dans un moulin.

ଉଚ୍ଚ

Avant d'être une marque de commerce, une marque est donc une trace laissée par quelque chose ou par quelqu'un, une personnalité, un paysage, un événement. Ces traces mentales sont en général d'autant plus nettes qu'elles ont été associées à une émotion forte, comme la peur. Je citais, dans une précédente édition, le souvenir du bond que m'a fait faire une inoffensive couleuvre, un jour où je me promenais dans la forêt de Senonches. Quinze ans au moins ont passé, mais ce souvenir reste toujours aussi précis, et une chose continue à me frapper, c'est que j'ai bel et bien vu la couleuvre en mouvement, tandis que son souvenir est figé et d'une netteté parfaite. Il ne ressemble pas au film qui s'est déroulé sous mes yeux, mais à une gravure. De là à croire que cette gravure est stockée quelque part dans ma boîte crânienne, il n'y a qu'un pas qu'il ne faut pas franchir, comme on le sait aujourd'hui.

---

1. *Scientific American Mind*, septembre 2007.

Les sciences cognitives, en effet, ont beaucoup progressé dans l'exploration de la mémoire : elles savent de mieux en mieux comment se forment ces empreintes mentales que nous appelons des souvenirs. Elles savent qu'ils sont répartis en plusieurs endroits du cerveau, et même du corps, et perpétuellement remaniés au fur et à mesure que le temps passe. Elles savent analyser ce qui s'est passé quand j'ai vu la couleuvre.

Par exemple, elles expliquent que nous possédons tous une proto-mémoire, conditionnée depuis des centaines de milliers d'années à repérer ce qui a longtemps constitué les plus grands dangers pour l'espèce humaine : les animaux sauvages, les reptiles, les araignées, les rats, les plantes venimeuses. Ces souvenirs sont inconscients, mais bien réels, et sommeillent dans le cerveau limbique, lequel réagit au quart de tour quand l'une de ces images resurgit devant lui.

Les sciences cognitives expliquent également comment fonctionne la mémoire à court terme, comment y entrent ou en sortent les souvenirs, de quelle façon se forment et se déforment les empreintes mentales. On sait désormais que ces empreintes ne sont pas figées, et qu'on ne se souvient de rien « pour toujours ». Une marque laissée dans la mémoire ne s'y grave pas comme une inscription dans le marbre. Une empreinte mémorielle, parce qu'elle est produite par un organisme vivant, est vivante, elle aussi. Elle évolue, elle change avec le temps, avec les circonstances, même quand elle nous donne l'impression de demeurer intacte.

Et il en va de même pour cette catégorie bien particulière d'empreintes que sont les marques.

Voyez les réponses à la question : quelles sont les marques qui vous ont marqué ?

> Pour moi, d'abord, celles de mon enfance. Jadis, vous ne pouviez pas prendre le métro sans rencontrer le célèbre slogan « Dubo, Dubon, Dubonnet » ! J'ai également en mémoire MONSAVON, illustré par la célèbre vache de Savignac. Quand j'étais jeune, certaines marques me faisaient rêver, comme la JOUVENCE DE L'ABBÉ SOURY et son côté potion magique, MICHELIN et son Bibendum parce qu'ils représentaient une nouvelle aventure, celle de l'automobile. Mais je ne peux également oublier MAGGI et ses bouillons Kub, ou bien FÉLIX POTIN. Dans les années 1950,

> Omo apporte un changement majeur dans la vie des femmes. Fini le temps des lessives et du rituel du lavage ! Mon premier vélo, je l'ai choisi en fonction de sa marque, Alcyon. Philips fut ma première radio, Frigidaire, mon premier réfrigérateur, Atlantic, ma première machine à laver[1].

Mais, dira-t-on, c'est peut-être par déformation professionnelle que l'on conserve des souvenirs aussi précis ?

Pas du tout, car tout le monde peut faire la même expérience. Voyez G. Perec :

> Je me souviens que je me demandais si l'acteur américain William Bendix était le fils des machines à laver.
> Je me souviens de "Dop, Dop, Dop, adoptez le shampooing Dop".
> Je me souviens du bonhomme en bois des Galeries Barbès.
> Je me souviens de "Les yeux fermés, j'achète au Printemps" et de "Quand je les ouvre, j'achète au Louvre".
> Je me souviens de "Bébé Cadum".
> Je me souviens d'"Astra… un préjugé qui vous coûtait cher".
> Je me souviens d'un fromage qui s'appelait : "La Vache sérieuse" ("la Vache qui rit" lui a fait un procès et l'a gagné).
> Je me souviens des petites pilules "Carter" pour le foie.
> Je me souviens que "Citroën" utilisa la Tour Eiffel pour une gigantesque publicité lumineuse.
> Je me souviens que "Caran d'Ache" est une transcription francisée du mot russe qui veut dire "crayon".
> Je me souviens du rouge à lèvres "Baiser", qui "permet le baiser".
> Je me souviens des sacs "Hermès" avec leur tout petit cadenas.
> Je me souviens des "Carambar".
> Je me souviens de "La pile Wonder ne s'use que si l'on s'en sert".
> Je me souviens du dentifrice "Émail Diamant" avec son toréador chantant[2].

Il y a encore bien d'autres marques dans ces souvenirs, picorés au hasard des centaines de petits morceaux de vie quotidienne qui composent *Je me souviens*. Et si nous nous livrions au même exercice, je suis sûre que les miens seraient, eux aussi, parsemés de toutes sortes de marques, tout comme les vôtres.

---

1. *La Revue des Marques*, novembre 1999.
2. G. Perec, *Je me souviens*, Hachette Littérature, 1998.

Nos mémoires sont bel et bien marquées par les marques : elles en portent l'empreinte, et nul n'y échappe, pas même les plus grands artistes. L. B. Upshaw nous en offre une illustration dans l'un des chapitres de son livre sur l'identité de marque, en rappelant une histoire bien connue des cinéphiles :

> Citizen Kane explore la vie de Charles Foster Kane, homme de presse imaginaire, multimillionnaire et aspirant politicien, inspirée à grands traits de celle de William Randolph Hearst. Le film retrace les efforts des journalistes pour comprendre qui était le vrai Kane, et en particulier ce que voulait dire le dernier mot qu'il prononça – "Rosebud". Personne ne découvre jamais que Rosebud est le nom du traîneau que Kane utilisait quand il était enfant, à une époque où il était pauvre mais insouciant, longtemps avant qu'il n'hérite de la fortune qui devait lui procurer plus de tourments que de plaisirs. Rosebud représentait le dernier moment où Kane avait été vraiment heureux. C'était le cœur de son identité, mais enfoui trop profond pour que personne ne le découvre[1].

L'apologue, évidemment, est joli.

Mais a-t-on remarqué que ROSEBUD était… une marque ?

À L'ASSAUT DU MARKETING CLASSIQUE

À ceux qui l'ignoreraient encore, les manuels de marketing rappellent régulièrement que *brand* (la marque, en anglais) vient de *branding*, l'opération qui consiste à marquer le bétail au fer rouge. Encore aujourd'hui, la cérémonie du marquage dans la poussière, les cris, la fumée et l'âcre odeur de la chair brûlée donnent lieu dans les grands ranchs américains à des kermesses dont la portée symbolique est d'autant plus manifeste que leur prétexte est devenu inutile, puisqu'il suffirait d'un badge « clippé » en douceur dans l'oreille de la bête pour ne pas la confondre avec celle du voisin.

Le marquage animalier est l'inconscient du marketing classique. Comme tout inconscient, il est refoulé, nié, oublié – mais il ruse, lui aussi. Il louvoie, transige et reparaît, ici ou là, dans les propos de certains professionnels qui se défendraient avec force si on leur

---

1. L. B. Upshaw, *Building Brand Identity*, Wiley & Sons, 1995.

faisait remarquer à quel point ils sont encore aujourd'hui sous la coupe d'un imaginaire infiniment plus brutal que ne le laisse croire leur allégeance aux vertus du marketing relationnel. Mais leurs mots sont là pour le dire : « Toute la stratégie consiste à tatouer la marque dans l'esprit du consommateur », affirme BRANDT. « Il s'agit d'encercler le consommateur », dit-on aussi bien chez COLGATE que chez ELIDA FABERGÉ. Tel ouvrage consacré à la fidélisation parle de « stratégie de captation » du client. Tel autre, de « rétention ».

Je ne suis pas d'accord avec ce marketing-là. Je pense qu'il est archaïque, boiteux, nocif, et qu'il fait fausse route. On ne peut pas vouloir à la fois « tatouer », « capturer », « retenir » ou « encercler » les gens – et chercher à entrer en communication avec eux. Car communiquer avec quelqu'un, c'est dialoguer avec lui, c'est échanger, c'est partager – et non pas essayer, par force ou par ruse, de lui faire dire ou faire ce qu'on veut qu'il fasse ou qu'il dise. C'est commencer par faire l'hypothèse de sa liberté, et non celle de sa faiblesse ou de sa reddition. C'est accepter sa différence, et non lui demander d'agir et de penser comme tout le monde. C'est tout ce qu'on voudra, sauf essayer d'enfermer, de parquer et de marquer les gens comme du bétail.

Tout de suite les grands mots, dit le marketing. Que vient faire la morale là-dedans ? Rien du tout. Tel fut le message par exemple de *Brand Babble*[1], dont le titre causerait bien des tracas au traducteur si le livre paraissait en français, car en anglais *to babble*, c'est à la fois bredouiller comme un enfant, divaguer à haute voix comme un fou, parler à tort et à travers. Mais le message, lui, était parfaitement clair et peut se résumer ainsi : « Assez de baratin, une marque, c'est fait pour gagner de l'argent, un point c'est tout. » Il ne s'agit que d'aider à vendre quelques malheureux barils de lessive, ou à louer une voiture à quelqu'un qui en a besoin, ou à faire revenir un client dans le même supermarché. On n'est pas là pour s'intéresser à l'amélioration de la condition humaine, seulement au porte-monnaie du consommateur.

---

1. D. & H. Schultz, *Brand Babble : Sense and Nonsense about Branding*, South-Western Educational Pub, 2003.

Sauf que le consommateur n'existe pas. Ce n'est que le nom donné par le marketing à cette partie de nous-même qui, de temps en temps, achète quelque chose – un rôle fugace que nous jouons le plus souvent sans y réfléchir, et rarement plus de quelques minutes. Mais comme c'est une partie de nous-même, il est impossible de dire où elle commence et où elle s'arrête. Il est donc également impossible de s'adresser à elle seule, en ignorant la personne qui la contient. C'est cette personne qui lui transmet les informations : de gré ou de force, il faut en passer par elle. Il n'y a aucun moyen d'isoler le consommateur de l'être humain dans sa globalité.

Conséquence : ce sont les règles de la communication humaine qui s'appliquent dans tous les cas de figure – et une relation commerciale n'est ni plus ni moins que l'un de ces cas de figure. La morale n'a rien à voir là-dedans, et ce n'est même pas (ou pas seulement) au nom d'une certaine forme d'humanisme qu'il faut plaider en faveur d'une révision des vues du marketing sur la question : c'est au nom d'une approche plus scientifique que la sienne.

Eh oui, ce marketing agressif et si sûr de lui, qui traite le consommateur comme une vache à traire et la communication comme un outil, ne semble pas se douter que l'outil en question obéit à des lois, qu'il les connaisse ou non, qu'il les maîtrise ou pas.

Prenons la première d'entre elles : tout est communication. Tout, et pas seulement un quart du marketing-mix. Le produit communique, le prix aussi, la distribution également. La preuve, c'est que certaines marques communiquent… sans communication au sens commercial du terme. Qu'on songe à Zara, The Body Shop, Starbucks : leur marketing-mix n'a que trois maillons et elles se passent fort bien du quatrième, celui qui s'appelait « publicité » du temps où les choses étaient claires.

Prenons la deuxième : on ne peut pas ne pas communiquer. Aux États-Unis, Starbucks a fermé tous ses cafés le 26 février 2008 à 17 h 30, en oubliant de dire pourquoi. Résultat : des milliers de consommateurs frustrés ont aussitôt commencé à répandre toutes sortes de rumeurs alarmistes, faute d'avoir été informés qu'il s'agissait tout simplement d'organiser, à l'échelle du pays, une séance de coaching pour l'ensemble du personnel. Quelques années plus tôt, en France, au moment de la crise de l'Erika, TOTAL avait aussi fait l'expérience – beaucoup plus cuisante – de ce qu'il en coûte de se taire au lieu de parler.

La conséquence de cette loi est simple : une entreprise, une marque ne peuvent pas rester muettes. Leur silence sera de toute façon interprété, et interprété à leurs dépens, soit comme un signe d'impuissance, soit comme une marque de mépris.

Ces deux règles, et les suivantes, sont à la disposition de tout un chacun depuis plus de trente ans, mais le marketing ne les pratique pas, ou peu, ou sans le savoir. Des sciences de l'information et de la communication, il ne retient que le classique schéma : Émetteur > Message > Récepteur. Disons-le tout net, ce schéma est aux sciences de la communication à peu près ce que la distinction sujet-verbe-complément est à la langue française : la description d'un mécanisme fondamental, certes, mais rien de plus qu'un mécanisme. C'est un schéma conçu pour acheminer une information entre deux machines (en l'occurrence, deux téléphones) au coût le plus bas possible et avec le minimum de déperdition, de telle sorte que l'information en question, sous forme d'impulsions électriques ou de vibrations aériennes, parvienne en un point B à peu près telle qu'elle a été envoyée du point A.

La dernière chose dont se préoccupe ce schéma, c'est du contenu de l'information transmise, et de ce qu'en feront les gens qui l'échangent. Qu'il s'agisse d'une déclaration de guerre ou d'amour, d'une recette de cuisine ou du résultat d'un examen n'importe aucunement aux techniciens de l'information. Si, à un bout du fil, quelqu'un dit : « Je ne comprends pas ce que tu veux dire », ce n'est pas leur problème : ce sont des transporteurs. On ne se retourne pas vers l'électricien, si une fois le courant parvenu à la prise, certains l'utilisent pour brancher une « gégène » plutôt que la guirlande d'un arbre de Noël.

Alors pourquoi le marketing continue-t-il à croire que ce fameux schéma est l'alpha et l'oméga de la communication, alors qu'il ne permet de régler que les problèmes de transmission de l'information ?

Pour moi, c'est un mystère. J'observe que beaucoup de gens confondent les deux, alors qu'il n'y a pas à confondre, me semble-t-il, entre l'apprentissage de l'alphabet et la capacité d'écrire *Les Misérables*. Il y a des choses passionnantes à dire et à savoir sur l'alphabet, mais ce à quoi nous accordons le plus de valeur, ce ne sont pas aux lettres qui le composent, c'est aux aventures de Jean Valjean, à ce qu'elles déclenchent en nous d'intérêt, d'émotion, d'enthousiasme, et au souvenir que nous en gardons longtemps après les avoir lues.

La communication est ce qui donne – ou non – du sens à l'information. L'information, par elle-même, n'en a pas. Un bit, une lettre, un pixel, un chiffre, n'ont aucune signification tant qu'il n'y a personne pour leur en donner. « Trois morts dans un accident d'avion en Espagne » est une information, mais n'a pas de sens *a priori* pour moi, et donc ne me touche pas. C'est bien la raison pour laquelle nous sommes à la fois de plus en plus bombardés d'informations, et de plus en plus indifférents : ce n'est pas seulement de l'égoïsme ou de la saturation, c'est que la plupart de ces informations, pour nous, n'ont pas de sens, ne se relient pas à notre expérience, et restent ce qu'elles sont sur le papier d'un journal ou l'écran d'un téléviseur : lettre morte, parole creuse, image dépourvue de sens. D'ailleurs, le marketing le sait bien : depuis quelques années, il court après les contenus, il est en quête de sens. Pourrait-on lui demander de s'arrêter un instant, le temps d'essayer de comprendre ce que cela veut dire ?

QUAND LE SENS NAÎT D'UNE MISE EN RELATION

Plutôt que de partir d'une définition théorique, je prendrais l'exemple *a contrario* de quelque chose qui, pour moi, n'a pas de sens. Et tant pis si cela m'oblige à une menue confession qui ne me montre pas sous un jour spécialement flatteur, nombre de mes lecteurs ayant, j'en suis sûre, trouvé depuis longtemps la clé de ce qui pour moi reste une énigme.

La dernière séquence de *2001 Odyssée de l'Espace*, n'a pas de sens, à mes yeux. Je n'y ai jamais rien compris. Oh bien sûr, j'ai lu quantité de choses à ce sujet, mais rien qui éclaire vraiment ma lanterne, même pas l'hypothèse que c'était un *acid trip* cinématographique. Vrai ou pas, cela ne m'a pas expliqué le fin mot de l'histoire. Je peux comprendre le long travelling à la fin de Zabriskie Point, même s'il ne se passe rien pendant sept minutes d'affilée. Mais les images de la fin de *2001*, non.

Il a fallu que je m'intéresse aux sciences de la communication pour avoir un début de réponse à la question de savoir ce qui m'empêchait de trouver un sens quelconque à cette séquence.

Le sens, disent ces sciences, naît d'une mise en relation. Il n'existe pas par lui-même, caché au sein d'un film, ou au cœur d'un poème ou d'un tableau – ou dans un geste, un objet, un mot. Il existe à partir du moment où quelqu'un établit une relation entre ce geste, cet objet, ce mot, et ce qui les entoure. Ainsi, pour comprendre le sens de « trou », il faut qu'il y ait quelque chose autour de ce trou : du tissu, du papier, un mur, des nuages. Le trou n'a de sens que par rapport à ce qui l'environne, et à celui qui l'observe.

Troublante révélation, car tout l'enseignement nous laisse croire le contraire, et spécialement celui de la littérature, de la musique ou de la peinture. Ainsi, dans *L'Albatros* de Charles Baudelaire, dissimulé derrière la métaphore de l'oiseau abattu sur le pont d'un navire, il n'y aurait pas pour sens caché le triste sort réservé par la société aux poètes, comme on nous l'apprend à l'école ?

Si l'auteur a voulu l'y mettre, il y est, mais cela ne garantit en rien que ce soit le sens que chaque nouveau lecteur va y trouver. Et si nous ne trouvons pas ce sens, alors il n'y en a pas, même si l'artiste a voulu qu'il y en ait un. Il est bien certain que *Guernica* a un sens précis voulu par Picasso, mais si quelqu'un regarde le tableau sans connaître son histoire, et sans connaître l'Histoire, il peut y voir tout autre chose, ou rien du tout, et le sens initial disparaît, ou s'infléchit.

C'est parce que je ne relie la dernière séquence de *2001, Odyssée de l'Espace* à rien – rien de ce qui la précède dans le film, rien non plus dans mon expérience ou ma culture personnelle – que je ne la comprends pas. C'est un objet que je ne sais pas par quel bout prendre : il n'a ni queue ni tête. Pas de sens. Aucun rapport avec rien que je connaisse, ni de près ni de loin. Ainsi, le sens n'est pas dans l'image, mais dans ma tête, dans les va-et-vient entre les deux, et dans les liens que j'établis entre différents éléments.

Les marques ont raison de se poser la question du sens : celles qui n'en ont pas n'existent tout simplement pas aux yeux des consommateurs. Prenons Mme Dubreuil, que nous aurons plusieurs fois l'occasion de rencontrer au cours de ce livre. Si on met sous ses yeux des noms comme AKUBRA, HORLICKS, FIELMANN, BASS, KEEBLER, AMTRACK, RAMA, ou WARSTEINER, ils n'auront aucun sens pour elle. Ils n'existent pas, ils n'ont aucune espèce de valeur, pas le début d'une identité. Ils font pourtant tous partie des meilleures marques mondiales[1], mais elle n'en a jamais entendu parler, elle ne sait pas si ce sont des gens, des villes, des fleuves, des variétés de roses ou des noms de chevaux, rien de rien. Elle ne les relie à rien.

Pas d'identité, pas de sens.

La question du sens est donc bien centrale, et elle est directement reliée à celle de l'identité de marque. Quant à savoir ce qu'est exactement le sens, on verra que c'est non pas ce qui se trouve enfoui dans telle ou telle composante de la marque, mais ce qui émerge de la mise en relation de ses diverses composantes : de leur mise en relation entre elles d'une part, entre ces composantes et les consommateurs, d'autre part. En d'autres termes, le sens n'est pas une qualité intrinsèque à un objet, à un acte quelconque. Un produit, en soi, n'a pas de sens suffisant pour le distinguer de la catégorie « ouvre-boîte », « manteau », « montre », ou « automobile ». Une marque, elle, possède cette capacité de le faire émerger hors de la foule des objets anonymes, à une condition : qu'elle produise du sens, c'est-à-dire qu'elle mette en relation, d'une façon ou d'une autre, cet objet avec ce qui l'entoure.

Il y a empreinte à partir du moment où je reconnais telle ou telle marque, où je sais qui elle est, ce qu'elle fait – autrement dit, à partir du moment où j'ai une idée claire de son identité.

Sans identité, pas d'empreinte. Sans empreinte, pas de marque.

---

1. *The World's Greatest Brands, Interbrand*, New York University Press, 1997.

De quoi est donc faite l'identité de marque, si c'est elle qui détient la clé de tout le système, et spécialement le pouvoir de laisser une empreinte dans l'esprit des gens ?

Voilà une quinzaine d'années que je réfléchis à cette question…

Pourquoi recourir aux sciences de la communication

Au fil du temps, j'ai éprouvé le besoin de changer de méthode : j'explique pourquoi en détail au début de la deuxième partie de ce livre. Mais la raison profonde était l'envie de trouver une approche qui prolonge et confirme ma conviction que les marques sont des systèmes, et qu'il faut chercher à les traiter comme tels, de façon globale – et non en les saucissonnant à la façon du marketing-mix. La théorie des systèmes ouvre des perspectives assez passionnantes, mais difficiles à mettre en œuvre concrètement sans entraîner mes interlocuteurs dans des considérations théoriques pour lesquelles ils n'ont pas toujours la même curiosité ou le même goût que moi.

Alors j'ai approfondi mon orientation vers les sciences de la communication. Elles couvrent un très vaste domaine : il fallait choisir. J'ai choisi d'exploiter, entre autres, les découvertes de la « nouvelle communication »[1] et de l'École de Palo Alto, ainsi que celles des sciences cognitives.

Je n'ai donc pas suivi les deux voies habituellement privilégiées par le marketing pour aborder les questions qu'il appelle « qualitatives » : la sémiologie, et la psychologie. Pourquoi ? D'abord parce que même si la psychologie, tout comme la sociologie et l'anthropologie, ont beaucoup de choses à dire sur l'identité, elles n'en détiennent pas seules l'explication. Je n'ai donc pas ignoré leur point de vue, mais je l'ai relativisé. Il me semble en particulier que la psychologie nous a trop encouragés, depuis des décennies, à nous focaliser sur notre vie intérieure, comme si tout dépendait d'elle – à commencer par notre identité, sorte d'essence rare et précieuse qui serait enfouie au plus profond de nous-même et que nous aurions le devoir de chercher, de chérir, d'étayer, et de protéger contre vents et marées.

---

1. Y. Winkin (dir.), *La Nouvelle communication*, Le Seuil, 2000.

La « nouvelle communication » ne fait pas grand cas de cette vision – ou de ce travers – de la psychologie traditionnelle. L'École de Palo Alto en a même inventé une autre, dont l'indifférence à l'égard des idées reçues est, à mes yeux, la première des qualités. Échappant en particulier au terrorisme psychanalytique, elle ne se soucie pas de sonder les arcanes de la psyché humaine et s'intéresse peu à l'histoire personnelle de chaque individu. L'inconscient, la libido, les rêves et les traumatismes infantiles ne sont, à ses yeux, ni des objets de culte, ni des articles de foi. C'est une psychologie pragmatique[1] pour qui la vie intérieure n'a rien de sacré. Elle analyse la communication entre humains à l'aide d'une grille simple et originale, fondée sur l'étude de leurs relations, et tente d'en résoudre les difficultés par la technique des « thérapies brèves » pratiquées encore aujourd'hui au célèbre Mental Research Institute.

Ensuite, en ce qui concerne la sémiologie, l'usage qu'en fait le marketing en déforme certainement la valeur et la portée exactes, mais même quand elle est bien pratiquée, elle l'est plus souvent en aval qu'en amont des problématiques de marque : c'est un auxiliaire précieux mais fragile et d'une exploitation délicate, car dépendant étroitement de la qualité de ceux qui s'en servent et plus encore de leurs talents pédagogiques. Son principal défaut ? Rester perpétuellement bloquée sur « zoom avant ». Une limite plutôt qu'un défaut, d'ailleurs – la même que celle d'un microscope, à qui l'on ne saurait reprocher de ne voir que ce qu'il grossit. Mais cette limite l'empêche de revenir au cadre large dont a besoin toute stratégie – raison pour laquelle la sémiologie, ou sémiotique, se voit rarement convoquée par les directions générales lorsqu'il s'agit de prendre une décision cruciale. À part certaines exceptions, comme l'adoption du dernier logo de la RATP[2], les sémiologues participent peu à l'élaboration des identités de marque – ou plus exactement, il leur arrive de participer à la réflexion sur l'identité visuelle, mais l'identité de marque ne se réduit pas à la seule identité visuelle. Surtout, à force de passer des

---

1. *Pragmatics of Human Communication* était le titre original de l'ouvrage intitulé en français *Une Logique de la communication*, P. Watzlawick, J. H Beavin, Don D. Jackson, Le Seuil, 1972.
2. A. Semprini, *Analyser la communication*, L'Harmattan, 1996.

heures à décrypter à la loupe toutes sortes d'objets, de textes, d'annonces publicitaires, les sémiologues laissent croire que les objets ou les textes ont toujours un sens caché dont la révélation se suffit à elle-même. Je l'ai dit plus haut, ce n'est pas le point de vue de l'École de Palo Alto, adopté ici. Donc, ni psychologie, ni sémiologie, sauf en très petites touches.

La première n'a d'ailleurs que des explications farfelues à fournir sur le bond que m'a fait faire la couleuvre. La sémiologie n'en a aucune. Mais les neurosciences me permettent de le comprendre, et elles permettent aussi d'en savoir un peu plus qu'il y a vingt ou trente ans sur la façon dont l'esprit humain se laisse ou non marquer par quelque chose.

Ainsi, la neurologie permet d'expliquer en termes biologiques le sentiment de soi[1] dont dépendent la personnalité et l'identité, ou la façon dont se forment les images mentales. Le sous-titre du livre de A. Damasio *Corps, émotions, conscience*, dit en trois mots l'essentiel : le sentiment de soi est l'affaire à la fois du corps, des émotions, et de la conscience. La conscience n'est rien sans l'émotion, et l'émotion passe par le corps. L'identité a besoin des trois : elle n'est pas une pure abstraction, un principe immatériel, une essence.

C'est pourtant en ces termes que l'identité de marque est souvent décrite.

Observant ce décalage grandissant entre ce que les sciences cognitives nous ont récemment appris sur la notion d'identité et le discours que tient le marketing au sujet de son avatar, l'identité de marque, j'ai organisé ce livre en deux temps :

La première partie est consacrée à faire le point sur tout ce qui s'est dit, depuis plusieurs années, à propos de l'identité de marque.

La deuxième partie en tire les conclusions opérationnelles en proposant une nouvelle méthode d'analyse de l'identité de marque : la méthode de l'empreinte.

---

1. A. R. Damasio, C. Tiercelin, C. Larsonneur, *Le Sentiment même de soi : Corps, émotions, Conscience*, Odile Jacob, 1999.

Cette nouvelle approche part du principe que la marque est un système, et que seule une approche globale peut rendre compte du fonctionnement de ce système. Par conséquent, elle s'appuie sur une synthèse aussi complète que possible, en l'état actuel de nos connaissances, de tout ce que nous savons à ce jour sur la logique de communication, logique que je résumerais de la façon suivante :

- Les marques laissent en nous des empreintes – ou bien ce ne sont pas des marques.

- Ces empreintes ne sont pas dues à l'« image » de la marque, ou à son « territoire », ou à son « positionnement », mais à quelque chose de plus global et de plus profond : son identité.

- Une identité de marque est unique : elle laisse donc une empreinte qui ne ressemble à aucune autre.

- Le dessin de cette empreinte s'inscrit, plus ou moins profondément et régulièrement, à l'intérieur d'une figure à sept pôles, correspondant aux sept contextes actuellement repérés comme incontournables par les sciences de la communication.

- Cette figure n'a pas de centre, pas de noyau, et chacun des sept pôles a autant d'importance que les six autres, ni plus, ni moins.

- L'identité de marque n'est pas un état, c'est un cheminement.

- Elle n'est pas immatérielle, stable, et invariable. Elle est à la fois matérielle et immatérielle, stable à court terme, mais ni à moyen ni à long terme, et variable dans ses sept dimensions.

- Elle émerge quand un sens est donné à l'empreinte de marque par le consommateur, c'est-à-dire quand il a relié entre eux au moins trois des sept pôles.

- Le chemin le plus fréquemment emprunté par la marque pour se déplacer à l'intérieur de la figure à sept pôles est l'empreinte : à la fois la trace et le tracé de son identité.

Identité de marque : petite histoire d'un météore

Chapitre 1

Un succès paradoxal

*Toute utilisation de la notion d'identité
commence par une critique de cette notion.*

C. Lévi-Strauss

À L'ORIGINE, UN CONCEPT FLOU

Un de mes amis italiens, Ennio Borsieri, aimait raconter un débat célèbre organisé à la télévision française dans les années 1970 sur le thème : Dieu existe-t-il ? Ce débat devait opposer un prêtre et un athée, tous deux très connus – peut-être M. Clavel et le père Bruckberger – et tout le monde attendait leur confrontation avec grand intérêt. Mais à la première affirmation de l'un, l'autre répondit : « Qu'entendez-vous, au juste, par Dieu ? ». Deux heures de discussion n'ayant pas réussi à les mettre d'accord sur une définition préalable, le débat n'eut jamais lieu.

À l'échelle infiniment plus modeste qui nous occupe ici, on risquerait de tomber dans la même impasse si quelqu'un s'avisait de demander : mais au fait, de quoi parle-t-on, quand on parle d'identité de marque ? Aussi le marketing se garde-t-il bien de poser une telle question. Fidèle à une tradition pragmatique héritée de W. James, il constate que le concept d'identité de marque lui est fort utile, et l'utilise donc sans « états d'âme », pour reprendre une expression particulièrement prisée dans les milieux d'affaires.

Le pragmatisme n'est pas seulement une qualité dont le marketing aime se prévaloir : il a constitué au tout début du XXe siècle le premier grand courant de pensée américain. En Europe, il n'a eu que très peu d'influence, l'intelligentsia l'ayant qualifié de « philosophie de commerçant », selon la formule de B. Russell. On ne voit pas en quoi la philosophie des commerçants serait moins respectable qu'une autre, et en tout cas elle a souvent le mérite d'être plus claire. Mais d'où qu'elle vienne, elle ne saurait se dispenser d'un minimum de rigueur intellectuelle. Et la rigueur (non les états d'âme) commande qu'on connaisse le sens des mots qu'on emploie.

Or personne ne sait vraiment ce qu'est l'identité.

Quatre catégories de théoriciens (les philosophes, les sociologues, les psychologues et les anthropologues) se sont penchés sur la question, et ce depuis très longtemps, sans parvenir à la résoudre sinon partiellement, ou partialement.

Les philosophes s'y sont attaqués les premiers, et au bout de vingt-cinq siècles d'efforts, avouent leur impuissance : d'après eux, il est impossible de dire ce qu'est l'identité. Ce n'est pas faute d'avoir tenté de le faire, mais d'Aristote à Hegel en passant par Locke et Hume, la question a été mille fois soulevée, et avec elle une poussière d'idées toujours en suspension, de sorte qu'on n'y voit pas beaucoup plus clair aujourd'hui qu'au siècle de Périclès.

Les sociologues sont très divisés sur l'identité. Ils hésitent à y voir un concept *stricto sensu*, l'observent avec une certaine défiance, ne parviennent pas à se mettre d'accord sur ce que recouvre ce mot et en viennent même à soupçonner que c'est tout simplement le flot de discours sur l'identité qui finit par donner une consistance, peut-être illusoire, à une réalité des plus fuyantes[1].

Les psychologues, de leur côté, ont beaucoup réfléchi à la même question, et l'un des meilleurs spécialistes sur le sujet, P. Tap,

---

1. C. Le Digol (dir.), *Dictionnaire de la sociologie*, Albin Michel, 2007.

commence ainsi la notice qu'il a rédigée pour l'*Encyclopædia Universalis* :

> **P**rise au sens littéral de similitude absolue, l'identité personnelle (je suis je) n'existe pas. L'identité interpersonnelle (je suis un autre) n'existe pas non plus, même dans le cas de jumeaux vrais. L'identité collective est également impossible, les membres d'un nous étant, tout au plus, des semblables.

A. Mucchielli confirme de son côté :

> **C**e qui est certain, c'est qu'actuellement, le sens du concept "identité" n'est pas fixé. Ce sens fait problème dans les sciences humaines et chaque spécialiste écrit pour tenter de le préciser. Ceci donne donc pléthore de publications, d'illustrations et de définitions du concept. Ce qui est également certain, c'est que, devant cette quantité d'approches et de tentatives faites pour cerner ce concept, le grand public, comme la plupart des spécialistes, s'y perd.[1]

C. Lévi-Strauss va encore plus loin :

> **E**n ce qui concerne notre civilisation et l'état actuel des connaissances dans des branches très diverses : mathématiques, biologie, linguistique, psychologie, philosophie, etc., on a constaté que le contenu de la notion d'identité est mis en doute, et fait même parfois l'objet d'une très sévère critique[2].

Car les anthropologues réfléchissent eux aussi à la question, mais en y apportant autant de réponses que de tribus, de clans ou d'ethnies observés. De ce fait, ils aboutissent à des constats qui ne sont pas transposables à d'autres cultures. Ainsi, il paraît assez peu vraisemblable que la façon de concevoir l'identité chez les Samo du Burkina Faso, qu'a étudiée F. Héritier, soit transposable à l'individu occidental, sur le berceau duquel aucun génie de la brousse ne s'est penché : il y faudrait neuf composantes (le corps, le sang, l'ombre portée, la sueur, le souffle, la vie, la pensée, le double, et le destin individuel)[3] dont la combinatoire échappe à notre étroite logique rationnelle.

---

1. A. Mucchielli, *L'Identité*, coll. « Que sais-je ? », PUF, 2003.
2. C. Lévi-Strauss, *L'Identité*, PUF, 2007.
3. *Ibid.*

Le plus sévère de tous, en anthropologie, est pour le moment F. Laplantine, qui commence son réquisitoire par le même constat :

> L'identité est devenue aujourd'hui un slogan brandi comme un totem (…) Son extension et sa prolifération sont telles qu'elle est susceptible de caractériser aussi bien une affirmation religieuse, technique, raciale, sociale, nationale, régionale, familiale, professionnelle, générique (…) On fourre donc dans ce sac un amas de choses disparates[1].

Ce triple constat d'insuccès n'empêche nullement que :

* Nous, Occidentaux du troisième millénaire, croyons tous pour le moment en l'existence de quelque chose que nous appelons l'identité, et à quoi nous attachons une extrême importance ;

* Nous pensons disposer d'un certain nombre de connaissances sur la façon de reconnaître cette identité sur sa composition et sur son fonctionnement.

P. Tap, cité plus haut, a beau commencer par nous mettre en garde contre le caractère évanescent de l'identité, cela ne l'empêche pas de proposer quelques repères très utiles pour la compréhension de ce concept. Nous y reviendrons plus loin.

Retenons pour le moment que ce qui semble aller de soi pour le marketing n'a rien d'évident pour les chercheurs en sciences humaines, et que donc, quand on parle d'identité de marque, on part d'un point d'appui peu sûr. Ajoutons-y le fait que les définitions de la marque sont parfois très flottantes, et on débouche sur un concept bien moins clair qu'il ne semblait à première vue, puisqu'il unit deux mots dont aucun n'a un sens parfaitement net.

Un nom, un produit, un logo : 3 conditions nécessaires, mais pas suffisantes

Arrêtons de couper les cheveux en quatre, diront les esprits pratiques. Les choses ne sont pas si compliquées. L'identité de quelqu'un, c'est ce qu'est ce quelqu'un. Eh bien l'identité d'une marque, c'est ce qu'est cette marque, autrement dit ce qu'elle fabrique, ce qu'elle

---

1. F. Laplantine, *Je, nous et les autres*, Le Pommier-Fayard, 1999.

vend. Renault est une marque d'automobiles, Dell une marque d'ordinateurs, Kellog's une marque de céréales, Levi's une marque de jeans – et tout le reste est littérature.

Sauf que ce qu'on fait ne suffit pas à définir ce qu'on est. À lui tout seul, le produit ne définit pas la marque, puisqu'il ne permet pas de la reconnaître entre mille. Or une marque, par définition, ça se démarque. Versez deux poignées de céréales dans un bol de lait : qui vous dit que ce sont des Kellog's ? Observez ce jeune homme qui attend son bus sur le trottoir d'en face : pouvez-vous parier à coup sûr que son jean est un Levi's ? Sûrement pas. Ni qu'à l'aéroport, l'ordinateur qui est en train de vous chercher un hublot à gauche est un Toshiba, plutôt qu'un Compaq, un Dell, ou un IBM. Sans son nom sur le produit, on identifie difficilement une marque.

D'accord, diront les mêmes esprits pratiques, l'identité d'une marque se compose d'un produit *et* d'un nom. Oui, mais ça ne suffit pas non plus. Dans les années 1950, Balmain était une griffe prestigieuse, au rayonnement international. Aujourd'hui, si c'est encore une marque, ce n'est plus une marque dominante, ni même une marque forte, et son contenu a bien changé. Mais elle s'appelle toujours Balmain. Le nom ne suffit pas à garantir l'identité.

Bon, alors on ajoute le logo. Lacoste est une marque de sportswear qui se reconnaît à son petit crocodile vert. Shell est une marque d'essence qui se reconnaît à sa coquille rouge et jaune. Audi est une marque d'automobiles qui se reconnaît à ses quatre anneaux entrelacés.

On progresse, en effet, mais ni Audi, ni Shell, ni Lacoste ne se satisferaient d'une telle définition de leur identité. Audi, par exemple, est ainsi présentée par Interbrand :

> AUDI est une marque qui n'a aucun doute sur son identité, et qui a fait de l'anticonformisme une vertu. Les voitures fabriquées par le constructeur allemand affichent résolument leur propre conception du prestige. Leur cible est aussi très clairement définie : un individualiste qui exige des performances exceptionnelles, qui apprécie le raffinement plutôt que l'ostentation, et qui sait que l'excellence technique fait toute la différence.[1]

---

1. *The World's Greatest Brands, op. cit.*

La suite de la notice rappelle l'histoire d'Audi et de son fondateur, la place de la marque par rapport à ses concurrentes, un pan de son histoire publicitaire. Le mot voitures n'apparaît qu'une seule fois. Ce qui définit l'identité de marque, ici, ce n'est pas un produit, ce sont des valeurs, des prises de position, des partis pris : autrement dit, de l'intangible. Est-ce une approche plus fiable ? Ce n'est pas sûr, comme on peut le voir dans l'exercice suivant. Voici deux autres courts extraits du même ouvrage :

> X est unanimement reconnue pour son design innovant et pour ses produits techniquement pointus, à la fois esthétiques et sûrs.
> Y est un leader mondial dans son domaine, avec une forte culture d'entreprise centrée sur l'innovation et l'excellence technique.[1]

Avez-vous pu deviner de quelles marques il s'agissait ? Non, bien sûr, car ni Miele (la première) ni 3m (la seconde) n'ont l'exclusivité des valeurs qui leur sont reconnues ici.

Ce n'est pas de la simplicité, c'est du simplisme de croire que les repères matériels (le produit, le nom, le logo, le packaging) suffisent à définir l'identité d'une marque. Et c'est également du simplisme, sous une forme apparemment plus sophistiquée, de penser que ce sont les repères immatériels (valeurs, visions, engagements) qui la définissent vraiment.

C'est toujours une combinaison des deux.

Et c'est la combinaison qui est unique, non les éléments combinés. Combien de marques utilisent une étoile, un globe terrestre ou une couronne comme emblème ? Des dizaines, probablement. Mais la couronne à 5 pointes de Hallmark a beau ressembler de très près à celle de Rolex, il n'y a pas de confusion possible entre les deux. Combien de marques utilisent les mêmes caractères typographiques ? Des dizaines aussi. Et les mêmes couleurs ? Shell, Mastercard et Kodak sont toutes trois jaune et rouge, Colgate, Levi's et Canon sont rouge et blanc, FedEx et Budget sont jaune et bleu, Chevron, Total et Mobil sont bleu et rouge, tout comme la plupart de leurs concur-

---

1. *The World's Greatest Brands, op. cit.*

rents[1], et des centaines d'autres tout simplement noir et blanc, y compris à l'intérieur du même segment de marché.

De quelque côté qu'on prenne le problème, il en va des marques comme des cultures, des pays, des langues ou des gens : ce sont des systèmes, à l'intérieur desquels, à partir d'un petit nombre de composants identiques, les combinaisons peuvent varier à l'infini. L'identité est le nom que nous donnons à telle ou telle combinaison spécifique, distincte des autres, et que nous reconnaissons chaque fois que nous la rencontrons.

Que faire d'un concept si complexe ?

Le marketing n'aime pas la complexité, et cherche par tous les moyens à la nier, ou à la réduire. L'identité de marque lui offre une splendide occasion de le faire, car le premier constat dont il faut bien partir, c'est celui d'un concept trop riche pour être directement exploitable :

On a défini la marque comme étant composée du nom, du logo et d'autres symboles qui distinguent un produit ou un service de ses concurrents. Mais une marque est beaucoup plus que cela. C'est l'employé qui vous loue une voiture chez Avis, ou celui qui vous alloue un siège sur un vol de la TWA. Ce sont les camions de DHL, la voix de Jack Lemmon pour HONDA ou celle d'Elli Wallach pour TOYOTA, les prix que vous trouvez chez OFFICE DEPOT, le goulot anti-débordement des flacons de CLOROX, la garantie à vie des bagages TUMI, et les adresses prestigieuses des boutiques où l'on vend – mais où l'on ne solde pas – RALPH LAUREN. Toutes ces caractéristiques et beaucoup d'autres composent la totalité d'une marque, et contribuent à ce qu'on appelle son "identité".[2]

On trouverait sans mal des équivalents français (ou brésiliens, ou grecs, ou japonais) de ces exemples américains, car il est exact que tout ce qui touche de près ou de loin à la marque participe à son identité.

---

1. D. E. Carter, *Branding : The Power of Market Identity*, Wapson-Guptill Publications, 1999.
2. L. B. Upshaw, *op. cit.*

Mais on bute alors sur un problème de fond : la tentation réduction-niste. Tant de composantes participent à l'identité de marque que nombre de professionnels, ne sachant par quel bout attaquer un tel continent, procèdent de la même façon : ils choisissent un terrain, sur ce terrain ils tracent un périmètre qu'ils sont sûrs de maîtriser, et à l'entrée ils plantent l'écriteau : « Ici, identité de marque ».

C'est ainsi que pour les uns, toute l'identité est dans le nom de la marque. Pour les autres, elle est tout entière dans le produit. Pour d'autres encore, elle est dans l'identité visuelle, et nulle part ailleurs. Ou dans l'image publicitaire, ou dans le réseau de vente, ou dans l'esprit du consommateur. Ajoutons à cela qu'à chacun de ces partis pris correspondent des prestations de services fréquemment concur-rentes (cabinets de design, d'innovation, agences de communication, sociétés d'études ou de conseil en merchandising, en recherche et création de nom, etc.), et on aura une petite idée de la pétaudière où les responsables des marques se trouvent plongés chaque fois qu'ils cherchent à déterminer qui détient la clé de l'identité de marque. C'est une nouvelle version du jeu des aveugles et de l'éléphant : « Il est à moi ! » crie celui qui le tient par la queue. « Non, à moi ! », rétor-que celui qui tient les oreilles. « Pas du tout, il est à moi ! » prétend celui qui tient la trompe. L'identité de marque se retrouve ainsi tiraillée entre tous ceux qui en ont attrapé un morceau, faute d'avoir pu la saisir en entier.

Nous voici donc devant une situation paradoxale : toute une disci-pline plébiscite et manipule un concept dont personne ne sait au juste ce qu'il contient. D'un côté, les déclarations et les témoignages se multiplient pour confirmer l'importance de l'identité de marque et sa complexité, de l'autre, les définitions font défaut ou bien s'éten-dent si loin qu'on n'en voit plus les contours.

Comment interpréter une telle contradiction ?

Par le besoin qu'a eu le marketing, à un moment donné, d'un concept tel que l'identité de marque, tout comme il a eu successive-ment besoin des concepts de territoire, de positionnement, de cible, d'image de marque, et tout comme il en inventera d'autres demain. L'identité de marque est une découverte – ou une invention – du marketing occidental au tournant de l'an 2000. On n'en parlait pas avant, et rien ne dit qu'on en parlera encore dans vingt ou trente ans. Mais ici et maintenant, ce concept nous apparaît comme indispensable, et sa réalité, incontestable.

De fait, les marques ont bel et bien l'air de posséder quelque chose comme une identité. CLARINS ne ressemble pas à LANCÔME, ni à ESTÉE LAUDER, SHISEIDO ou CLINIQUE, et en même temps, CLARINS continue de ressembler à CLARINS. Mais alors, quelle est son identité ? Ce qui la distingue des autres marques de cosmétiques ? Ou ce qui la fait rester la même d'une année sur l'autre ?

Les deux, et en même temps. Car avant d'aller plus loin, retenons ce premier principe : on a beau ne pas pouvoir vraiment définir l'identité, on sait au moins d'elle une chose, c'est qu'elle repose tout entière sur la dialectique du semblable et du différent[1]. On ne peut la saisir qu'à l'aide de la pensée complexe, celle qui accepte qu'une chose et son contraire soient vrais en même temps : le changement et la stabilité, la ressemblance et la différence, la durée et la fugacité.

Contredisons donc hardiment H. Maucher, respectable président s'il en fut de NESTLÉ : au rebours de ce qu'annonçait le sous-titre de son livre[2], il n'y a pas de principes simples pour diriger dans un monde complexe. Si le monde est complexe – et qui peut dire le contraire ? – alors nous devons l'accepter tel qu'il est, au lieu d'essayer de le faire entrer de force dans les tiroirs trop étroits de la logique dite abusivement « cartésienne ».

Du reste, l'identité de marque est un bon exemple des contradictions auxquelles nous devons faire face, de gré ou de force : car il faut commencer par ce constat déroutant qu'avec elle, le marketing se sert d'un concept que les spécialistes déclarent tous insaisissable, fuyant et instable.

Les belles constructions que certaines marques élaborent à partir de leur identité seraient-elles bâties sur du sable ?

---

1. P. Tap, *L'Identité*, Sciences Humaines, 1998.
2. H. Maucher, *La Stratégie Nestlé : principes simples pour diriger dans un monde complexe*, Maxima, 1995.

Splendeurs et misères d'un concept marketing

À la recherche d'une date de naissance

Il n'est pas facile de savoir quand est apparue la notion d'identité de marque, mais on est sûr d'au moins deux choses :

- Son apparition est récente ;

- Son adoption a été immédiate.

C'est déjà, en soi, un phénomène inhabituel. Sans prétendre à l'exhaustivité, un rapide survol de la littérature sur les marques montre en effet que la notion d'identité a émergé et s'est pleinement développée au cours des années 1990. Elle n'a donc guère plus d'une dizaine d'années d'existence. C'est peu, quand on considère que la plupart des grandes marques datent du milieu ou de la fin du XIXe siècle, ou du premier tiers du XXe. Cela revient à dire que pendant la plus grande partie de leur histoire, les marques ont fonctionné, et bien fonctionné, sans avoir besoin d'un concept tel que l'identité.

Alors, pourquoi en avons-nous besoin aujourd'hui ?

À première vue, parce que l'environnement des marques a changé, parce que les consommateurs ont changé, parce que les règles du jeu économique ont changé, et parce que les marchés se sont élargis à la planète tout entière. Inutile de décrire en détail les causes et les conséquences de ces changements : ils sont désormais connus de tous. Cela n'en rend que plus clair le fait que l'apparition de l'identité de marque est liée à tous ces bouleversements.

Pourtant, comme on l'a déjà noté, le marketing passe sous silence les circonstances de cette émergence. D'une manière générale l'Histoire – y compris sa propre histoire – ne l'intéresse guère. Les manuels de marketing les plus utilisés, par exemple, entrent dans le vif du sujet sans aucune perspective historique. On aurait tort de le leur reprocher : après tout, ce sont des manuels, et les manuels sont des ouvrages à vocation pratique. Un manuel de guitare ne remonte pas à l'histoire de la musique indienne pour expliquer comment gratter les cordes aux apprentis musiciens. Mais prenons un ouvrage présenté comme « très complet », qui compte près de 400 pages, signées des meilleurs spécialistes[1]. Tous examinent divers concepts et méthodes, aucun ne s'intéresse à leur histoire.

Cette absence d'approche historique rend difficile de savoir exactement où, quand et pourquoi sont apparues des notions telles que le territoire, l'image, la segmentation, le positionnement, ou l'identité de marque.

Quelle importance, dira-t-on ?

Elle est considérable, parce que le marketing ne peut pas prétendre être une science aussi longtemps qu'il se refuse à prendre en compte sa propre genèse. Or il a cette prétention. On le voit aux titres de certaines publications récentes : *Les 22 lois du marketing*[2], *Les 20 lois du capital marque*[3], *La science du shopping*[4]. On le sait aussi depuis les débats plus anciens qui, dès les années 1970, ont posé la question du marketing comme science[5] – et n'y ont toujours pas répondu. Pourquoi ? Parce qu'il n'y a pas de science sans examen critique des fondements de cette science, autrement dit sans épistémologie. Et pas non plus de science sans réflexion théorique. Or le marketing rechigne à l'une comme à l'autre.

Deux faux-fuyants pour échapper à l'enquête sur les origines

Pour compenser cette double lacune, deux travers insidieux et le plus souvent inconscients se sont mis à parasiter le marketing, particulièrement quand il s'agit de traiter certains concepts dits « qualitatifs » comme l'identité de marque :

- la pulsion épiphanique, qui fait complètement l'impasse sur l'histoire ;

- la pulsion évolutionniste, qui utilise l'histoire à des fins idéologiques.

---

1. *Financial Times, Les Échos*, Pricewaterhouse Coopers, *L'Art du marketing*, Village Mondial, 2000.
2. A. Ries, J. Trout, *Les 22 lois du marketing*, Dunod, 2003.
3. A. Ries, L. Ries, *Les 20 lois du capital marque*, Dunod, 2000.
4. P. Underhill, *La Science du shopping*, Village Mondial, 2001.
5. F. Cochoy, *Une Histoire du marketing*, La Découverte, 1999.

Expliquons-nous.

Epiphaneia, en grec, veut dire apparition. L'épiphanie, c'est l'apparition du Christ aux Rois mages ou à Paul sur le chemin de Damas, celle de la Vierge à Lourdes ou Fatima. Un être invisible se manifeste soudain, sans qu'on sache d'où il vient, sans même qu'on se pose la question. Il est là, et c'est tout ce qui compte.

Chaque fois qu'un auteur ou un manuel de marketing affirme de but en blanc que le territoire de marque, ou la segmentation, ou tout autre concept, c'est ceci ou cela, et enchaîne sur le fonctionnement de ce qu'il vient de décrire, on est en présence de la pulsion épiphanique. L'avantage de cette opération ? Le concept en question acquiert une force d'évidence telle que toute question devient inutile, pour ne pas dire sacrilège. Essayez donc de vous interroger à haute voix dans un séminaire de marketing sur le bien-fondé du concept de positionnement, par exemple, et vous comprendrez à quelles impasses peut mener la pulsion épiphanique : elle bloque toute espèce de discussion.

Quant à la pulsion évolutionniste (c'est-à-dire décalquée de la théorie de l'évolution), elle n'est pas moins puissante. Le marketing, en effet, adore C. Darwin[1]. Il lui semble qu'une théorie fondée sur « la persistance du plus apte à la conservation des différences favorables, et à l'élimination des variations nuisibles[2] » explique et même légitime pleinement le jeu de la concurrence. Mais surtout, il adhère sans réserve à l'idée d'une longue évolution au cours de laquelle le « plus apte » l'emporte successivement sur tous les autres, de telle sorte que chaque nouvelle ère, chaque nouvelle espèce représente une amélioration par rapport à la précédente : l'âge du bronze par rapport à l'âge de la pierre, l'élevage et l'agriculture par rapport à la chasse et à la cueillette, les mammifères par rapport aux reptiles, l'homme par rapport au singe, et Pampers HypraSuperNew par rapport à ses prédécesseurs.

---

1. A. Ries, L. Ries, *The Origin of Brands : Discover the Natural Laws of Product Innovation and Business Survival*, Collins, 2004.
2. C. Darwin, *De l'origine des espèces au moyen de la sélection naturelle*, 1859.

En quoi il se trompe. Bien sûr, c'est une vision des choses communément admise, et à la très courte échelle de l'espèce humaine elle semble avoir du sens, mais elle fausse. L'homme est peut-être le dernier-né, mais il n'est pas l'aboutissement de l'évolution. Il n'est en rien supérieur aux autres espèces vivantes – *aucune* espèce vivante n'est supérieure à aucune autre. Il n'y a pas de « progrès » entre le début, la suite et la fin de la vie sur la Terre, pas de gradation qui étagerait successivement les invertébrés, les vertébrés marins, les vertébrés terrestres, et ainsi de suite jusqu'à l'apparition de l'homme. Les illustrations des expositions ou des livres qui évoquent les origines de la Terre sont trompeuses :

> Les toutes dernières scènes montrent toujours des êtres humains, bien que nous ne soyons que l'une des espèces appartenant à un petit groupe de mammifères (l'ordre des Primates contient à peu près 200 espèces sur les 4 000 environ que compte l'ensemble des mammifères) tandis que les plus grands succès de l'évolution mammalienne – les chauves-souris, les rats et les antilopes – restent invisibles.[1]

Les conséquences de ce préjugé universel sont partout à l'œuvre dans l'histoire du marketing : elles conduisent par exemple à croire et à affirmer que ce qui vient *après* vaut toujours *mieux* que ce qui a précédé (d'où la fortune de l'adjectif « nouveau »). Ainsi chaque fois qu'un auteur ou un manuel de marketing présente un concept comme un *progrès* par rapport à tel ou tel autre qui l'a précédé, et dont il énumère les faiblesses, il cède à la pulsion évolutionniste. Le phénomène est particulièrement visible en ce qui concerne l'identité de marque, quand son apparition est présentée comme la réponse aux insuffisances de *l'image* de marque.

Chronologiquement, de fait, l'une précède l'autre. L'image de marque serait née en 1955, dans un article de la *Harvard Business Review,* ou peut-être même beaucoup plus tôt[2]. En ce qui concerne l'identité de marque, sa biographie est très floue – nous y reviendrons plus loin (chapitre 2) – mais elle semble dater de la fin du XXe siècle. Il est

---

1. S. J. Gould, *L'Éventail du vivant*, Le Seuil, 2001.
2. « Le concept d'image de marque, que j'ai rendu populaire en 1953, n'était pas véritablement nouveau. C. Hopkins l'avait décrit vingt ans plus tôt. » D. Ogilvy, *La Publicité selon Ogilvy*, Dunod, 2007.

donc à peu près certain que l'image de marque a chronologiquement précédé l'identité.

Or, que lit-on sous la plume d'un des auteurs les plus respectés sur le sujet ? Que l'image de marque, divinité suprême du marketing depuis plus de trente ans, n'est finalement ni plus ni moins… qu'un piège !

> **D**ans ce piège, la patience, les ressources ou le savoir-faire pour aller au-delà de l'image font défaut, et l'image de marque devient l'identité de marque au lieu d'en être seulement une partie (…). Alors que l'image de marque est passive et tournée vers le passé, l'identité de marque doit être active et tournée vers l'avenir. Alors que l'image de marque tend à être tactique, l'identité est stratégique.[1]

Même chose en France[2], où l'on explique l'apparition du concept d'identité de marque par les carences non pas d'une, mais de deux divinités du marketing :

- le positionnement, qui « asphyxie la richesse de sens de la marque » ;

- l'image de marque, car « l'obsession de l'image conduit à privilégier le paraître à l'être. »

Bien entendu, il est parfaitement louable et même nécessaire de chercher à perfectionner les outils d'analyse du marketing. Ce qui est plus discutable, c'est la tendance à dénoncer les torts de la cause pour laquelle on plaidait la veille, au motif que la nouvelle cause à défendre, parce qu'elle vient après la précédente, lui est forcément supérieure. J'ai appelé cette tendance la pulsion évolutionniste, et non pas darwiniste, parce que C. Darwin ne parle jamais de progrès, ni même d'évolution. Voici pourquoi :

> **N**otre langue a préféré le mot évolution pour décrire ce que Darwin avait appelé "descendance avec modification". La plupart des penseurs victoriens identifiaient en effet le changement biologique au progrès, et le mot évolution, propulsé en biologie par H. Spencer, signifiait « progrès » (littéralement « déploiement ») dans l'anglais vernaculaire. Au début, Darwin refusa ce mot parce que sa théorie ne contenait

---

1. D. A. Aacker, *Building Strong Brands*, Simon & Schuster Ltd, 2002.
2. J.-N. Kapferer, *Les Marques, capital de l'entreprise*, Eyrolles, 2007.

aucune notion d'amélioration générale. Il ne l'aima jamais et s'y rallia uniquement parce que le terme de H. Spencer était entré dans les mœurs.[1]

Comme je ne suis pas un penseur victorien, je n'ai aucune raison de sacrifier au mythe du progrès, ni de croire que chaque nouveauté fait franchir à l'espèce humaine un degré de plus vers la perfection. Il en va de même pour les idées : leur histoire n'est pas celle d'une amélioration. Elles peuvent se suivre sans s'annuler, ni se corriger les unes les autres. Les concepts peuvent se succéder sans se nuire, et en marketing plus qu'ailleurs, car nous ne sommes pas du côté des sciences exactes. Le dernier-né n'est donc pas forcément le meilleur. Ou, pour le dire autrement : la nouveauté est un fait, pas une qualité.

Une émergence rapide et récente

Faute d'une investigation exhaustive de tout ce qui s'est dit et écrit en marketing depuis ses origines, il est impossible d'assigner une date et un lieu de naissance précis à la notion d'identité de marque, ni de connaître avec certitude son ou ses géniteurs.

Mais on peut toutefois avancer sans grand risque d'erreur que cette notion s'est vraiment développée dans la dernière décennie du XXe siècle. Un bon indice nous est offert par D. A. Aacker, l'un des professeurs de marketing et consultants les plus connus sur le sujet. Deux de ses livres peuvent en effet servir de repères :

- Dans le premier, *Managing Brand Equity*, publié en 1991 et traduit en français sous le titre *Le Management du capital marque*[2], la contre-page de couverture présente un plan général de l'ouvrage décomposant le « capital marque » en cinq blocs, le quatrième étant consacré à « l'image de marque ». La notion d'identité de marque n'apparaît nulle part.

- Dans le deuxième, *Building Strong Brands*[3], même principe : sur la contre-page de couverture, un plan résumé en trois blocs d'inégale importance. Le deuxième, au milieu, est de loin celui

---

1. *L'Éventail du vivant, op.cit.*
2. D. A. Acker, J. Lendrevie, *Le Management du capital marque*, Dalloz, 1997.
3. *Op. cit.*

qui occupe le plus de place. Il s'intitule *Brand Identity System*. Le troisième, *Brand Identity Implementation System*.

Cinq ans séparent les deux ouvrages. Dans ce bref laps de temps, la notion d'identité a émergé avec tant de force qu'elle occupe presque tout l'espace consacré par l'auteur à l'art de « construire des marques fortes ». D'où a-t-elle surgi ? Mystère. Comment l'auteur en est-il venu à développer ce concept ? Ni l'introduction ni le texte ne le disent. Peu après, l'identité de marque est définie comme la somme de douze composantes, regroupées en quatre chapitres. Sur quoi repose cette classification ? Ce n'est pas précisé. L'autorité de l'auteur fait foi. L'identité de marque est. Aurait-on par hasard affaire à un phénomène de génération spontanée ? Non, mais bien à la pulsion épiphanique.

Même chose en ce qui concerne un autre auteur et un autre ouvrage : *Building Brand Identity*[1], paru en 1995. La préface affirme d'emblée que lorsqu'une marque est menacée, « sa meilleure défense est une puissante identité de marque », et enchaîne immédiatement sur la question de savoir comment on construit cette identité. Quelles expériences, quelles réflexions ont amené l'auteur à cette conclusion en forme de point de départ ? On l'ignore. Cela n'empêche pas l'ouvrage d'offrir des analyses intéressantes qu'on aura plusieurs fois l'occasion de citer, mais la genèse du concept reste inconnue.

En France, c'est également au cours des années 1990 que l'identité de marque a commencé à faire son chemin. J.-N. Kapferer aborde le sujet en 1991 dans *Les Marques, capital de l'entreprise*[2], et A. Semprini y consacre de longues pages dans *Le Marketing de la Marque*[3], en 1992, et dans *La Marque*[4], en 1995. Le feu couvait depuis une dizaine d'années, allumé entre autres par une réflexion menée conjointement dès le début des années 1980 au sein de l'agence Équateur par J.-N. Kapferer et J.-F. Variot, réflexion enrichie de leurs échanges avec la Sorgem et son PDG, Y. Krief.

---

1. *Op. cit.*
2. *Op. cit.*
3. A. Semprini, *Le Marketing de la marque*, Éditions Liaisons, 1995.
4. A. Semprini, *La Marque, une puissance fragile*, Vuibert, 2005.

Les conceptions que ces différents spécialistes se font de l'identité de marque sont variées, voire antagonistes, comme on le verra plus loin. Mais à la différence des Anglo-Saxons, tous ont au moins le mérite de partir d'un point de vue critique, plus ou moins argumenté, sur les approches en vigueur au moment où ils abordent la question. Pour autant – et ce n'est pas un reproche, aucun des spécialistes cités ci-dessus ne prétendant faire œuvre d'historien – on n'en sait pas beaucoup plus sur les raisons de l'émergence de l'identité de marque, à part les considérations usuelles sur les mutations de l'environnement. Quant aux histoires du marketing les plus récemment parues, dans celle de R. S. Tedlow[1] l'identité de marque est mentionnée brièvement à deux ou trois reprises comme un élément essentiel de la réussite de COCA-COLA, et dans celle de F. Cochoy[2], elle n'apparaît nulle part. Ni l'un ni l'autre ouvrage ne sont de toute façon focalisés sur l'histoire des concepts utilisés en marketing.

Il ne reste donc plus qu'à se livrer à quelques hypothèses.

Inutile de s'attarder sur la première, celle qui rapporte l'émergence de l'identité à l'usure du concept d'image de marque : elle paraît en effet très probable.

Inutile également de commenter la deuxième, celle du surgissement de l'individu roi à l'horizon social et politique de la fin du XXe siècle. Le mieux est d'adopter à ce sujet la position d'A. Mucchielli :

> **C**et attrait pour tout ce qui parle d'identité viendrait de la déstabilisation actuelle des individus et des cultures collectives. Sous l'impact des diverses transformations de notre environnement, lui-même dû aux accélérations techniques de la post-modernité, les identités individuelles ou collectives seraient mises à mal. Personnes, groupes, organisations et institutions chercheraient alors de nouveaux points de repère (…). Ce type d'analyse est très positiviste et s'inscrit dans un schéma de causalité linéaire : une ou plusieurs causes entraînent un effet. Il est de moins en moins sûr qu'en sciences humaines nous puissions nous contenter de telles explications simples sur un phénomène humain, nécessairement complexe.[3]

---

1. R. S. Tedlow, *L'Audace et le marché : l'invention du marketing aux États-Unis*, Odile Jacob, 1997.
2. *Une Histoire du marketing, op.cit.*
3. *L'Identité, op. cit.*

Quelques mots suffiront pour évoquer une troisième hypothèse : le terrain a également pu être préparé par la diffusion du concept de *corporate identity*, le plus souvent traduit en français par « communication institutionnelle »[1] ou « communication d'entreprise », et très en vogue chez nous à partir des années 1980. Rapprochez quelques expressions telles que *corporate identity, corporate image, brand image* : il devient logique et presque naturel de déboucher sur *brand identity*. Les spécialistes ont beau nous mettre en garde contre le flou sémantique attaché à ces différentes expressions[2], leur consanguinité rendait inévitables les échanges et transferts des unes aux autres.

D'autres hypothèses encore pourraient être évoquées, mais le propos de ce livre n'est pas de se substituer à un travail de recherche universitaire. Il est d'essayer de comprendre comment s'est formé, et presque aussitôt déformé, le concept d'identité de marque.

Car tel est le premier constat qu'on peut faire : les choses sont allées très vite. L'identité de marque semble s'être imposée du jour au lendemain, sans débat préliminaire, sans tergiversations, comme une évidence. Si elle a des parents, une date et un lieu de naissance, ils sont discrets au point d'être à peu près invisibles.

Serait-ce qu'un météore brille mieux sur fond d'obscurité ?

Attention, fausses pistes !

Les deux impasses dans lesquelles il arrive le plus fréquemment à l'identité de marque de se fourvoyer se présentent à peu près dans l'ordre chronologique de leur apparition. Précisons tout de suite qu'aucune n'est fausse par elle-même, mais seulement dans la mesure où elle prétend incarner, à elle seule, toute la question de l'identité.

---

1. Voir par exemple *Le Lexique marketing-publicité*, Dalloz, 1994.
2. Comme G. Marion, dans l'introduction de *Les Images de l'entreprise*, Éditions d'Organisation, 2006, ou J.-N. Kapferer, *Les Marques, capital de l'entreprise, op.cit.*

L'identité de marque ne se réduit pas à l'identité visuelle

C'est la première, la plus ancienne et la plus fréquente des fausses pistes. Pour nombre de professionnels, il n'y a d'ailleurs d'identité que visuelle, ou « graphique ». Si on cherche le mot « identité » dans l'index d'un ouvrage sur les marques, quand on le trouve (ce qui n'est pas fréquent) on tombe presque toujours – et uniquement – sur « identité visuelle », généralement définie par une formule proche de celle-ci :

> Identité visuelle : ensemble des éléments graphiques – nom de marque, logotype, emblème, griffe… – qui permettent d'identifier, de reconnaître immédiatement une entreprise, un organisme, une marque. Ils sont décrits en détail dans un recueil nommé « charte graphique »[1].

L'identité visuelle prend d'autant plus d'importance qu'elle change plus souvent qu'autrefois, et plus radicalement. Au lieu d'un logo ou d'un packaging stables dans le temps, à peine retouchés de loin en loin (qu'on pense à tous ceux du N°5 de CHANEL ou de la VACHE QUI RIT en 2008), on assiste aujourd'hui à une accélération des changements qui ne sont pas seulement imposés par les modifications de noms résultant de fusions ou d'acquisitions, mais par le souci de rester en phase avec un environnement saisi par le démon de la métamorphose. Nouveau nom, nouveau métier, nouveau contexte : tout est prétexte à changer d'identité visuelle. APPLE renonce à ses couleurs arc-en-ciel, LES MUTUELLES DU MANS abandonnent leur M majuscule pour trois boules de couleurs orange, verte et bleue, PEUGEOT, KRYS, NAF-NAF, le PMU font également évoluer leur « IV » (identité visuelle), et tous, par raccourci, parlent de changement d'identité.

On ne contestera évidemment pas que ce qu'on appelle l'identité visuelle soit bel et bien porteuse de l'identité de marque. Quand BP a annoncé qu'il en changeait, en septembre 2000, l'opération allait bien au-delà de l'abandon de l'ancien écusson BP au profit d'un nouveau logo. D'abord, il s'agissait d'entériner l'élargissement de l'entreprise, après sa fusion avec AMOCO, ARCO et CASTROL. Ensuite, il fallait signifier l'élargissement de ses centres d'intérêt, et rompre avec

---

1. *Lexique marketing publicité, op. cit.*

l'image strictement pétrolière d'un groupe destiné à se tourner plus globalement vers l'énergie – d'où l'invitation à lire désormais son nom comme Beyond Petroleum (au-delà du pétrole). Enfin, BP affirmait une volonté toute nouvelle – et ultrasensible, dans son secteur d'activité – de protéger l'environnement et d'adopter une attitude plus responsable, sur le plan social, dans les pays de production. Résultat ? Une fleur stylisée (ou une sorte de soleil, son surnom étant Hélios) de couleur blanche, jaune et verte, suivie des deux initiales de la marque, mais en lettres minuscules et non plus majuscules. Les critiques ont fusé de tous côtés, à l'apparition de cette image champêtre assortie d'intentions identitaires toutes nouvelles et politiquement trop correctes pour être honnêtes, de la part d'un groupe pétrolier – pardon, énergétique. Mais au moins ces intentions étaient claires, et BP pouvait à juste titre parler indifféremment d'identité ou d'identité visuelle : l'une exprimait l'autre, au moins potentiellement.

Mais ne traiter le sujet de l'identité que sous l'angle des choix graphiques (couleurs, formes, emblèmes, etc.) est singulièrement réducteur, et parfois même trompeur.

Aussi faut-il être très clair sur ce point : l'identité de la marque est *aussi* dans l'identité visuelle, mais l'identité visuelle n'incarne pas, à elle toute seule, l'identité de marque. Il y a quelques années, La Halle aux Vêtements a abandonné son logo pour en adopter un autre, censément plus qualitatif, et s'est même offert Estelle Hallyday le temps d'une brève campagne de publicité, mais l'enseigne n'a pas pour autant changé d'identité : ses emplacements, son merchandising, le niveau de prix et de qualité de ses produits sont restés les mêmes. Un logo n'est pas une baguette magique. Il ne peut rien contre les sensations que l'on ressent en parcourant les allées d'un magasin, en touchant un tissu, en retournant une étiquette, en faisant la queue aux caisses, rien contre (ou pour) la propreté de la moquette, la lumière, la musique ou le bruit, la présence ou l'absence des vendeurs, leur façon de parler, de répondre, de sourire – ou d'ignorer les clients.

Lustucru a raison de défendre son identité visuelle – le vichy bleu qui permet à trois consommateurs sur quatre de reconnaître la marque – car on ne voit pas comment différencier deux marques industrielles de spaghettis autrement que par leur emballage. Mais l'identité de Lustucru n'est pas tout entière dans ce motif à carreaux : elle est aussi (ou surtout) dans son association avec l'idée de « pâtes aux œufs », et comporte encore d'autres composantes.

L'identité visuelle d'Air France est une chose, l'identité de la marque Air France, autre chose. Elle comprend, dans une certaine mesure, le logo bien connu avec ses bandes inclinées bleu blanc rouge, mais elle est faite aussi de toutes les expériences de contact qu'on peut avoir avec Air France, et ces expériences sont même, selon toute probabilité, plus fortement créatrices d'identité dans la mesure où elles sont personnellement vécues par les passagers. Si l'un d'entre eux prend trois fois de suite un vol Air France, et que chaque fois le vol est en retard, à ses yeux l'identité d'Air France sera celle d'une compagnie dont les vols sont « toujours » en retard. Même chose avec l'identité visuelle de McDonald's : le grand M jaune sur fond rouge a certainement un fort impact et remplit bien sa fonction de repérage du restaurant, mais en soi, il n'exprime rien de particulier. C'est du contact répété avec la marque que nous retirons un certain nombre d'impressions, et non du fait qu'elle comporte deux couleurs chaudes (Kodak a les mêmes) ou un lettrage arrondi (c'est le cas de nombreuses autres marques).

Inversement, si j'ai passé l'hiver dans une paire de Camper qui n'a jamais pris l'eau, ne s'est pas déformée et m'a accompagnée aussi bien au travail qu'en week-end sans jamais me faire mal aux pieds, le tout à un prix raisonnable tout en étant à la mode de la saison, l'identité de Camper, pour moi, sera faite de confort, de solidité, de mode, et de cuir souple et imperméable, même si je ne sais pas décrire le logo de la marque, ni la couleur de son enseigne, et n'ai qu'un vague souvenir du magasin ou de la vendeuse.

Prenons l'exemple d'Apple, dotée d'une identité visuelle forte entre toutes, très cohérente, et dont J. M. Floch a montré la richesse de sens et son adéquation aussi bien aux produits qu'à la culture de l'entreprise.[1]

---

1. J.-M. Floch, *Identités visuelles*, PUF, 1995.

J'en parle en connaissance de cause, car cela fait vingt ans que je travaille sur Macintosh. J'en ai eu neuf ou dix, tous (sauf le premier), achetés de mes propres deniers. À titre professionnel, la saga d'Apple m'a naturellement intéressée au plus haut point. Le logo, en particulier, me paraissait un petit chef-d'œuvre. Et naturellement, j'ai suivi avec le plus grand intérêt l'arrivée du iMac : la marque redevenait ce qu'elle était, et son identité se réaffirmait avec une force indubitable. Le design du nouveau produit était exemplaire. Faisait-il partie de l'identité visuelle ? Bien sûr. De l'identité tout court ? Bien sûr aussi.

À peine était-il arrivé sur le marché français que j'ai acheté un iMac. Pendant les trois premiers mois, ce fut l'enfer : vingt fois, j'ai failli le jeter par la fenêtre. Tout le monde me regardait avec pitié : quoi, ne pas savoir se dépatouiller même avec l'ordinateur le plus simple du monde, si simple qu'il suffit « de le brancher et de jouer », comme disait la publicité ? Eh bien, non, pour des raisons qui m'échappaient – et qui m'échappent toujours – tout allait de travers.

Bien entendu, j'étais abonnée à la hotline, et j'y ai eu recours à peu près tous les jours pendant trois mois.

Le dernier dialogue s'est terminé ainsi :

> (Moi, essayant de plaisanter) — Je n'ai pas bien compris la manœuvre, là, vous pouvez me la redire en français ?
> (La voix au bout du fil, après un blanc de quelques secondes) — Désolé, je ne peux pas parler une autre langue que la mienne.

Ce qui m'a laissée sans voix. Saisissant ma plus belle plume, j'ai aussitôt envoyé au PDG d'Apple France, en recommandé et avec accusé de réception, une lettre où je racontais tous mes déboires (y compris le dialogue ci-dessus) et demandais de l'aide. Je n'ai pas eu de réponse. Je l'ai envoyée une seconde fois, et toujours pas de réponse. Je l'attends toujours.

Autrement dit, voilà une marque que j'ai aimée, achetée, soutenue pendant vingt ans, à laquelle j'ai été fidèle, et qui m'a laissé tomber quand j'ai eu besoin d'elle. Pire encore, si je regarde les choses d'un œil froidement professionnel : Apple ne répond pas quand on lui parle. Or, comme je le rappelais dès l'introduction, on ne peut pas ne pas communiquer. Le mutisme aussi est un message, et comme tel, il est forcément interprété par celui qui l'observe. Il peut vouloir dire : « Apple ne peut pas parler », ou « Apple ne veut pas parler ». Dans le premier cas, la marque est impuissante. Dans le second, elle est méprisante. Dans les deux cas, son identité sort gravement endommagée de l'expérience, d'autant plus que la marque ne vend pas des yaourts ou des pneus, mais… de la communication.

Quoi qu'il en soit, s'il fallait d'un seul mot résumer l'identité d'Apple, beaucoup de gens ont dit ou diraient : « ludique, simple, conviviale ». L'expérience que je viens de rapporter a eu pour conséquence d'avoir fait émerger à mes yeux l'identité inverse. Or, il ne fait aucun doute que pour le consommateur, ce qui provient de son contact personnel avec le produit ou avec un représentant de la marque (vendeur, livreur, conseiller, installateur) l'emporte sur tout le travail de communication réalisé par ailleurs. L'identité visuelle n'y est pour rien, et n'y peut rien non plus.

C'est bien la raison pour laquelle un changement d'identité visuelle ne peut jamais être plaqué purement et simplement sur une marque sans être accompagné d'un long et lent travail interne de sensibilisation à la logique de marque. Et cette logique est hologrammique : chaque élément de la marque porte la marque tout entière, et plus que n'importe qui, les hommes et les femmes qui la représentent. La petite boule verte de ma bouilloire Rowenta est restée coincée en bas dès le premier jour, au lieu de s'élever en même temps que le niveau de l'eau : elle me dit quelque chose sur la marque, qui ne vaut pas la peine que j'alerte le service après-vente (après tout, ma bouilloire marche), et qui n'a pas non plus d'incidence sur l'image que j'ai de cette marque (je n'en conclurai pas qu'elle est « mauvaise »). Mais sur son identité, oui, parce que ce petit potentiel de différenciation qu'était la colonne transparente sur le côté de la bouilloire a disparu (c'était le seul détail qui la distinguait quelque peu des autres, le jour où je l'ai achetée). Or il n'y a d'identité que dans la différence. Si la différence s'érode, l'identité aussi. Conclusion : Rowenta redevient une marque comme les autres.

Comme on dit chez Procter & Gamble : Dieu est dans les détails. Et ce n'est pas British Airways qui dira le contraire. Son ancien président déclarait ainsi : « Chaque fois que je prends l'avion, autrement dit au moins une fois par semaine, je regarde autour de moi, et j'observe tout. Par exemple, je fais attention aux annonces. S'il s'agit d'un vol pour Francfort, est-ce que l'équipage parle allemand, ou bien les annonces sont-elles enregistrées ? Je regarde la qualité du service, et pas seulement celle des repas. Je regarde l'intérieur de l'avion, je vérifie s'il y a des sièges cassés, ou des taches sur la moquette, et je le fais sans même y penser, parce que tout cela fait partie de la marque. »[1]

Je peux n'avoir pas fait attention à l'hippocampe qui accompagne le logo de SÉLECTOUR, mais avoir remarqué que la jeune femme de l'agence qui s'occupe de mes voyages d'affaires m'accueille toujours par mon nom et avec un sourire, même si elle ne me voit en personne qu'une ou deux fois par trimestre. L'identité de l'enseigne, à mes yeux, passe par elle : je dirai donc que SÉLECTOUR est accueillant, aimable, et agréable à fréquenter. Son identité visuelle n'est qu'un repère.

FRANCE TELECOM l'a si bien compris que son dernier changement d'identité visuelle a été accompagné de très importantes actions internes pour que chacun des 160 000 salariés se sente porte-parole de la « nouvelle » marque et en comprenne le sens et les enjeux. Toutes les grandes marques font la même chose.

L'identité visuelle participe à et de l'identité de la marque, mais elle n'est qu'une partie de cette identité. Les prix, les produits, la publicité, le système de vente et chacun des individus qui l'incarnent de près ou de loin aux yeux des consommateurs contribuent tous et sans exclusive à l'élaboration de cette identité.

L'identité de marque n'est pas assimilable à un code génétique

Récemment apparue dans les propos de nombreux professionnels, la métaphore génétique, on le sent bien, caresse le marketing dans le sens du poil. Voilà qui sent bon le retour à la science pure et dure, sous sa forme la plus implacable : expériences, tests, calculs, chiffres,

---

1. F. Gilmore, *Brand Warriors : Corporate Leaders Share their Winning Strategies*, HarperCollins Business, 1997.

modèles mathématiques, et pour finir, une certitude quasi absolue quant au résultat.[1]

Aussi ne faut-il pas s'étonner de trouver de constantes références au code génétique chaque fois qu'un responsable ou un analyste des marques s'exprime sur la question de l'identité :

> L'identité est l'ADN de la marque, une configuration particulière de composantes de la marque assemblées de façon unique, qui détermine la façon dont la marque sera perçue sur le marché.[2]
>
> Le code génétique, la racine de la marque, inspire l'ensemble de l'édifice et nourrit sa culture. Il en est le principe directeur (…) Il est intangible.[3]
>
> L'identité est la structure ADN de la marque.[4]

À la relance de BURBERRY, son nouveau directeur artistique commença de son propre aveu par concevoir une petite collection représentant « le prototype, l'ADN » de la marque, et de son avenir. « Nous devons changer fondamentalement notre approche », déclarait J. Nasser, président de FORD, avant d'imposer à la vieille dame du Michigan une mutation qui va bien au-delà d'un simple lifting : « Il faut modifier notre ADN ! » « Une signature comme "Orangina secoue la vie" est génétiquement pertinente parce qu'elle est inscrite dans les entrailles de la marque », expliquait le directeur du marketing. « La marque a le plaisir dans les gênes », dit le directeur du marketing de PANZANI. « L'entreprise ne peut pas déléguer la création de l'image à un tiers » dit-on chez BENETTON, « sinon, celui-ci devrait intégrer l'ADN de la marque, ce qui prendrait beaucoup de temps et serait beaucoup plus difficile pour lui que pour nous. »

On sait que le code génétique d'un individu est une « signature » si fiable que son analyse fait désormais partie de toutes les enquêtes où il s'agit de déterminer l'identité exacte d'un individu.

De là à croire à l'inverse que l'identité d'un individu se résume à son code génétique, il n'y a qu'un pas. Qu'il faut évidemment se garder

---

1. A. Perry, D. Wisnom, *Before the Brand : Creating the Unique DNA of an Enduring Brand Identity*, McGraw-Hill, 2003.
2. *Building Brand Identity, op. cit.*
3. *Les Marques, capital de l'entreprise, op. cit.*
4. *Building Brand Identity, op. cit.*

de franchir : on sait bien que les gênes ne sont qu'une donnée, et que son porteur développera une personnalité et une histoire imprévisibles, en fonction de son environnement. De ce que son code génétique permet d'identifier quelqu'un on ne peut pas déduire à quoi ressemble ce quelqu'un. Outre les manipulations auxquelles il se prête, l'ADN peut éventuellement être utilisé comme un auxiliaire de l'identité au sens que l'état civil donne à ce mot, mais pas au sens où celle-ci exprime la personnalité propre d'un individu.

Inutile, d'ailleurs, de s'appesantir sur le succès de la métaphore génétique : chacun sent bien qu'il est difficile de la développer, car au bout du compte, de quoi se composerait cet « ADN de la marque », censé contenir le secret de son identité ?

À cette question, l'on répond en général en citant des « valeurs », ou certaines qualités (le plaisir, l'élégance, la convivialité, la confiance, etc.). Rien qui soit l'équivalent exact de l'ADN : celui-ci a beau être invisible à l'œil nu, il n'en possède pas moins une existence bien concrète et matérielle. Il n'est constitué par rien de si intangible qu'une valeur ou une qualité, il se trouve sur les chromosomes.

Quel pourrait bien être l'équivalent des chromosomes chez RENAULT, chez IBM, chez COLGATE, chez GAP ?

La question, on le voit bien, est absurde.

Ce que révèle cette comparaison, une fois de plus, c'est le goût prononcé du marketing pour tout ce qui s'apparenterait à une loi scientifique, pour tout ce qui serait susceptible d'offrir un semblant de certitude, pour tout ce qui se contrôle et se manipule, et pour tout ce qui ressemble à du déterminisme.

Un goût rationnel, peut-être, mais pas très raisonnable.

Chapitre 2

Où en sommes-nous aujourd'hui ?

L'état des lieux sera d'autant plus bref que je ne prétends pas, ici, à l'exhaustivité : seules seront prises en compte les définitions de l'identité de marque utilisées aux États-Unis et dans les pays européens adeptes de l'approche anglo-saxonne, d'une part, et celles qu'on utilise en France quand elles diffèrent des précédentes, d'autre part.

Pour atténuer les regrets qu'on pourrait avoir de ne disposer que d'un panorama incomplet sur le sujet, il faut préciser que le concept d'identité (avant même de s'appliquer aux marques) est récent, puisqu'il est né en Occident dans la seconde moitié du XXe siècle[1].

Jusque-là, le mot se contentait de signifier le caractère identique de deux objets, de deux personnes, ou de deux groupes. De l'avis de tous les spécialistes, c'est après la seconde guerre mondiale qu'il s'est mis à désigner ce qui est à la fois identique et stable chez un être humain ou un groupe social tout au long de leur existence, et ce qui les rend uniques, différents de leurs semblables. Lesté de cette valeur paradoxale et psychologisante, le mot s'est peu à peu infiltré dans le discours des médias, des politiques, bientôt de l'opinion publique,

---

1. Exactement en 1950, date à laquelle E. Erikson introduit ce concept en sciences humaines avec son ouvrage, *Enfance et société* – d'après A. Mucchielli, *L'Identité, op. cit.*

jusqu'à passer pour le concept qu'il n'est probablement pas, pour les raisons analysées précédemment.

Ce n'est donc pas un concept universel, loin de là. Tout laisse à penser au contraire que certaines cultures s'en sont passées, et ne s'en trouvent pas plus mal. Dans ces cultures, des marques peuvent très bien se développer sans recourir à la notion d'identité : si j'avais eu le loisir de chercher à quoi celle-ci ressemble au Japon, en Inde ou en Chine, par exemple, je n'aurais peut-être rien trouvé qui s'en rapproche.

LES MODÈLES D'ANALYSE ACTUELLEMENT EN VIGUEUR EN FRANCE

Deux grands modèles d'analyse de l'identité de marque peuvent être repérés, ou plus exactement un modèle dominant, d'origine anglo-saxonne, et une petite galaxie de modèles difficiles à regrouper sous une étiquette commune : sont-ils vraiment français, alors que leurs auteurs ne le sont pas toujours ? Peut-on les qualifier d'européens, sans avoir vérifié qu'ils étaient pratiqués ailleurs qu'en Europe ? Faut-il les rassembler sous la bannière de la sémiologie, dans la mesure où plusieurs d'entre eux en viennent ?

Une chose est sûre, en tout cas : le modèle anglo-saxon écrase l'autre. Cette inégalité des forces en présence ne préjuge en aucune manière de leur valeur respective, mais il est clair qu'en ce qui concerne l'identité de marque, comme dans beaucoup d'autres domaines, l'école anglo-saxonne a tendance à tout emporter sur son passage.

Heureusement, un petit village gaulois continue de résister à l'invasion…

L'école anglo-saxonne

Du nombre de publications parues sur le sujet, retenons deux titres, l'un explicite[1], l'autre moins[2], mais tous deux consacrés à la question de l'identité de marque.

---

1. *Building Brand Identity, op. cit.*
2. *Building Strong Brands, op. cit.*

Le premier ouvrage liste ainsi les composantes de l'identité :

* produit ou service ;

* notoriété ;

* logo, système graphique ;

* positionnement ;

* personnalité ;

* communication ;

* fidélité à la marque.

Le second, paru l'année suivante, allonge considérablement la liste, puisqu'il déclare que :

> L'identité de marque comporte douze dimensions, organisées autour de quatre perspectives : la marque en tant que produit, en tant qu'organisation, en tant que personne et en tant que symbole.

Dès la première page du livre, il est également précisé que :

> Alors que l'image de marque correspond à la façon dont une marque est perçue, l'identité de marque est aspirationnelle : c'est la façon dont la marque *voudrait* être perçue.

Autrement dit, la marque se présente en deux temps et sous deux formes : au départ, il y a ce qu'elle est « vraiment » – son identité véritable, dont est responsable l'entreprise qui la gère ; à l'arrivée, il y a son image, soumise à un certain nombre de distorsions par les consommateurs. De nombreux ouvrages reprennent à peu près telle quelle cette définition :

> L'identité traduit la façon dont l'entreprise (émettrice) souhaite se présenter au marché. L'image correspond aux associations entretenues par le public (récepteur).[1]
> L'image est un concept de réception. L'identité est un concept d'émission.[2]
> L'identité est un concept d'émission à la différence de l'image qui est un concept de réception.[3]

---

1. P. Kotler, B. Dubois, *Marketing management*, Pearson Education, 2003.
2. *Les Marques, op. cit.*
3. L. Marcenac, *Communication des entreprises*, Hachette Éducation, 2008.

La jonction est donc faite entre l'identité de marque et les principes de « communication » tels qu'ils sont habituellement traités par le marketing, c'est-à-dire calqués sur la théorie de l'information et confondus avec elle, puisqu'on y retrouve le même vocabulaire :

- au point de départ, un « émetteur » ;

- au milieu, un message ;

- au point d'arrivée, un « récepteur ».

Les alternatives françaises

En France, mis à part les épigones de la conception américaine, quelques tentatives ont été faites pour proposer d'autres façons d'aborder l'identité de marque, mais elles sont difficiles à classer.

D'une part, en effet, ces alternatives comportent des réflexions sur l'identité mais ne se concentrent pas forcément sur cette seule question, qui n'est traitée, en quelque sorte, qu'à l'occasion de développements plus généraux.

D'autre part, elles proviennent d'horizons très divers, entre lesquels il n'est pas évident qu'on puisse trouver des points communs. Mais essayons tout de même de nous y retrouver, et rangeons arbitrairement ces modèles alternatifs en deux catégories. Dans la première, on peut regrouper trois « modèles » :

- la *star-strategy* ;

- le prisme d'identité ;

- le fond(s) de marque.

Ils ont en commun d'avoir été conçus à partir d'une expérience pratique, dans (ou pour) des agences de publicité, c'est-à-dire dans le but de faciliter la résolution des problèmes de communication des marques. À partir de ces expériences, ils ont été plus ou moins « théorisés ».

Dans la seconde catégorie peuvent être réunies des approches de type sémiotique, dont les auteurs ont fait en quelque sorte le chemin inverse : d'abord théoriciens, ils en sont venus à appliquer concrètement leurs méthodes aux problèmes des marques, à l'occasion de diverses missions de conseil.

Trois modèles nés de la pratique : *star-strategy*, prisme d'identité, fond(s) de marque

Sans respecter forcément un ordre chronologique, aussi difficile à établir ici que pour l'école anglo-saxonne, puisque les trois modèles dont il est question sont à peu près contemporains les uns des autres, commençons par la *star-strategy*.

On en trouve la description complète dans *Hollywood lave plus blanc*[1], paru en 1982, et signé J. Séguéla. Elle repose sur un présupposé simple : « Il en va des marques comme des stars ». Leur publicité doit donc être traitée comme un spectacle. La méthode se présente sous une triple forme :

- un tableau en 7 phases et 10 étapes, la phase centrale étant spécifiquement celle de la *star-strategy* ;

- un portrait chinois ;

- une « carte des étoiles permettant de situer une marque sur les chemins de sa carrière ».

La *star-strategy* proprement dite repose sur trois piliers, les mêmes pour une marque que pour une star :

- un physique ;

- un caractère ;

- un style.

Une fois ces trois piliers solidement plantés, il reste à faire entrer la marque star dans le *star-system*. On aborde alors deux questions :

- la carrière de la star ;

- les metteurs en scène de la star.

Ainsi, l'ensemble repose sur une analogie poussée aux extrêmes, celle de la marque avec une star de cinéma, mais d'un cinéma bien

---

1. J. Séguéla, *Hollywood lave plus blanc*, Flammarion, 1992.

particulier : celui de la grande époque hollywoodienne. Les stars citées par J. Séguéla appartiennent à la période glorieuse des années 1930 aux années 1960 ou 1970. La *star-strategy* s'inscrit donc clairement dans ce que G. Debord appelait dès 1967 la société du spectacle, à ceci près que son livre « a été sciemment écrit dans l'intention de nuire à la société spectaculaire »[1], tandis que la *star-strategy* visait à en accélérer l'avènement, illustrant *a posteriori* le deuxième chapitre : la marchandise comme spectacle.

Deuxième modèle, lui aussi né de la pratique, et lui aussi dans le cadre d'une agence de publicité (à l'époque, Équateur) : le prisme d'identité. Ce modèle ne repose pas sur une analogie telle que la marque star, mais sur une analyse marketing (les limites du concept de positionnement), croisée avec le schéma classique :
émetteur → message → récepteur.

Il se présente de la façon suivante :

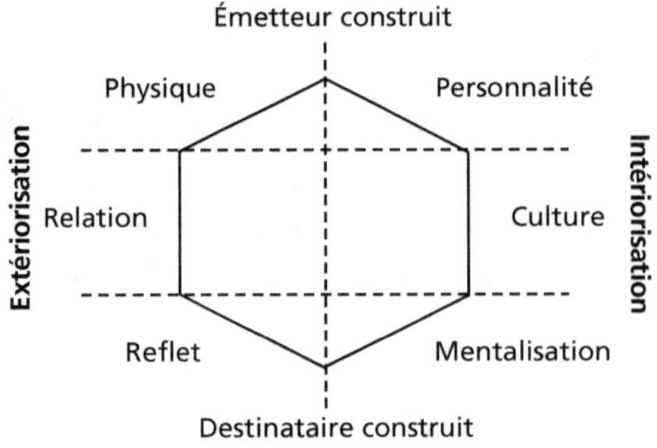

Figure 1 : Le prisme d'identité

À la fois analytique et synthétique, outil de diagnostic et de recommandation, ce modèle a peu à peu été adopté par de nombreux professionnels (annonceurs, sociétés d'études, etc.) et sa description figure désormais dans de nombreux manuels ou cours de marketing[2]. Il peut aussi bien servir à établir un bilan qu'à représenter

---

1. Guy Debord, « Préface » in *La Société du spectacle*, Gallimard, 1996.
2. Voir par exemple L. Marcenac, A. Milon, S.-H. Saint-Michel, *Stratégies publicitaires*, Bréal, 2002.

l'évolution de la marque, et s'appuie sur tous les éléments d'études qualitatives et quantitatives dont on dispose.

Troisième modèle, qui concerne en quelque sorte par la bande la question de l'identité de marque : celui dit du fond(s) de marque, mis au point par une société d'études qualitatives, la Sorgem, qui en exposa les principes à de nombreux annonceurs et agences de publicité au cours des années 1980. Il se présente lui aussi sous la forme d'un schéma synthétique :

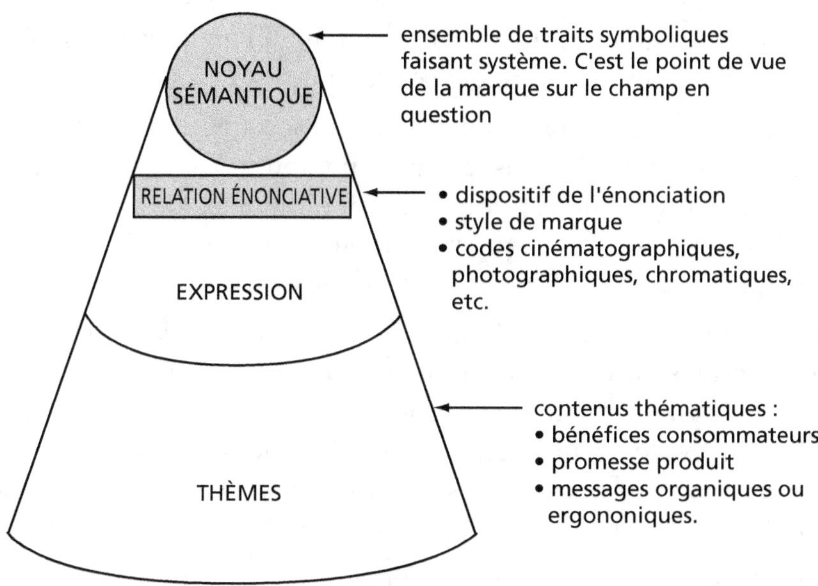

Figure 2 : Modèle du fond(s) de marque

Source : Y. Krief, Le Capital de marque, Séminaire IREP, 1992.

Contrairement au prisme d'identité, que tout le monde est libre d'utiliser à sa guise, le fond(s) de marque est… une marque. Son usage est donc plus restreint et moins ouvertement diffusé, bien que la plupart des professionnels le connaissent. De plus, son maniement demande des qualités de sémiologue très pointues, ce qui le rend moins facile à « emprunter » par des néophytes. En tout état de cause, et indépendamment de ses nombreuses applications pratiques, il a eu le grand mérite de familiariser les responsables de marques avec un vocabulaire (symbole, mythe, signe, imaginaire, etc.) qu'ils n'avaient pas l'habitude de considérer comme faisant partie intégrante de leur problématique, et dont ils ne soupçonnaient pas la technicité.

Deux approches issues de la théorie

Le modèle du fond(s) de marque pourrait tout aussi bien être rangé dans la deuxième catégorie des modèles français d'analyse de l'identité de marque : il repose sur des bases théoriques solides, et la pépinière de la Sorgem fourmillait de spécialistes tels qu'Eliseo Veron, peu connu du grand public, mais auteur, chercheur et analyste réputé auprès de la communauté scientifique.

Cependant, on examinera ici deux autres approches, venues l'une et l'autre de la sémiotique mais en quelque sorte de l'extérieur, avant que leurs défenseurs ne l'appliquent aux problèmes des marques. Ni l'une ni l'autre n'a pour thème unique ou central l'identité de marque, mais toutes deux peuvent être utilisées pour l'analyser.

La plus connue, celle de J.-M. Floch, fit l'objet de nombreuses communications au cours des années 1990. Elle fonctionnait à partir du fameux « carré sémiotique » emprunté à A. J. Greimas, et repris de la tradition aristotélicienne. Le carré sémiotique s'appliquait à toutes sortes de situations, entre autres aux marques, et l'un des ouvrages de J.-M. Floch, *Identités visuelles*[1], en fit la brillante démonstration.

À la même époque, un autre sémioticien analyste des marques, A. Semprini, s'intéressa également à la question de l'identité. Son itinéraire avait d'ailleurs croisé celui de la Sorgem, de la Cofremca, et de J. M. Floch, auxquels il rend hommage dans l'introduction de son premier ouvrage paru en français, *Le marketing de la marque*[2]. Dans ce livre, comme dans l'opuscule qu'il consacre trois ans plus tard au même sujet[3], il aborde lui aussi la question de l'identité de marque.

Tout comme J. Séguéla était parti d'une critique virulente des méthodes marketing venues d'outre-Atlantique, A. Semprini se charge de la

---

1. *Identités visuelles, op. cit.*
2. *Le Marketing de la marque, op. cit.*
3. *La Marque, op. cit.*

critique la plus claire des positions anglo-saxonnes sur l'identité de marque :

> **D**ans un texte récent consacré à la marque, J.-N. Kapferer a opposé l'identité de marque, qu'il considère comme un concept d'émission, au concept d'image de marque, qu'il considère comme un concept de réception, c'est-à-dire produit par les consommateurs. Cette opposition nous paraît fallacieuse et hors piste par rapport à la nature même du problème. Elle descend d'une logique mécaniste, issue à son tour d'une théorie de la communication obsolète, et ne peut par définition rendre compte de façon adéquate de la dynamique de la marque.[1]

À cette logique mécaniste, A. Semprini oppose la même approche théorique que J.-M. Floch, à ceci près qu'au lieu d'un « carré », l'analyse se présente sous la forme d'un « maping » sémiotique. Si l'on considère que le modèle du fond(s) de marque reposait lui aussi, du moins en partie, sur une analyse de type sémiologique, et que le prisme d'identité ne l'ignore pas non plus, on peut donc dire que tout au long des années 1990, en France, le seul vrai contrepoids à l'approche anglo-saxonne de la marque est venu de la sémiotique.

L'identité de marque : un concept à cheval sur les deux branches du marketing

Voilà une position bien inconfortable, surtout quand les deux branches en question n'ont ni la même taille, ni la même force. C'est pourtant ce qui se passe, si l'on observe comment l'identité de marque se situe sur l'arbre du marketing, tel qu'il se présente depuis les années 1960[2] :

On voit qu'après avoir poussé à peu près droit pendant plusieurs décennies, le tronc de l'arbre s'est dédoublé vers 1965, pour se diviser en deux :

- d'un côté, une branche d'un seul tenant, dite *marketing-science* ;

- de l'autre, une branche qui tend à se subdiviser en une série d'embranchements, appelée *consumer research*.

---

1. *Le Marketing de la marque, op. cit.*
2. *Une Histoire du marketing, op. cit.*

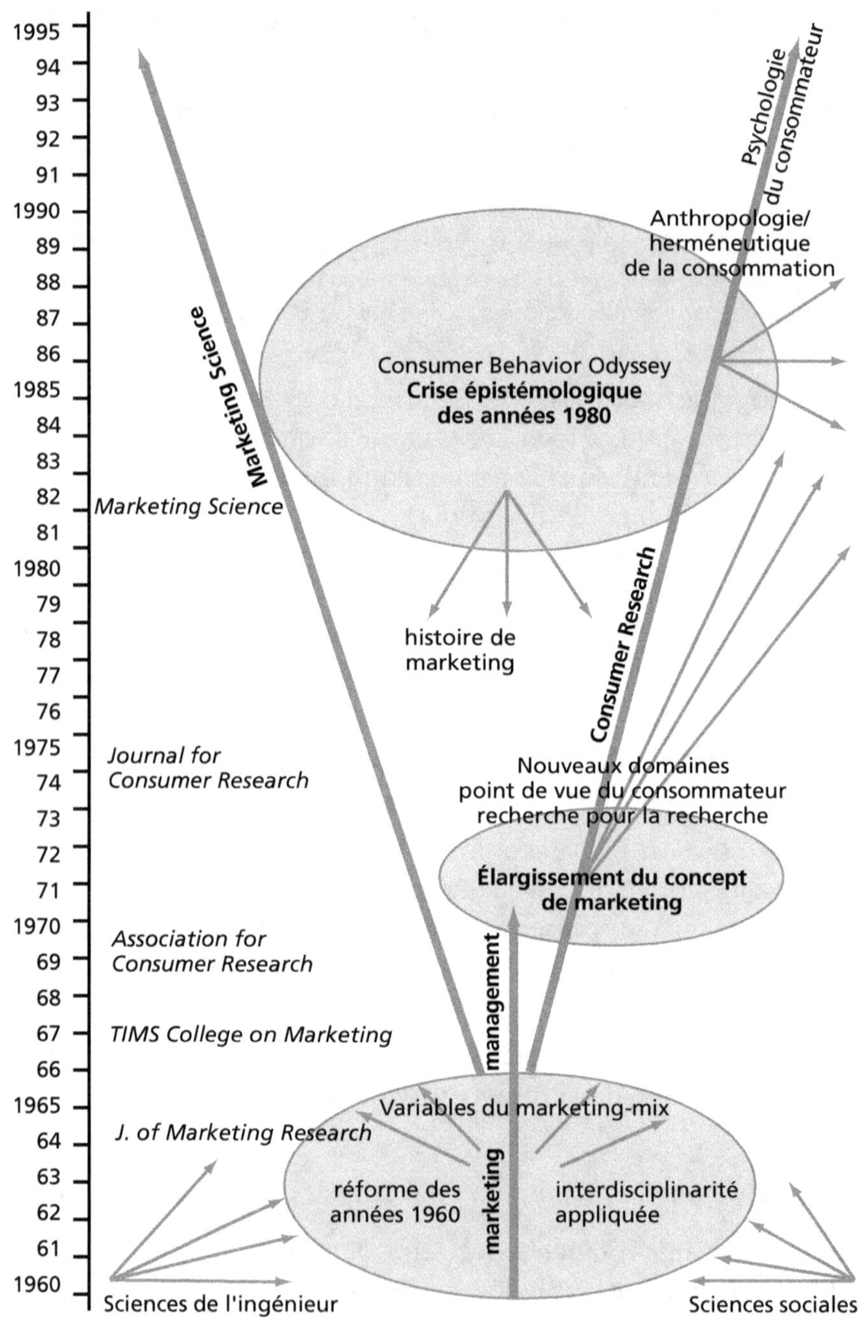

Figure 3 : Le marché des disciplines

Source : F. Cochoy, Une histoire du marketing, La Découverte, 1999.

Tout se passe comme si la première branche inclinait vers un retour aux « sciences de l'ingénieur » (en bas à gauche du schéma), tandis que la deuxième, elle, penchait plutôt vers les « sciences sociales » (en bas à droite). Le long de cette deuxième branche, on voit en effet apparaître des disciplines comme l'anthropologie ou la psychologie.

On peut installer l'approche anglo-saxonne de l'identité de marque sur la première branche, et ses alternatives d'origine européenne et sémiotique, sur la deuxième.

Le modèle anglo-saxon, en effet, se cale sur le schéma classique de ce qu'on appelle les sciences de la communication, mais qui est en réalité le schéma initial de la théorie de l'information, celui de C. E. Shannon :

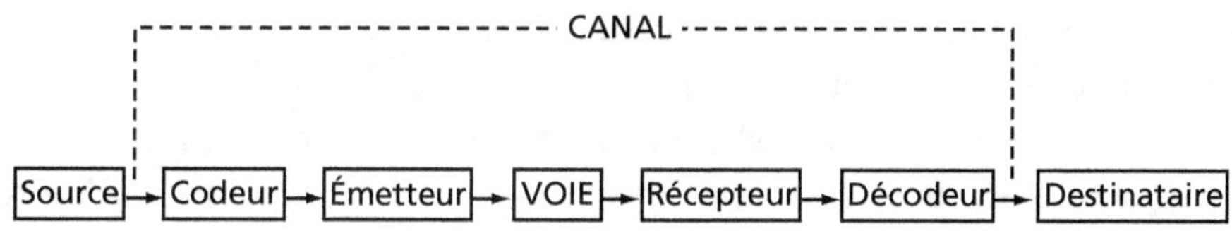

Figure 4 : Le schéma linéaire de la communication

Source : D'après C. E. Shannon.

Il s'agit là d'un modèle mécaniste, quelquefois même appelé « télégraphique », que R. Escarpit analyse dans un chapitre intitulé « Le temps des ingénieurs »[1]. On sait, en effet, qu'il a été mis au point par C. E. Shannon et W. Weaver à la fin des années 1940 dans les laboratoires de la société téléphonique BELL, et qu'il a consisté à quantifier l'information à l'aide des bits, « en se servant d'outils mathématiques déjà existants, en l'occurrence ceux de la thermodynamique et de la mécanique statistique. » C'est sur ce modèle « télégraphique » que s'appuie le prisme d'identité, raison pour laquelle, on l'a vu, il est sévèrement critiqué par certains spécialistes.

---

1. R. Escarpit, *L'Information et la communication*, *Hachette*, 1991.

De leur côté, les modèles que j'appelle « alternatifs » de l'identité de marque empruntent plutôt à :

- la sociologie ou la psychologie (même galvaudées) pour ce qui concerne la *star-strategy* ;

- la linguistique pour les autres, spécialement pour le fond(s) de marque et le carré ou le *mapping* sémiotiques.

Nous avons donc deux approches différentes de l'identité de marque, sur deux branches différentes du marketing, l'une penchant vers les sciences dites « exactes », l'autre vers les sciences dites « humaines ». Rien que de très logique, en apparence.

Sauf qu'il manque quelque chose. On ne s'en aperçoit pas tout de suite, mais au milieu de ce brouhaha dominé par l'inlassable répétition du mot communication, où sont les sciences du même nom ?

Eh bien, elles ne sont nulle part, car cette division en deux branches ne correspond en rien à leur vision des choses. Les chercheurs qui les ont élaborées provenaient de toutes les disciplines scientifiques, et c'est en dialoguant entre eux qu'ils ont avancé, non en campant derrière les frontières qui les séparaient. Isoler les sciences « humaines » des sciences « exactes » était un non-sens à leurs yeux. Rompant avec la séparation des savoirs académiques, ils ont cherché à comprendre les mécanismes de la communication en rassemblant et combinant des éclairages venus aussi bien de l'anthropologie, de la linguistique, de la psychologie, ou de la neurologie. Tous ont utilisé abondamment la théorie des systèmes et les enseignements de la cybernétique.

Les sciences de la communication se sont concentrées sur l'interaction qui s'établit entre deux interlocuteurs : c'est à ce titre, entre autres, qu'elles peuvent aider à comprendre le fonctionnement des marques, exemple d'interaction particulièrement complexe entre les entreprises et les consommateurs. Par essence, ce sont des sciences du lien, de la relation : disjoindre ou fragmenter les savoirs est à l'opposé de leur démarche.

Si l'on s'inscrit, comme c'est mon cas, dans la lignée de leurs recherches et de leurs propos, on ne peut pas accepter de trancher en faveur d'une des deux visions de l'identité de marque, celle de la branche dite *marketing science,* ou celle de la branche *consumer research.* On ne cherche pas non plus à les concilier. On les dépasse en se référant à une autre logique, non séparatiste et plus globale : celle que privilégie une conception *systémique* de la marque.

Le problème de l'identité de marque, par conséquent, ne se pose ni ne se résout à l'intérieur des catégories du marketing classique, fût-il qualitatif.

Pour changer de raisonnement, il faut changer de vocabulaire.

COMMENT ON EN VIENT À CHANGER D'AVIS SUR L'IDENTITÉ DE MARQUE

C'est l'expérience et la pratique des études sur l'identité de marque qui m'ont fait peu à peu changer d'avis à son sujet. En quinze ans, j'ai dû en réaliser à moi seule une bonne cinquantaine, et j'en ai vu faire au moins autant, sinon davantage, par des agences de publicité, des consultants ou des sociétés de conseil, selon différentes méthodes, et avec des objectifs très variés.

Il n'est en général pas difficile de convaincre les gens de l'utilité de cet exercice, et comme toujours, le meilleur argument est une démonstration par l'exemple. En France, il en existait un qu'on citait si souvent qu'il en devenait quasi canonique.[1] Rappelons-en rapidement l'histoire, telle qu'elle était généralement présentée.

Au début des années 1980, FIDJI était l'un des parfums les plus vendus au monde. Son propriétaire, L'ORÉAL, soucieux de ne pas s'endormir sur ses lauriers, s'interrogea sur l'opportunité de faire évoluer son image publicitaire. Celle-ci avait montré jusqu'alors la très chaste photographie d'une femme nue, les yeux fermés, agenouillée sur une plage à la lisière du sable et de l'eau, berçant une grande bouteille de parfum entre ses bras. Le slogan était aussi connu et apprécié que la photo : « La femme est une île, Fidji est son parfum. »

---

1. J.-F. Variot, *La Marque post-publicitaire,* Village Mondial, 2001.

L'image fut utilisée avec le plus grand succès plusieurs années durant, jusqu'à ce que l'annonceur commence à craindre qu'elle ne soit plus en phase avec son époque. Les choses, il faut le dire, changeaient à toute allure : on voyait s'affirmer des figures de femmes de plus en plus libres (la révolution sexuelle était passée par là) et des rêves d'exotisme de plus en plus lointains (la révolution des loisirs commençait également à faire son chemin). Le succès du Club Med témoignait de la force de ces deux tendances, et l'amplifiait.

On décida donc de changer l'image de Fidji, et de la mettre au diapason de la modernité. Apparut le portrait frontal d'une vahiné nantie de quelques symboles suggestifs : une abondante chevelure noire et bouclée, des lèvres rouge vif, une orchidée également rouge derrière l'oreille, et un serpent en guise de collier. Elle tenait à deux mains devant elle, bien droit, un flacon de Fidji.

Les ventes chutèrent.

Que s'était-il passé ? Un malentendu complet. La provocante Ève tropicale, dont la présence semblait si naturelle pour un parfum du nom de Fidji, était une intruse dans l'imaginaire des consommatrices.

Ce qui les avait précédemment séduites, ce n'était pas l'exotisme, d'ailleurs absent à l'image, c'était l'idée que la femme est une île. Non pas une île exotique, mais un monde lointain et clos sur lui-même, un continent inexploré, une île vierge, et qui plus est, une mère en puissance. Tout, sauf une allumeuse.

Autrement dit, on s'était trompé d'identité. Celle de Fidji était intemporelle, et n'avait rien à voir avec la modernité, ni avec l'exotisme. Vouloir à tout prix la réinscrire dans le temps (les années 1980) et dans l'espace (la Polynésie), c'était la réduire à bien peu de chose par rapport à la puissance de condensation symbolique qu'elle avait acquise auparavant. La chute des ventes prouvait bien qu'on ne touche pas impunément à l'identité d'une marque. Aucun des efforts consentis pas la suite pour rendre à Fidji son lustre premier, pas même le renfort d'un top model alors en pleine gloire, ne parvint à faire revenir la marque au premier plan.

J'ai souvent cité moi-même cet exemple, tant son pouvoir d'illustration me paraissait frappant. Et puis, petit à petit, le doute s'est insinué dans mon esprit, pour deux raisons :

* En remontant aux sources, c'est-à-dire à l'étude du cas FIDJI telle qu'il était initialement décortiqué à HEC, on s'apercevait que les choses n'étaient pas si claires, et que les résumés qui en étaient faits ici et là simplifiaient abusivement l'histoire. La chute des ventes pouvait avoir eu d'autres causes (telles que des problèmes de distribution ou des variations de taux de change en Asie) que le changement d'identité ;

* Cette identité était présentée comme entièrement construite par sa publicité, or on sait que la publicité n'est jamais seule responsable de ce qui se passe dans la vie des marques. Même s'il est évident que dans certains secteurs, comme la parfumerie, l'image joue un rôle prépondérant, cette image ne s'élabore pas uniquement par la grâce de la publicité, mais également en amont, en aval, et autour d'elle. Il n'était donc pas satisfaisant de continuer à se fonder sur un exemple où le poids de la publicité l'emportait sur les autres composantes de la marque.

Ainsi, l'emblématique exemple de FIDJI perdait chaque jour un peu plus de crédit à mes yeux.

Mais ce n'était pas la seule raison qui me poussait à réfléchir plus avant aux questions d'identité de marque.

Pour mener à bien de nombreuses analyses, et ce, dans tous les secteurs, je me servais souvent du prisme d'identité, décrit au chapitre précédent, et à l'affinement duquel j'ai autrefois participé.

Cet outil, quand il est bien manié – ce qui n'est pas toujours le cas – donne toute satisfaction à ses utilisateurs et commanditaires. Cependant, à mesure que les expertises se succédaient, je commençais à m'y sentir à l'étroit. Bien entendu, il fallait faire la part de la lassitude : l'outil était neuf pour chacun de mes clients, mais il l'était de moins en moins pour moi, et si confortable que ce soit de sortir toujours le même moule de son étagère, c'est aussi très fastidieux. Qui plus est, je ne pouvais pas continuer à reprocher au marketing de travailler avec des outils et des concepts antédiluviens, et m'endormir tranquillement sur les miens sans jamais les renouveler.

Pendant ce temps, je voyais s'élaborer au fil de divers ouvrages, articles ou conférences, un discours sur l'identité de marque auquel, au début, je ne trouvais rien à redire. Mais là aussi, j'en vins peu à peu à m'interroger. Car plus j'observais la vie des marques, et moins elle me paraissait correspondre aux postulats de ce discours collectif.

De quoi se composait ce discours ?

Il tournait – il tourne encore, aux dernières nouvelles – autour d'un très petit nombre de leitmotiv énumérés plus haut : l'identité de marque est immuable et ne doit pas changer, elle est immatérielle, elle est fragile, elle est la propriété de l'entreprise, elle se comprend par comparaison avec la psyché humaine, etc.

Mais alors même que se développaient ici ou là ces différents thèmes, il aurait fallu être aveugle pour ne pas remarquer que :

- L'identité de marque n'est pas immuable. LANCIA était une marque jeune et sportive, c'est aujourd'hui une marque cossue, pour ne pas dire bourgeoise. HERMÈS n'a plus grand-chose à voir avec le maroquinier cacochyme qu'il était encore dans les années 1970. HELENA RUBINSTEIN a été successivement une marque américaine innovante, une marque vieillotte et sans personnalité, une marque internationale avant-gardiste. Et ainsi de suite : la liste pourrait s'allonger sur plusieurs pages.

- Elle n'est pas si fragile qu'on le dit. PATAUGAS a passé vingt ans aux oubliettes dans le groupe VIVARTE, sans que son identité ait faibli le moins du monde aux yeux de ses anciens consommateurs. LANVIN est toujours en vie, malgré une catastrophique série de changements d'actionnaires, de dirigeants, de stratégies. Et non seulement l'identité de marque n'est pas fragile, mais il y a bien des cas où c'est au contraire sa robustesse qui pose problème, dans la mesure où elle fait obstacle au changement.

- Elle n'est pas immatérielle. L'identité de JAGUAR ne flotte pas comme un parfum dans le sillage de la marque, elle n'est pas faite seulement de valeurs intangibles comme l'élégance ou l'élitisme, elle est faite d'acier, de bois, de cuir, et de certaines lignes propres au design de Jaguar. L'identité de Danone reste liée au yaourt nature. Celle de Diesel n'est pas seulement faite de mode et de provocation, mais de prêt-à-porter. Les marques ont un corps et ce corps participe à leur identité, ni plus ni moins que le reste.

- Elle n'est pas la propriété de l'entreprise, car les marques sont des copropriétés que les consommateurs gèrent également, fût-ce à leur insu. Ni Lacoste, ni Helly Hansen, ni Timberland n'ont pu s'opposer à ce que les jeunes clients détournent leur marque vers un usage plus urbain que prévu, et ces clients faisant partie intégrante de la marque, l'image et donc l'identité de ces trois-là en ont forcément été modifiées.

- La marque n'est pas une personne. On peut tourner la chose dans tous les sens, ce n'est là qu'une comparaison, et rien de plus. On ne peut pas la pousser trop loin sans tomber dans des absurdités qui peuvent être au mieux divertissantes, au pire ineptes, en aucun cas opérationnelles.

Ainsi, de tous les côtés, mes convictions premières concernant l'identité de marque commençaient à vaciller sous la pression des nombreux démentis que la réalité lui opposait. Je n'étais d'ailleurs pas la seule à remettre en cause les idées reçues, importées d'outre-Atlantique le plus souvent. Certains spécialistes commençaient également à les contester, ainsi A. Semprini, quand il soutenait, lui aussi, que l'identité d'une marque « n'appartient pas en exclusivité à l'entreprise » :

> **P**endant longtemps, on a eu tendance à attribuer à la seule entreprise le droit et le pouvoir de fonder l'identité de ses marques. La réalité du marché montre que souvent une marque, au bout d'un certain temps, présente une identité différente de celle que ses responsables avaient décidé de lui donner.[1]

Mais le point d'achoppement le plus fort est venu de la contradiction avec ma propre conception de la marque, fondée sur l'approche

---

1. *La Marque, op. cit.*

systémique[1], et dont la première conséquence a été, pour moi, le dépassement du modèle Émetteur → Message → Récepteur.

Dépassement très difficile, tant ce modèle est simple, clair, facile d'emploi, et surtout, profondément enkysté dans la culture marketing. Mais il faut être logique : si on croit que les marques sont des faits de communication, alors il faut interroger les sciences de la communication, non la théorie de l'information.

Lorsqu'on la regarde comme un nuage (et non comme un roc ou une étoile, pour reprendre les images dont je m'étais initialement servie pour tenter de retracer leur courte histoire), on se rend mieux compte qu'il n'y a rien d'immuable, rien de statique dans une marque, pas même son identité. Si c'est un système ouvert, dynamique et complexe, il peut être fait de constantes, mais pas de points fixes. Un nuage n'a pas d'identité stable. Il peut changer plusieurs fois de formes, et rester le même nuage pour celui qui en observe l'évolution plusieurs minutes d'affilée.

Le CLUB MED a été successivement, ou parfois en même temps, démocratique et élitiste, individuel et familial, nomade et sédentaire, français et cosmopolite, unique en son genre et copié par tout le monde, Club de vacances à l'étranger et centre de loisirs en ville. Est-ce bien toujours le CLUB MED ? Oui. Est-ce bien toujours la même identité ? Pas vraiment.

Que faire alors de la notion d'identité de marque telle qu'elle est habituellement présentée, c'est-à-dire centripète, immatérielle, statique et intouchable ?

En changer, car elle est manifestement inadéquate.

Première étape de cette rénovation : passer aux rayons X les différentes conceptions de l'identité de marque utilisées à l'heure actuelle, y compris celles dont je m'étais servie jusque-là.

L'exercice s'avéra très révélateur, comme nous allons le voir.

---

1. M.-C. Sicard, *La Métamorphose des marques*, Éditions d'Organisation, 1998.

Chapitre 3

Quand l'inconscient s'en mêle

Hawaii est une source fréquente d'inspiration pour la littérature d'entreprise américaine. Pour ne citer qu'un seul exemple, J. F. Moore explique dans *The Death of Competition* :

> **P**our la plupart des gens, Hawaii évoque des images d'hôtels gigantesques et de pêcheurs de perles, sans parler des ananas et des papayes. Pour moi, Hawaii est une illustration de la façon dont se comportent et évoluent certains milieux d'affaires. [1]

Pourquoi cette prédilection, partagée par de nombreux auteurs ? Difficile à dire. Peut-être les séminaires d'entreprise à Waikiki ont-ils donné des idées à certains, encore que ce soit l'endroit le moins hawaiien de tout l'archipel (et que seule une consommation intensive de *mai tai* puisse y faire apparaître des pêcheurs de perles). Pour qui s'intéresse aux marques, en tout cas, c'est un endroit fascinant. Le manège des Japonais y est encore plus éloquent qu'avenue Montaigne ou sur Rodeo Drive. Après une heure ou deux discrètement passées sur la plage (mais à l'abri du soleil), ils sortent de leur hôtel. Ils ne traversent pas l'avenue Kalakaua, ne s'aventurent pas dans Honolulu, ils ne changent même pas de trottoir – c'est inutile. CARTIER, FERRAGAMO, DIOR, VUITTON, GUCCI, BULGARI, HERMÈS, ARMANI, RALPH LAUREN et consorts se succèdent sans discontinuer à droite et à

____

1. J.-F. Moore, *The Death of Competition*, Wiley & Sons, 1996.

gauche. Les Japonais visitent une boutique après l'autre, longuement, systématiquement. Le soir, ils se retrouvent dans le hall de l'hôtel et c'est à qui aura le plus de trophées à son tableau de chasse, répandu aux pieds des canapés sous forme de grands sacs monogrammés. Tous les jours, ils en ont de nouveaux : ils ne sont venus que pour cela.

Si j'avais le même pouvoir d'achat, je ferais peut-être la même chose, mais ce n'est pas le cas, et ce qui m'intéressait à Hawaii – les gens, l'histoire, les paysages – ne coûtait rien à explorer, une fois sur place. J'ai donc eu tout loisir, et à plusieurs reprises, de parcourir les îles, les volcans, les vallées, les villages, et de m'attacher à ce pays magique. Son histoire aussi est belle, mais elle est très triste : comme chacun le sait, c'est celle d'un archipel qui n'était peut-être pas aussi paradisiaque, au moins quant à ses mœurs, qu'on aime à se le représenter, mais qui n'en fut pas moins détruit par les Occidentaux.

Et, c'est le moment de leur arrivée que je choisis comme emblématique d'un phénomène qui va nous ramener aux marques par un autre chemin.

Quand le capitaine Cook, en janvier 1778, arriva en vue de l'île d'Oahu, de mémoire d'Hawaiien on n'avait jamais vu de vaisseaux de cette taille et de cette forme.

> **D**es pêcheurs remarquèrent une étrange silhouette constellée de lumières qui se déplaçait sur la mer. Ils revinrent à terre en toute hâte et racontèrent leur découverte aux chefs de Kaui. Le lendemain, le bateau mouilla un peu plus au large. Sa voilure ressemblait à une immense raie blanche dressée vers le ciel, que la population découvrit avec un émerveillement mêlé de frayeur. "Qu'est-ce donc que ces ramures ?" demanda quelqu'un. "Ce sont des arbres qui se déplacent sur la mer", répondit quelqu'un d'autre. Ou bien : "C'est la pirogue de Mana". Ou encore : "Ce sont des îles mouvantes". Un prêtre déclara finalement : "Ce ne peut être que le temple de Lono". L'agitation fut alors à son comble, et les clameurs redoublèrent.[1]

Lono était l'un des quatre principaux dieux du panthéon hawaiien, et l'explication du prêtre fut bientôt considérée comme la seule possible, d'autant plus que les deux vaisseaux de Cook étaient arrivés par

---

1. D'après S. Kamakau (1860).

la baie de Kealakekua (autrement dit « le chemin du dieu ») et ce, le jour même de la fête annuelle de Lono. Cook reçut un accueil absolument fastueux : les Hawaiiens l'avaient pris pour un dieu.

Face à la nouveauté, nous ne réagissons pas autrement[1]. Si la mémoire ne nous éclaire pas, nous puisons dans les ressources de notre imaginaire. Nous rapportons l'inconnu au connu, nous le traduisons dans notre langage, quitte à le réduire, à le tordre et à le déformer jusqu'à ce qu'il coïncide avec nos catégories de pensée. Alors seulement, nous sommes rassurés – et les ennuis commencent, comme ils commencèrent pour Hawaii quand les matelots anglais se mirent à troquer du sel contre de l'eau douce, des oignons contre des volailles, diverses babioles contre des vivres frais, et la syphilis en échange de quelques caresses. Germes et maladies allaient faire des ravages terribles : moins d'un siècle plus tard, il ne restait plus qu'un quart de la population originelle. Aujourd'hui, 1 %.

Quant à Cook, sa promotion au rang de dieu vivant dura moins de quinze jours. À peine ses deux vaisseaux avaient-ils finalement repris la mer qu'une violente tempête les obligea à rebrousser chemin. Plus personne pour les accueillir : le lieu des festivités avait été décrété tabou. Les quelques Hawaiiens qu'ils rencontrèrent ne reconnurent pas Lono et son brillant équipage dans ces hommes à bout de forces. Leurs navires, coques ouvertes, mâts brisés, voiles en lambeaux, n'avaient plus rien à voir avec des temples flottants. Était-ce des usurpateurs ? Les relations s'engagèrent cette fois sous de très mauvais auspices, jusqu'à ce qu'une bagarre dégénère, au cours de laquelle Cook et plusieurs de ses hommes furent tués, puis scalpés et horriblement mutilés.

Moralité ? Il y en a plusieurs, mais en voici une que l'on retrouvera tout au long de ce livre : un objet, un événement (ou une marque) n'ont pas de sens en eux-mêmes, ils n'en acquièrent que par le jeu des circonstances, autrement dit par les contextes. Et ces contextes non seulement sont variés et variables, mais ils ne sont ni entièrement compréhensibles, ni entièrement maîtrisables. Nombre de modernes

---

1. Voir les « processus d'intégration cognitive » dont parle D. Jodelet (*Les Représentations sociales*, PUF, 1997).

capitaines d'industries ont tendance à penser le contraire, à croire que la réussite est une question de clairvoyance et de volonté. Pour toutes sortes de raison, le marketing classique les y encourage. Ce n'est donc pas à lui qu'il faut demander de relativiser ses propres préceptes : il faut le faire de l'extérieur, avec l'appui d'un autre corps de disciplines, peu soucieux de flatter l'ego des managers en les entretenant dans l'illusion de leur toute-puissance. C'est-ce à quoi vont servir ici les sciences de la communication.

PETITES MYTHOLOGIES À L'USAGE DES MARQUES

Comment a-t-on d'abord compris et traité les marques ?

De la même façon que les Hawaiiens ont compris et traité l'apparition du vaisseau de Cook : avec le matériel mental dont on disposait jusque-là.

De quoi se composait ce matériel ? Des idées, des expériences et des préjugés dominants à l'époque et où les marques ont commencé à se développer massivement : aux États-Unis, à partir du dernier tiers du XIXe siècle et jusque vers le milieu du XXe siècle.

Bien entendu, l'Europe aussi a vu naître de nombreuses marques à la même époque (par exemple SHELL et MICHELIN en 1890, MAGGI en 1886, FIAT en 1899) et même beaucoup plus tôt : MAILLE a vu le jour en 1747, CINZANO en 1757, GUINNESS en 1789, BUITONI et CADBURY remontent aux années 1820. Mais le phénomène n'atteignait pas l'ampleur qu'il eut tout de suite aux États-Unis. De même, la première révolution industrielle a beau avoir vu le jour en Angleterre au XVIIIe siècle, c'est aux États-Unis un siècle plus tard qu'elle s'est déployée avec le plus de puissance, ainsi qu'en Allemagne et en Grande-Bretagne. C'est là que se trouve le matériel mental dont il était question plus haut.

Un mot le résume bien, plus exactement un verbe, et un verbe d'action : construire.

Construire des édifices, d'abord. Des fermes, des granges, puis des maisons, des magasins, des entrepôts, bientôt des usines, des immeubles, des bourgs, des ports, des villes entières.

Construire des routes et des chemins de fer, ensuite. Quadriller cet immense territoire d'un réseau de transports de plus en plus serré.

Construire des usines, enfin. Et dans ces usines, construire des bateaux et des trains à vapeur, bientôt des automobiles, mais aussi des fourneaux, des glacières, des charrues, des machines. Des milliers de machines, à coudre, à écrire, à calculer, à tisser, à souder, à percer – à tout faire, plus vite, mieux et moins cher qu'à la main.

Au commencement étaient la marque roc et la marque machine…

Dans ce contexte, il n'y a donc rien d'étonnant à ce que le point de départ de l'imaginaire des marques ait emprunté à l'architecture et à l'industrie, ensemble ou séparément : c'est ce que j'ai décrit[1] en esquissant une filiation qui partirait de la marque roc pour devenir la marque édifice, puis la marque moteur ou marque machine. Tous les exemples que je citais alors restent valables aujourd'hui, et quantité d'autres sont apparus depuis, confirmant la prédilection du marketing contemporain (et du monde des entreprises en général) pour une vision des marques imprégnée d'imaginaire architectural. En veut-on quelques échantillons ?

« Les trois piliers de la marque : innovation, fun et satisfaction personnelle », dit-on chez REEBOK. Chez UNCLE BEN'S, les « deux piliers de la marque sont l'innovation et la "praticité" ». Le directeur du marketing de MONOPRIX parle de « capitaliser sur les bastions fondamentaux de la marque », tandis que chez CARREFOUR on ne positive plus, on « construit tous les jours ».

Il se confirme donc bien que cet imaginaire architectural et machiniste continue encore aujourd'hui de dominer les conceptions de la marque, alors même que la Deuxième Vague[2], à laquelle il appartenait, a disparu, et que la Troisième, l'ère de l'information, laisse

---

1. *Cf. La Métamorphose des marques, op. cit.*
2. Pour reprendre la terminologie d'A. Toffler dans *Le Choc du futur,* Gonthier, 1984.

présager l'arrivée d'une Quatrième Vague aussi puissante que les précédentes, sinon davantage[1].

Ainsi, Procter & Gamble ne ménage pas ses efforts pour s'adapter au nouveau millénaire, mais quand l'un de ses responsables publie, en 1998, un livre qui promet de révéler les 99 principes sur lesquels repose le succès de P & G[2], il insiste bien sur le fait que la plupart de « ces principes, pratiques et convictions qui ont fait de P & G ce qu'il est aujourd'hui remontent aux convictions et aux principes des fondateurs de l'entreprise, W. Procter et J. Gamble. »[3] Citons trois de ses chapitres : *Build superior products, Build enduring company to company relationships, Build long-term profit.* Rappelons pour mémoire les titres originaux de deux autres ouvrages, fréquemment cités ici : *Building strong brands, Building Brand Identity,* sans oublier *Built to last*[4] Et n'oublions pas la popularité de l'expression « architecture de marque », que l'on retrouve à tous les coins de pages de ces différents livres et de la littérature sur les marques en général (y compris celle que produisent les agences de publicité pour leurs méthodes internes).

Quant aux marques, même les plus récentes ou celles qui cherchent le plus à évoluer, elles continuent de puiser à la même source : ainsi Renault, dont on aurait pu penser que son activité le porterait tout naturellement vers l'image de la machine, représente son identité de marque sous la forme d'une pyramide – image dont P. Brabeck, chez Nestlé, n'est pas avare non plus. Un ouvrage récent parle également de « pyramide identitaire »[5].

Cependant, un édifice est immobile. Un moteur ou une machine ne fonctionnent que si l'homme s'en mêle : dès qu'il cesse son effort, ils s'arrêtent. Alors que les marques, curieusement, continuent d'avancer sur leur élan longtemps après qu'on ait cessé de s'en occuper, comme si elles étaient douées d'une vie propre. C'est un phénomène

---

1. *Cf. La Stratégie du dauphin*, D. Lynch, P. Kordis, Les Éditions de l'Homme, 2006.
2. C. L. Decker, *Winning with the P&G 99*, Pocket Books, 1999.
3. C'est-à-dire en 1837.
4. J. C. Collins, J. I. Porras, *Bâties pour durer*, First, 1996.
5. *La Marque post-publicitaire, op. cit.*

bien connu et mesuré par toutes les études de notoriété : même les marques abandonnées ou endormies depuis dix, quinze, vingt ans ou davantage, continuent à vivre dans la mémoire des consommateurs, en l'absence de toute publicité, de toute présence en linéaire, de toute inscription dans l'actualité. On assiste ainsi périodiquement à des résurrections inattendues, comme si les marques avaient acquis une capacité que les machines n'ont pas : celle d'être dotées de quelque mystérieuse forme de vie. L'automate, finalement, se met à marcher, à bouger, à parler – à vivre tout seul. Qu'en conclure ? Que les marques peuvent aussi emprunter à un autre imaginaire, celui de la personne humaine.

…puis vint la marque personne

Entre la marque machine et la marque personne, en France, il y eut la marque étoile, théorisée sous la forme de la *star-strategy*, dont il a été question précédemment.

C'est sous un autre angle qu'on l'aborde ici.

L'idée qu'une marque puisse être non pas inerte comme une machine mais dotée d'une personnalité, tout comme les individus, était bien au point de départ de la théorie de la marque star, et ce, en réaction avouée contre l'approche mécaniste des Anglo-Saxons. On peut même parler de révolte contre l'étroitesse du cadre de travail qui prévalait à l'époque dans les agences de publicité, cadre imposé par le modèle dit USP (*Unique Selling Proposition*). Ce modèle, aux yeux de J. Séguéla, avait trois faiblesses, dont une fatale, la dernière : il était répressif, il était exclusivement rationnel, et il était matérialiste. Il fallait en changer. Décision fut donc prise :

De nous refuser, à jamais, à parler de marque. Nous parlerions de marque personne. [1]

---

1. *Hollywood lave plus blanc, op. cit.*

Au passage, et contrairement à beaucoup d'auteurs français ou américains sur le sujet, J. Séguéla citait ses sources :

> L'idée est moins neuve que sa mise en système. Déjà, B. Bernbach, en rage contre les cols blancs de Procter & Gamble, le premier lessivier du monde, avait hurlé sa grogne au début des années 1970 : « Les technocrates de Madison Avenue peuvent créer un corps. Ils sont incapables de faire couler du sang dans ses veines ». M. Bleustein Blanchet reprendra l'idée à son compte dans sa *Rage de convaincre*, mentionnant au passage l'analogie de la marque et de la personne.[1]

Cette analogie est devenue aujourd'hui monnaie courante :

> Une autre façon de considérer la marque, c'est de penser à soi et à son nom. Ma marque, c'est Sergio Zyman. Cela me définit, et c'est un raccourci qui évoque dans votre esprit toutes les qualités que vous associez avec moi.[2]

> Si Hewlett-Packard était une personne, ce serait un ami sûr, quelqu'un à qui vous pouvez demander un service en sachant qu'il le fera, et qu'il le fera bien. Et s'il fait une erreur, il fera tout ce qui est en son pouvoir pour la réparer. Il appartient probablement à la classe moyenne, il n'est ni très riche ni très pauvre, et il est assez conservateur dans sa façon de s'habiller ; c'est quelqu'un qui peut être assez inventif, mais pas très créatif.[3]

> L'identité d'une personne sert à donner une direction, un projet et un sens à cette personne. L'identité d'une marque, de même, sert à fournir une direction, un projet et un sens à cette marque.[4]

Conséquence logique de cette équivalence entre la marque et l'être humain : le recours à la psychologie. Des trois composantes de la marque personne devenue marque star (physique, caractère, style), la compréhension du « caractère » relève évidemment de la psychologie, tout comme sa variante, la « personnalité de marque ».

De la personne à la personnalité, il n'y a qu'un trait – de caractère. On n'a pourtant jamais pu parler de concept à propos de la « personnalité de marque ». C'est qu'elle conduit le plus souvent, dans la pratique, à établir une liste de défauts et de qualités attribués

---

1. *Hollywood lave plus blanc, op. cit.*
2. S. Zyman, *The End of Marketing as We Know It*, HarperCollins, 2000.
3. *Brand Warriors, op. cit.*
4. *Building Strong Brands, op. cit.*

à la marque, liste qui relève du simple constat, non du diagnostic. C'est donc resté un outil purement descriptif. D. A. Aacker, par exemple, considère qu'elle n'est que l'un des sous-ensembles du troisième chapitre de l'identité de marque (celui qui concerne la marque en tant que personne). Pour d'autres auteurs[1], la personnalité de marque est l'un des multiples éléments de l'image de marque. Personne, semble-t-il, ne la conçoit comme un concept autonome, capable à lui tout seul de structurer sinon la totalité, du moins un maximum de composantes de la marque.

Ce n'est pourtant pas faute de lui avoir cherché des assises théoriques : D. A. Aacker rappelle les outils mis en place par des agences de publicité telles que YOUNG & RUBICAM ou Mc Cann-Erickson pour travailler sur la personnalité de marque. Il rappelle également ce qu'elle doit à E. Dichter, le « père des études qualitatives ». Mais rien n'y a fait : la « personnalité » est simplement restée l'une des composantes hier de l'image, aujourd'hui de l'identité. De quelque manière qu'on essaie d'envisager la question, la personnalité (ou, sous son autre nom, le « caractère », malgré les nuances qu'on pourrait signaler entre ces deux mots) n'est pas la personne.

Une autre raison a peut-être empêché la « personnalité » d'incarner à elle toute seule l'identité de marque en se substituant à la machine : c'est que si l'on raisonne en termes de potentiel imaginaire, celui de la « personnalité » est faible, voire nul. Celui de la machine ou du moteur vaut ce qu'il vaut, mais il est fort. Celui de l'édifice aussi. Celui de la personne, non. La preuve, c'est qu'à moins d'en faire une star, J. Séguéla ne pouvait pas tirer grand-chose de l'humble et terne « personne ».

Et c'est d'ailleurs là que le bât blesse, car les stars, on le sait depuis longtemps, sont des produits industriels comme les autres, fabriqués par le show-business selon les mêmes méthodes et avec les mêmes objectifs que les détergents dans l'industrie lessivielle, les voitures dans l'industrie automobile ou les yaourts dans l'industrie alimentaire. Elles se mettent ainsi sans difficulté au service de la pub spectacle en

---

1. W. Gordon in *Understanding Brands*, Kogan Page, 2006.

fonctionnant elles-mêmes comme des marques machines, nées d'une logique mécaniste et industrielle, sous leur fausse apparence de marques personnes. Nous voici donc devant un constat en forme d'impasse :

- La marque personne a l'air d'être un progrès par rapport à la marque machine, car elle devient vivante, mais…

- … si on la traduit en termes de « personnalité de marque », on n'aboutit qu'à des énumérations de traits de caractère sans grande utilité pour la réflexion stratégique,

- … et si on la traduit en termes de marque star, on en pervertit le principe même, puisque le statut de star ne s'obtient qu'au prix d'un oubli ou d'un dépassement – quand ce n'est pas d'une trahison – de la personne (comme les stars elles-mêmes se chargent de nous le rappeler à longueur d'interviews). Alors que reste-t-il à explorer du côté de la marque personne, qui puisse donner du corps et de la consistance à ce qui, autrement, resterait une simple et plate comparaison entre une marque et un être humain ?

L'identité. Ou du moins, une certaine conception de l'identité.

La marque personne, petit soldat du marketing guerrier

Il y a eu des époques où une certaine conception de l'homme était capable d'exercer un attrait puissant sur l'imagination collective. La Révolution française s'est faite au nom d'une de ces conceptions. La révolution soviétique aussi. À vrai dire, toutes les révolutions, pacifiques ou non, politiques, économiques ou culturelles – y compris la révolution industrielle – se font ou se sont faites au nom d'une certaine vision de l'homme. Cette vision se concrétise dans une idéologie, explicite et « signée », comme le marxisme, ou implicite et plus diffuse, comme celle qui marque le tournant du troisième millénaire dans les sociétés occidentales, sous divers noms tels que l'écologie, le développement durable ou le commerce équitable.

On ne lâche qu'avec précaution un mot comme « idéologie » dans les milieux d'affaires. Le vocabulaire le plus trivial y est admis, voire recommandé, mais « idéologie » y est considéré comme un gros mot.

Ce qui n'est pas une raison pour se priver de s'en servir : une certaine vision de l'homme est en effet à l'œuvre derrière les plus grandes marques, que cette vision ait été sciemment élaborée par telle ou telle entreprise, ou qu'elle se soit constituée au fil du temps et des échanges incessants avec les consommateurs. Le cow-boy de MARLBORO est un précipité d'idéologie, et c'est ce qui a fait sa puissance. On y retrouve un homme aux prises avec l'immensité des grands espaces et domptant l'animalité, premier modèle d'un refus de l'état de nature sur lequel se fonde toute volonté civilisatrice. APPLE, PATAGONIA, NOUVELLES FRONTIÈRES, THE BODY SHOP portent eux aussi les traces d'une certaine conception de l'homme (ou de la femme) en lutte contre les systèmes dominants. On pourrait continuer longtemps la liste des exemples de marques à idéologie forte : c'est la même liste que celle des marques à forte identité. Posons donc la question de l'idéologie.

Derrière la marque roc ou la marque édifice, il y a l'idéologie civilisatrice et le désir d'immortalité.

Derrière la marque machine ou la marque moteur, il y a l'idéologie productiviste et la mythologie du progrès.

Qu'y a-t-il derrière la marque personne ?

C'est moins facile à discerner, pour deux raisons :

- Nous en sommes plus proches, et manquons donc de recul pour l'analyser ;

- Dépouillée des atours et paillettes de la star, on l'a dit, la marque personne ne se reconnaît à rien de concret. La marque machine ou la marque édifice s'identifient à un objet, et les objets peuvent être porteurs d'imaginaire. La marque personne, elle, se visualise très mal.

Pourquoi ? Parce que « personne » dit bien son nom : soit c'est un individu quelconque, banal, soit le mot désigne une absence. Qui plus est, cette « personne » contemporaine qui offre aux marques son modèle de fonctionnement et son imaginaire, est paradoxalement assez creuse.

> **C**haque génération aime se reconnaître et trouver son identité dans une grande figure mythologique ou légendaire qu'elle réinterprète en fonction des problèmes du moment : Œdipe comme emblème universel, Prométhée, Faust ou Sisyphe comme miroirs de la condition moderne. Aujourd'hui, c'est Narcisse qui, aux yeux d'un nombre important de chercheurs, tout particulièrement américains, symbolise le temps présent.[1]

Narcisse, on s'en souvient, à force d'admirer son image dans l'eau de la rivière, y tombe et se noie. La « leçon » du mythe est assez claire : à l'horizon de l'individu roi, il n'y a rien d'autre que lui-même, et le tête-à-tête avec soi s'avère inévitablement mortel. Contre ce danger, contre ce vide, il peut y avoir des solutions extérieures, comme les plongées collectives dans le grand magma du *Temps des Tribus*[2].

Mais il peut y avoir aussi des solutions venues en quelque sorte « du dedans ». Nous sommes en effet persuadés – mais c'est une conviction récente – que nous sommes structurés intérieurement par quelque chose comme une charpente, une sorte d'ossature psychologique qui nous constitue en tant qu'être humain unique et autonome, et que nous appelons l'identité. Nous sommes également persuadés qu'il est de notre responsabilité d'explorer, de protéger, et de faire respecter par autrui cette identité – par la force, s'il le faut. Nous avons le devoir de la connaître, et nous avons le droit de la revendiquer. Rien de ce que nous faisons en son nom ne saurait nous être reproché : tel est la *doxa* contemporaine.

En effet, il n'est pas un magazine, un feuilleton, un talk-show qui n'enfonce ce clou depuis quelques années : sachez qui vous êtes, soyez vous-mêmes, affirmez-vous, revendiquez votre identité, au nom de laquelle vous avez à peu près tous les droits. Une marque comme Calvin Klein en a tiré la conclusion naturelle, en lançant le parfum CK Be, dont tout le discours était fondé sur cette tendance à l'*assertiveness*. Le parfum Hugo Boss dit la même chose en d'autres termes : « N'imite que toi ». Les « leçons de beauté » d'Yves Rocher se résument toutes à « être soi-même » et Lacoste renchérit, empruntant

---

1. G. Lipovetsky, *L'Ère du vide*, Gallimard, 1989.
2. M. Maffesoli, *Le Temps des tribus*, Table Ronde, 2000.

à F. Nietzsche son célèbre « Deviens ce que tu es ». Dans les milieux d'affaires aussi, toutes les techniques de développement personnel partent du principe de l'affirmation de soi comme première étape d'un changement positif des comportements professionnels.

Conséquence : si la marque est considérée comme une personne, et si la vocation de cette personne est de s'affirmer comme telle, alors la vocation actuelle des marques est bien de connaître et d'assumer leur identité, et au besoin de l'imposer.

On se demandait quelle idéologie se dissimule (ou s'affiche) derrière la marque personne, voici qu'elle pointe le bout de l'oreille. Car au-delà du socratique « Connais-toi toi-même », la question est : pour quoi faire ? Certes pas pour satisfaire une pure curiosité, mais bien pour disposer d'une raison de s'affirmer, pour défendre ses positions, occuper la place à laquelle on pense avoir droit. Bref, pour exister et amener les autres (en l'occurrence, les consommateurs) à reconnaître cette existence, à faire en sorte qu'à leur tour ils « identifient » la marque. C'est-à-dire qu'ils fassent clairement la différence entre elle et ses concurrents.

L'identité est une arme de combat. En son nom, toute lutte devient légitime, tout combat glorieux. L'avantage du concept d'identité, c'est son caractère presque spontanément conflictuel. *Le Marketing guerrier*[1] tellement prisé des entreprises n'a de sens que si les marques sont adversaires, d'où la thèse (pour ne pas dire l'apologie) de leur indispensable différenciation. Et quel meilleur instrument de différenciation que l'identité ? En son nom, on attaque, on menace, on agresse, il arrive même qu'on tue, comme de nombreux conflits le démontrent aux quatre coins du globe, et même en Europe[2]. S'il en va ainsi des humains, et si la marque est une personne, il devient parfaitement logique qu'à l'exemple de son modèle, la marque ait le droit de se battre – et de combattre les autres – au nom de son identité.

Autrement dit, la marque personne telle qu'elle se présente aujourd'hui est clairement au service de l'économie libérale et de ses

---

1. A. Ries, J. Trout, *Le Marketing guerrier*, Mc Graw Hill, 1987.
2. A. Maalouf, *Les Identités meurtrières*, Grasset, 1998.

affrontements concurrentiels. On aurait donc tort de se laisser prendre au piège d'une quelconque « humanisation » de la marque, sous prétexte qu'elle prend aujourd'hui le nom de « marque personne ». On aurait également tort de croire qu'elle est de ce fait mieux adaptée à la logique de la communication que la marque édifice ou la marque machine : en réalité, elle n'en est pour le moment qu'un nouvel avatar. En veut-on une preuve ? Il suffit d'observer la façon dont elle est matériellement représentée dans les diverses publications qui la décrivent.

LA GÉOMÉTRIE AU SERVICE DE L'IDENTITÉ

Aucun « objet » tel qu'un moteur, une machine ou un monument n'est utilisé pour représenter l'identité de marque, et l'on vient d'entrevoir les obstacles que cela oppose à l'analyse.

Cependant, il ne s'agit pas d'un concept entièrement abstrait. À l'examen, il s'avère que deux figures géométriques se partagent les faveurs des théoriciens, et ces deux figures sont extrêmement révélatrices de la conception que le marketing se fait de l'identité en général, et de celle des marques en particulier.

Car en termes d'imaginaire, une figure géométrique peut en dire aussi long qu'un animal ou un objet, même si sa lisibilité semble à première vue plus aride. Un cyprès, un ours, une étoile peuvent « parler », directement ou pas, à l'imagination. Une ligne droite, un losange ou une ellipse sont moins immédiatement évocateurs.

Et pourtant les quatre figures géométriques les plus importantes, celles d'où dérivent presque toutes les autres (le carré, le cercle, le centre et la croix) sont porteuses d'une charge symbolique très puissante. Sous sa forme la plus simple, la croix, par exemple – qui peut d'ailleurs se combiner avec les trois autres – est à relier au symbolisme de la terre, donc au chiffre 4. En désignant les quatre points cardinaux, elle représente le principe d'orientation, mais aussi l'intersection, le croisement, la rencontre, ce qui la rattache au symbolisme du pont (qui relie) comme à celui de l'échelle ou de l'arbre (qui montent vers le ciel, reliant les hommes à Dieu).

Or l'identité de marque tend à adopter deux (ou plus exactement trois) de ces figures géométriques fondamentales.

Examinons-les l'une après l'autre, avant d'en chercher la signification.

Identités concentriques, identités triangulaires

Une première façon, très fréquente, de représenter l'identité de marque consiste à combiner deux figures géométriques : le centre et le cercle, le premier à l'intérieur et au milieu du second. En voici quelques exemples :

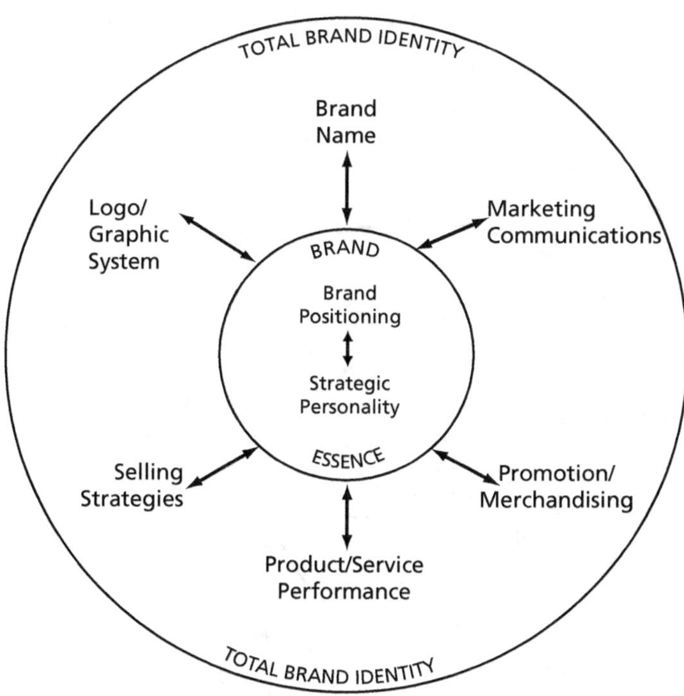

Figure 5 : Représentation de l'identité de marque

Source : L. B. Upshaw, Building Brand Identity, *Wiley & Sons, 1995.*

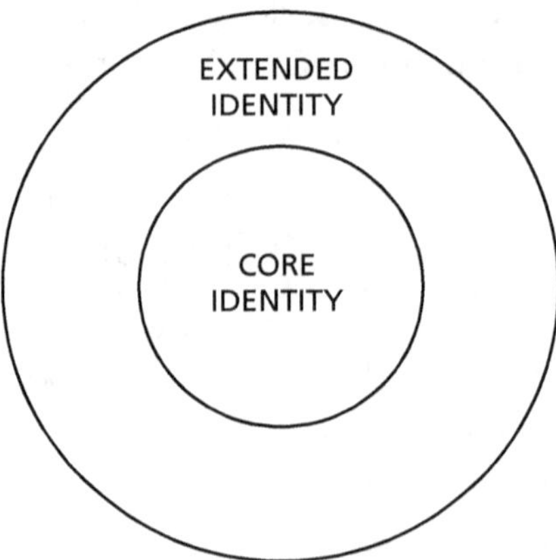

Figure 6 : Représentation de l'identité de marque

Source : D. A. Aacker, Building Strong Brands, *Simon & Schuster Ldt, 2002.*

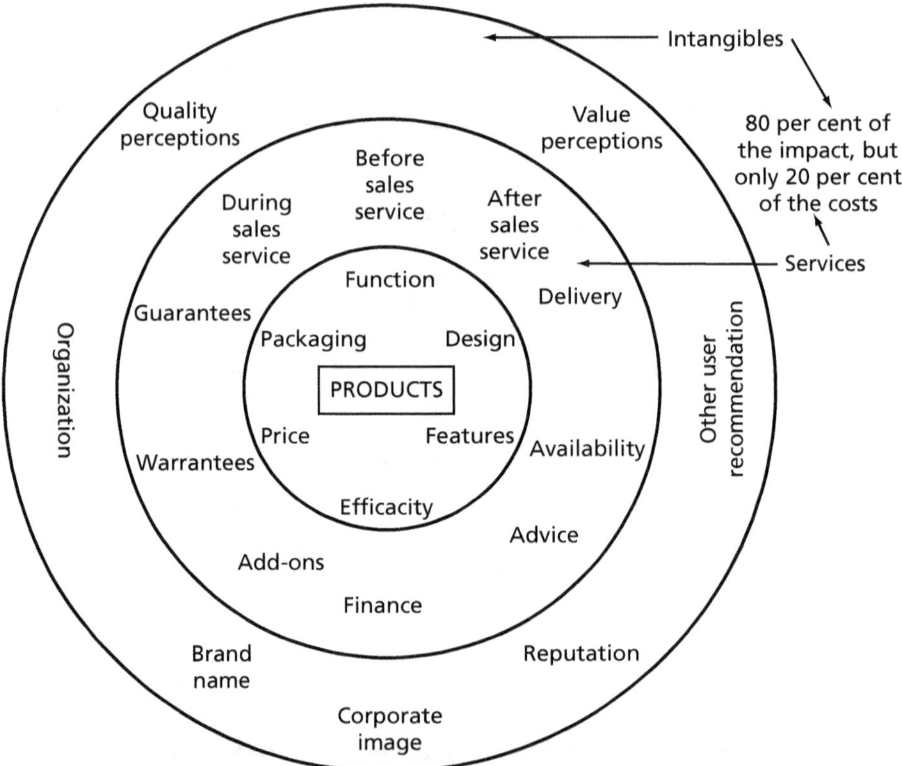

Figure 7 : Représentation de l'identité de marque

Source : L. de Chernatony, M. Mc Donald, Creating Powerfull Brands, *Butterworth Heinemann, 1998.*

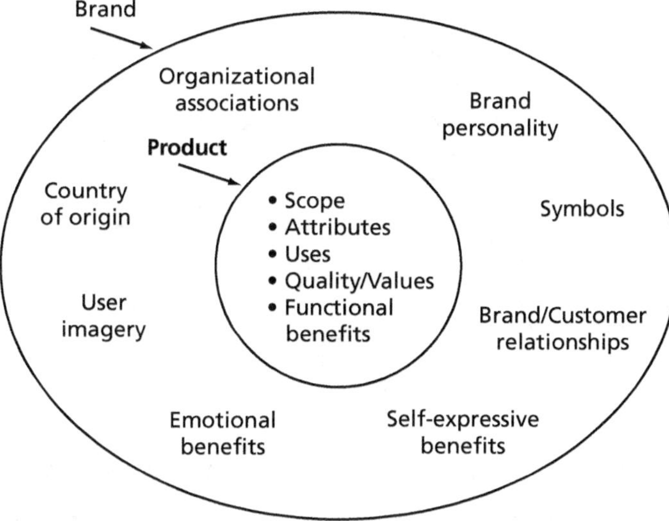

Figure 8 : Représentation de l'identité de marque

Source : D. A. Aacker, Brand Leadership, *Free Press, 2000.*

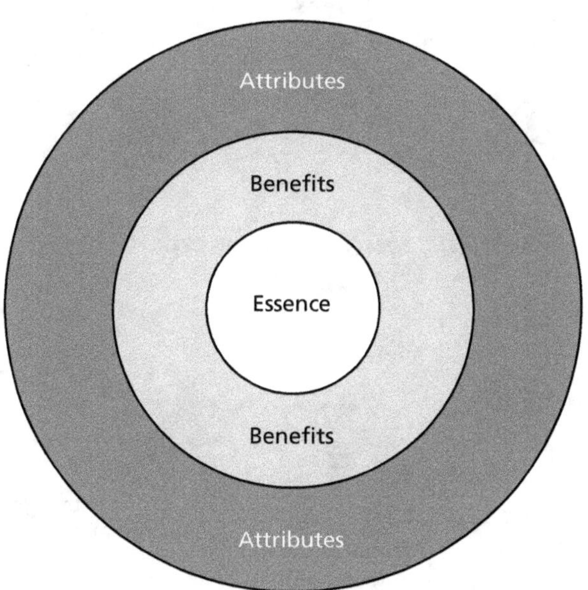

Figure 9 : Représentation de l'identité de marque

Source : D. Arnold, The Handbook of Brand Management, *Perseus, 1993.*

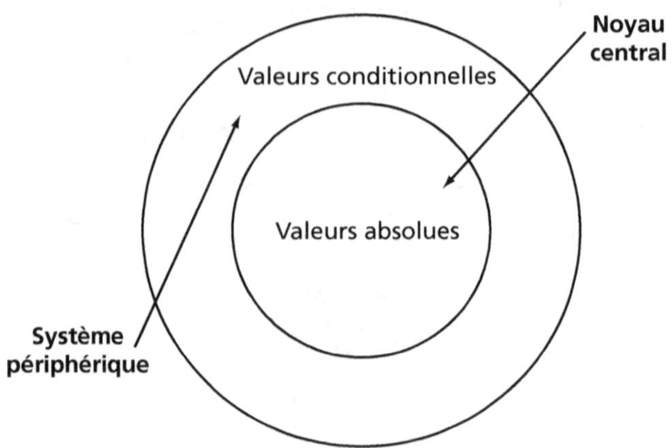

Figure 10 : Représentation de l'identité de marque

Source : G. Michel, La stratégie d'extension de marque, *Vuibert, 2000.*

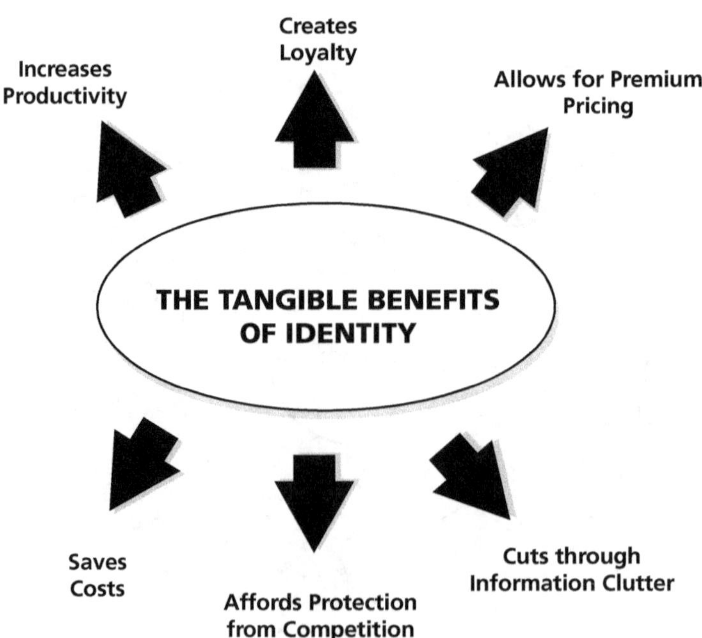

Figure 11 : L'identité de marque

Source : B. Schmitt, A. Simonson, Marketing Aesthetics, *Free Press, 1997.*

On sait que le cercle, comme le point (l'un étant l'extension de l'autre) est un symbole de totalité, de perfection et d'homogénéité : il entre un peu de ces trois qualités dans la représentation qui est faite ici de l'identité de marque dans ces différentes – et pourtant similaires – figures. On sait aussi que des cercles concentriques représentent une hiérarchie, ce qui signifie que l'identité de marque, quand elle est figurée de cette façon, est perçue comme graduée, avec un taux de concentration maximum au centre du système, et une dilution à mesure qu'on s'en éloigne. Elle contiendrait donc, en son sein, quelque chose de plus important que le reste. L'autre grande figure géométrique qui domine les représentations de l'identité de marque est le triangle. Elle est moins facile à repérer, car :

- elle apparaît moins fréquemment que les cercles concentriques ;

- elle se présente sous la forme d'un triangle qui ne dit pas toujours son nom, ou qui apparaît de façon plus ou moins déformée.

Le triangle classique, lui – c'est-à-dire équilatéral, pointe en haut – est plutôt l'apanage du marketing en général, qui en est particulièrement friand, soit pour représenter une hiérarchie, soi-même pour décrire les questions d'identité :

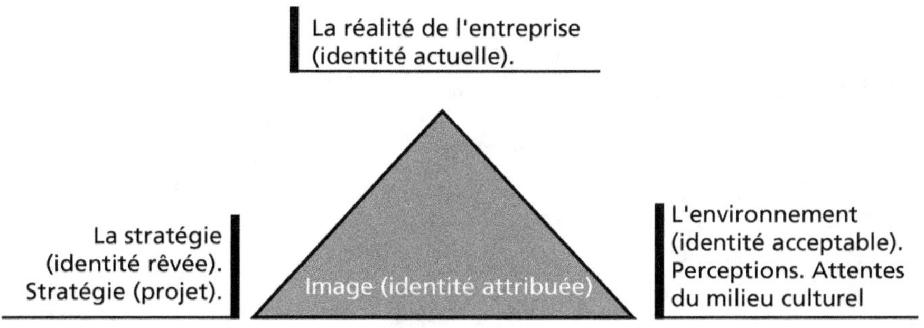

Figure 12

Source : M. Brun, P. Rasquinet, L'Identité visuelle de l'entreprise,
Éditions d'Organisation, 1996.

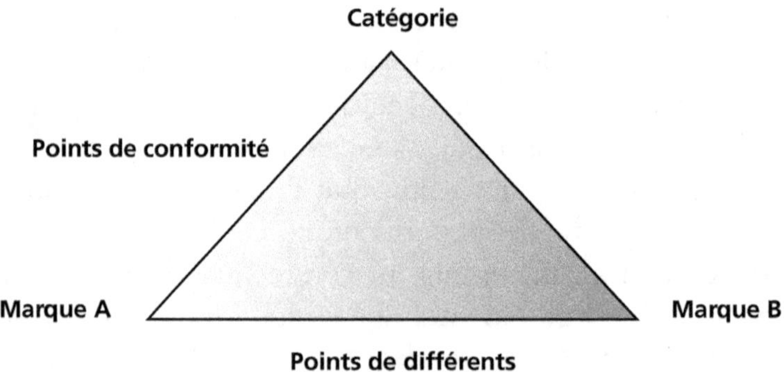

**Figure 13 : Triangle de positionnement de la marque
par rapport à la concurrence**

Source : A. Tybout, B. Sternthal, in L'Art du marketing, Financial Times, Les Échos,
PricewaterhouseCoopers, Village Mondial, 2000.

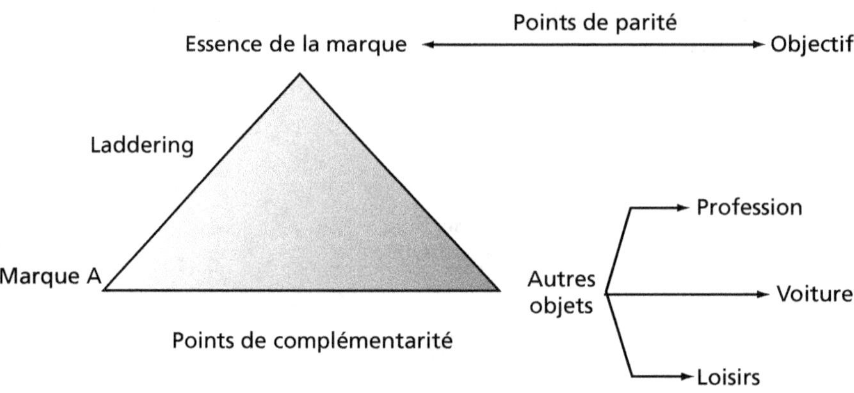

**Figure 14 : Triangle de positionnement de la marque
par rapport aux objectifs**

Source : A. Tybout, B. Sternthal, in L'Art du marketing, Financial Times, Les Échos,
PricewaterhouseCoopers, Village Mondial, 2000.

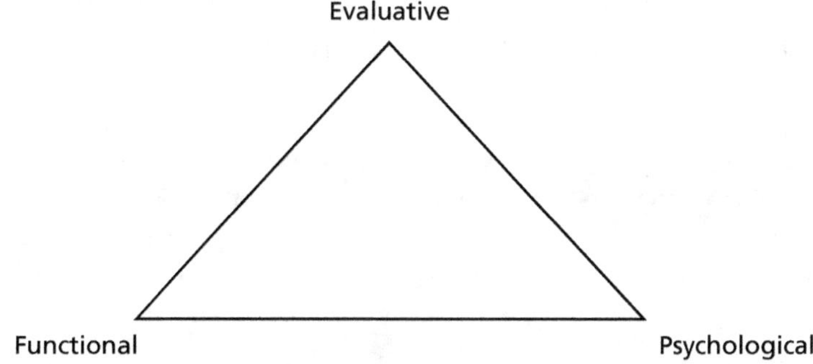

Figure 15

Source : L. de Chernatony, M. Mc Donald, Creating Powerfull Brands, *Butterworth Heinemann, 1992.*

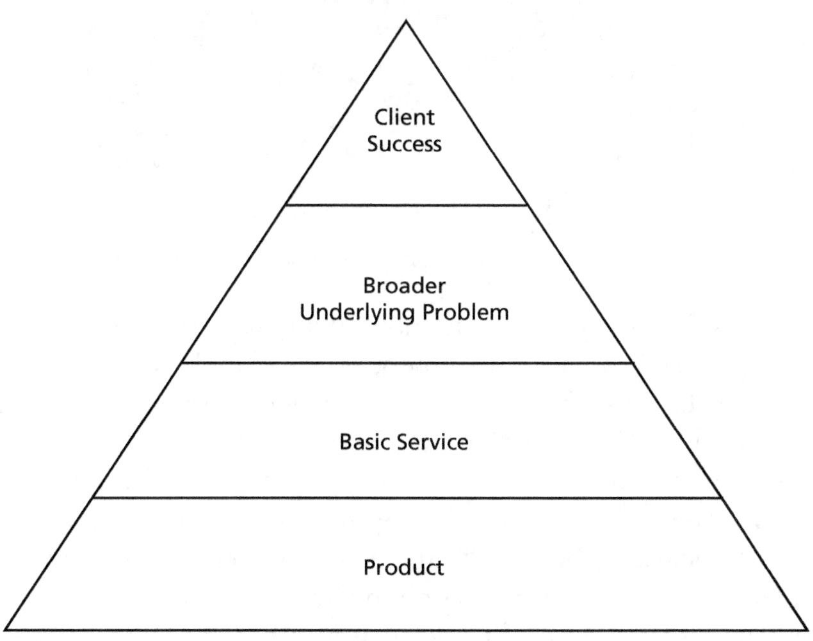

Figure 16

Source : M. Treacy, F. Wierserna, Discipline of Market Leaders, *HarperCollins, 1996.*

On rencontre même des schémas qui réussissent à combiner cercles concentriques et triangle, ainsi cette représentation de la « discipline de marque » :

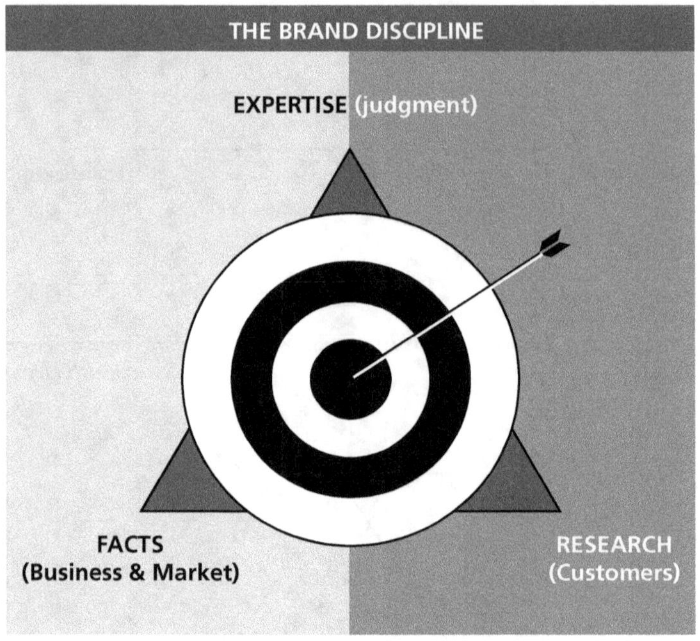

Figure 17 : The Brand Discipline

Source : D. E. Knapp, The Brand Mindset, *Mc Graw Hill, 1999.*

Le triangle se prête particulièrement bien à l'imaginaire architectural : l'équerre en est à la fois l'instrument et le symbole, et la pyramide, l'incarnation la plus éclatante, chaque facette représentant un triangle. Du coup, la marque édifice y trouve la meilleure représentation possible de son identité, sous la forme d'un « idéal du Moi » qui s'élève par degrés vers ce qu'il a de plus essentiel. Plusieurs grandes marques françaises, comme Renault, ont ainsi choisi de représenter leur identité sous la forme d'une pyramide, parfois même en la dotant d'un « socle », pour plus de sécurité. Leurs documents internes se chargent de faire passer le message sous forme de grands et beaux dessins en couleurs, et la simplicité du schéma fait certainement beaucoup pour sa compréhension et son adoption par des personnels peu familiarisés avec la logique de marque.

Mais le triangle joue un rôle plus subtil dans deux des approches françaises les plus connues sur l'identité de marque, presque contemporaines l'une de l'autre et d'ailleurs conçues par des professionnels entre lesquels les échanges étaient constants et fructueux à l'époque de leur naissance, c'est-à-dire vers le début des années 1980, même si elles ont ensuite bifurqué dans des directions différentes, voire antagonistes.

- La première de ces deux approches s'est concrétisée dans le *prisme d'identité*, décrit précédemment. Sa genèse est repérable grâce aux publications que J.-F. Variot et J.-N. Kapferer, ensemble ou séparément, ont écrit sur le sujet à partir du début des années 1980, et qui font apparaître trois schémas successifs, engendrés chacun par le précédent.

Le premier de ces schémas figure dans un article conjointement signé par ces deux auteurs, et part d'un triangle représentant le positionnement.

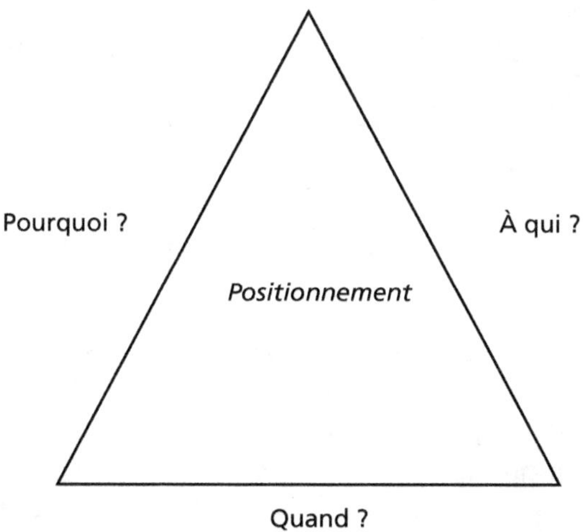

Figure 18 : Le positionnement

Une première évolution apparaît en 1991, toujours pour représenter le positionnement[1] :

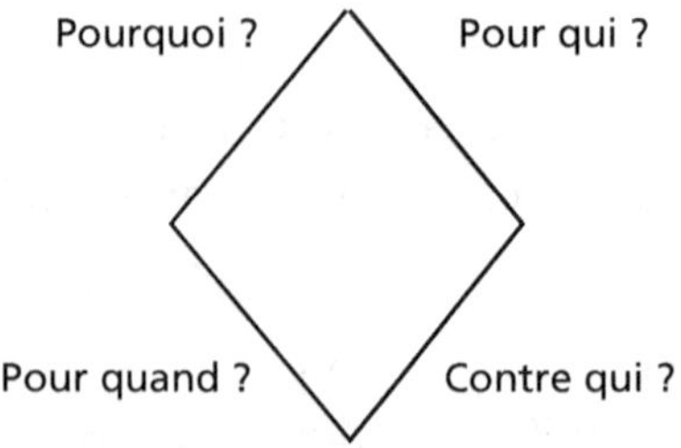

Figure 19 : Le positionnement

Source : J.-N. Kapferer, Les Marques, capital de l'entreprise, Eyrolles, 2007.

La forme hexagonale du prisme d'identité semble ensuite en découler tout naturellement, comme par une sorte de big bang interne :

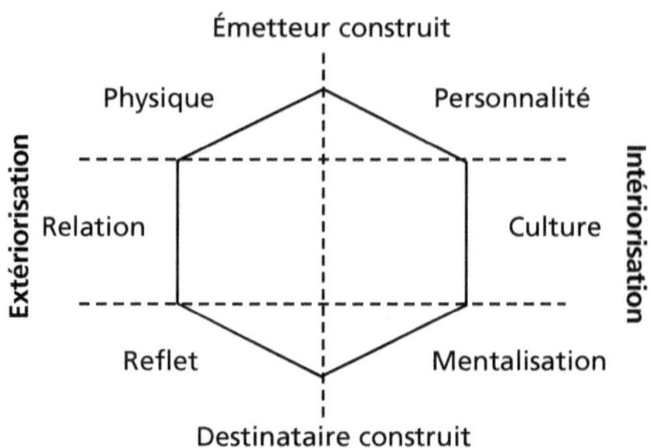

Figure 20 : Le prisme d'identité

La succession de ces trois figures, dans leur ordre chronologique, montre clairement que le triangle est le père du prisme d'identité : en se dédoublant, il a donné le losange, et le losange en s'élargissant à son tour a pris la forme d'un hexagone. Cette filiation est si limpide qu'on la retrouve dans le schéma de synthèse de la figure 2.1 (ci-contre).

---

1. *Les Marques, capital de l'entreprise, op. cit.*

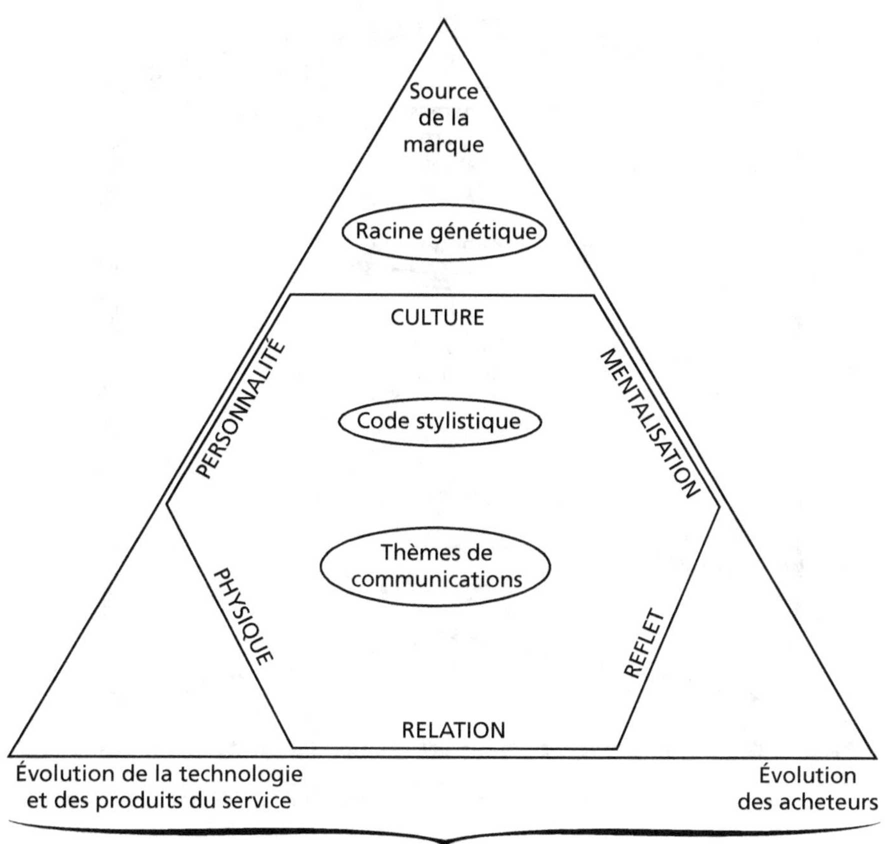

Figure 21 : Les étages de la marge

Source : J.-N. Kapferer, Les Marques, capital de l'entreprise, Eyrolles, 1991.

● La deuxième approche de l'identité est celle dite du *fond(s) de marque*, développée par la Sorgem, et qui a été reproduite au chapitre 2, figure 2.

Bien que le « sommet » en soit arrondi, c'est également un triangle, et un triangle qui hiérarchise les composantes de l'identité de marque en plaçant tout en haut ce qu'elle a de plus précieux.

Si on renverse ce schéma à trois étages en modifiant partiellement leur contenu et en plaçant en bas la partie la plus importante, on obtient une figuration voisine, celle d'A. Semprini (figure 22, p. 90).

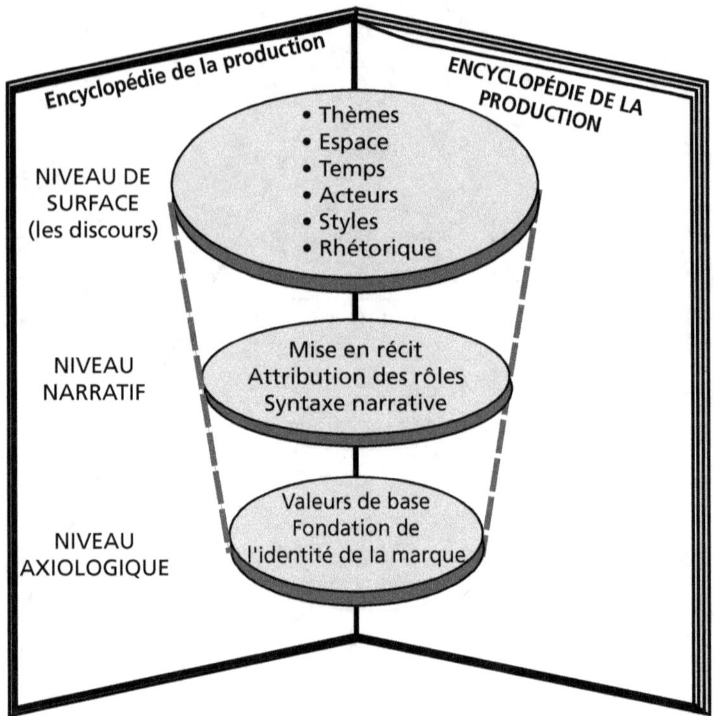

Figure 22 : La génération sémio-narrative de l'identité d'une marque

Source : A. Semprini, Le Marketing de la marque, *Liaisons, 1995.*

Le triangle est bien la deuxième grande figure géométrique qui domine les représentations de l'identité de marque, du moins en France. Son symbolisme n'est pas moins riche que celui du cercle, et sa dimension spirituelle, non moins évidente. La différence principale entre les deux est que le cercle incarne une plénitude qui se suffit à elle-même, tandis que le triangle se comprend plutôt par rapport aux autres figures géométriques : il engendre le carré, qui lui-même engendre le pentagone, et ainsi de suite. Il peut donc être à l'origine d'une évolution, ce qui le rend plus dynamique que le cercle, qui n'a ni commencement ni fin et symbolise plus facilement le temps – mais un temps inlassablement répété, autrement dit l'infini.

On pourrait en conclure que les représentations qui se placent sous le signe du cercle tendent vers l'invariabilité et suggèrent que l'identité de marque est de l'ordre de l'intangible et de l'absolu, tandis que celles qui adoptent le triangle en ont une conception implicite plus incarnée, plus vivante et plus évolutive.

Mais nous allons voir que ces distinctions s'effacent derrière de troublantes parentés.

Les marques possèdent-elles une « essence » ?

A priori, le triangle et le cercle sont deux figures distinctes : il s'ensuit que les deux conceptions de l'identité de marque qu'ils illustrent devraient l'être aussi.

Or, si l'on se réfère au dernier de ces modèles, celui dit du fond(s) de marque, que voit-on ? Que sa partie supérieure est grisée, comme si elle était plus dense que le reste. Du reste, elle est située au sommet du « triangle ».

Quel est le nom de ce sommet ? Le « noyau symbolique ». Et sa forme ? Un cercle.

Autrement dit, sous deux formes géométriques différentes, nous aurions affaire à deux conceptions de l'identité de marque plus proches l'une de l'autre qu'il ne semblait à première vue.

De fait, que l'on concentre les projecteurs sur le centre d'un cercle ou qu'on les braque sur le sommet d'une pyramide, et chaque fois en dotant ce centre ou ce sommet d'un pouvoir de concentration supérieur à ce qui les entoure, dans les deux cas on procède à la même opération : une distinction entre l'essentiel et ce qui l'est moins. Il est, en effet, très difficile de tracer une frontière entre deux ou plusieurs composantes de l'identité, sans céder à la tentation, consciente ou inconsciente, de les hiérarchiser les unes par rapport aux autres. Inscrire et colorier un petit cercle dans un plus grand, revient à dessiner un point focal et à lui attribuer implicitement plus de valeur qu'au reste.

Les commentaires sont d'ailleurs clairs sur ce point :

> Le noyau central est l'élément fondamental de la représentation [de la marque] car c'est lui qui détermine à la fois la signification et l'organisation de la représentation.[1]

---

1. G. Michel, *La Stratégie d'extension de marque*, Vuibert, 2000.

> Le sommet est le noyau identitaire de la marque, la source de l'identité.[1]
> L'identité de marque consiste en une identité centrale et une identité élargie
> (…) L'identité centrale est l'essence intemporelle de la marque. Elle est
> capitale à la fois pour la signification et pour le succès d'une marque.[2]
> Le message nucléaire constitue le noyau commun à toute communica-
> tion. Il exprime la nature profonde de l'organisation, il se fonde donc sur
> son identité.[3]

Maintenant, relisez bien cette dernière citation : vous y voyez apparaître un nouveau glissement de vocabulaire qui part de la notion de
« noyau » (le mot anglais *core*, le plus fréquemment employé pour
parler de l'identité de marque, signifie aussi bien cœur, centre, que
noyau) et se déplace vers un autre terrain : celui de la « nature
profonde » de la marque, souvent appelée son « essence ».

> Pour Disney, dans son imagerie il y a Walt Disney, les parcs d'attraction,
> Mickey, Minnie, et l'idée qu'on va s'amuser en famille. C'est ça qui
> forme l'essence, le cœur de la marque.[4]

Vers la fin des années 1980, déclare-t-on chez Nestlé, Crunch a
commencé à perdre du terrain à la suite d'une série d'errements
publicitaires au cours desquels « l'essence de la marque s'est
perdue ». Dans son livre *Mythmaking on Madison Avenue*, S.
Randazzo signale que la marque peut même avoir une « âme », qu'il
définit comme « son centre spirituel, le noyau de valeurs qui définit la
marque et s'infiltre dans tous ses autres aspects ». Très proche du
concept d'âme de la marque, il y a l'idée d'une « essence de la
marque ». L'essence de la marque est au cœur de son identité[5]. En
principe, seul l'être humain a une âme : cette conception de l'identité
serait donc bien celle de la marque personne. Pourtant, si on
examine de près les explications d'Y. Krief sur le fond(s) de marque,
ce n'est pas la marque personne qui apparaît :

> L'identité d'une marque, ce ne sont ni ses valeurs, ni leur articulation,
> mais la machine cognitive à traiter l'information.[6]

---

1. *Les Marques, op. cit.*
2. *Building Strong Brands, op. cit.*
3. *L'Identité visuelle de l'entreprise, op. cit.*
4. M. Eisner, *Profession magicien, la passion Disney*, Grasset, 1999.
5. *Building Brand Identity, op. cit.*
6. *Séminaire IREP, op. cit.*

Surprise : on croyait que la notion d'identité de marque avait accompagné l'émergence récente de la marque personne, voilà qu'elle retourne vers la marque machine ! Nous sommes donc apparemment revenus au point de départ, alors qu'on croyait l'avoir laissé loin derrière, dans le tréfonds de l'histoire des marques. Décidément, la marque machine continue manifestement d'exercer sur les esprits une puissante attraction :

> La marque est un moteur sémiotique, ses combustibles sont des éléments aussi disparates que des noms, des couleurs, des sons, des concepts, des objets, des rêves, des envies, etc., son résultat (si le moteur a été correctement assemblé) est un univers ordonné, structuré, interprétable et, dans une certaine mesure, attrayant (…). L'identité de marque est le produit de ce moteur.[1]

Au passage, que devient la notion d'identité ? Car de deux choses l'une : ou bien la marque est une machine, et si elle possède une identité, alors c'est que les machines en possèdent une aussi, tout comme les hommes ; ou alors, seuls les hommes sont dotés d'une identité, et si on prétend que les marques en ont une, alors c'est que les marques doivent être analysées sur le modèle de l'être humain. Corollaire : toutes les comparaisons de la marque avec une machine sont fausses, ce qui rend le marketing classique et son modèle mécaniste caducs.

Qui l'eut cru ? Le marketing se retrouve ici traversé par un de ces débats philosophiques sur la nature humaine dont il se vante, d'habitude, d'être exempt…

Mais il faut savoir ce qu'on veut, et selon la vision de l'homme à laquelle on adhère, il s'ensuivra une certaine façon d'envisager son identité, et conséquemment, l'identité de marque.

Pour ceux qui considèrent qu'en effet l'homme est une machine, pas de problème : l'identité de marque est comme l'identité humaine, de type mécaniste – que le mécanisme en question soit un moteur, un circuit informatique ou un organisme vivant ne change pas fondamentalement les choses. Ce sont tous des systèmes plus ou moins sophistiqués de traitement de l'information.

---

1. *Le Marketing de la marque, op. cit.*

Pour les autres, l'homme est peut-être une machine, mais il est aussi autre chose : par exemple, une mémoire – dont on sait à quel point elle est fondatrice de l'identité. Cependant, dira-t-on, tous les ordinateurs ont une mémoire ! Oui, mais une mémoire mécanique, pas la mémoire propre aux humains, c'est-à-dire plastique et aléatoirement reliée aux affects, aux sensations et aux émotions.

> **M**alheureusement, on constate trop souvent, en science informatique, une attitude anthropomorphique qui consiste à observer ce que font certaines machines et à leur attribuer une terminologie humaine. Par exemple, la perpétuelle référence à la "mémoire" : mais les ordinateurs n'en ont pas ! Vous n'aurez jamais une machine capable d'écrire ses Mémoires ! Les ordinateurs ont des éléments de stockage qui leur permettent de conserver des chiffres ou des programmes (mais) il existe une énorme différence entre une mémoire et un système de stockage : ce dernier ne peut que reproduire ce qui y a été placé, tandis que la mémoire est un processus de transformation.[1]

Avec ces propos d'un des plus éminents fondateurs de la cybernétique, biophysicien et directeur du célèbre Biological Computer Laboratory, on pourrait croire que nous sommes bien loin de la vie des marques. Au contraire, nous y sommes en plein : que l'on songe aux techniques couramment employées aujourd'hui encore pour mesurer la mémorisation des campagnes de publicité des marques, et en particulier au critère dit de « restitution ». Nombre d'annonceurs et d'agences se félicitent que leur film ou leur affiche obtienne un score élevé sur ce critère. Mais seule une mémoire de type mécanique peut l'obtenir : preuve que le consommateur, aussi bien que la marque dont on lui parle, sont bel et bien conçus l'un et l'autre sur le modèle de la machine. Si on cherchait à mesurer la mémorisation à partir des caractéristiques de la mémoire humaine, c'est la déformation du message publicitaire, et non sa restitution, qu'il faudrait évaluer.

Pour ma part, je l'ai déjà dit, je pense qu'une marque n'est ni une machine, ni un être humain, mais un système vivant. Cependant, si on décrète qu'elle est pourvue d'une identité, c'est qu'on incline vers le modèle humain, et non mécaniste. Par conséquent, il faut la voir à

---

1. H. von Foerster in *Faut-il brûler Descartes ?*, La Découverte, 1993.

la fois comme une machine à traiter l'information et comme un système complexe de communication doté de ce qu'on appelle des propriétés émergentes.

L'identité de marque n'est peut-être que le nom que nous donnons, par approximation, à l'une de ces propriétés.

Le noyau et la pyramide ou l'art d'emprisonner l'identité de marque

Rien de commun, en apparence, entre un noyau et une pyramide : l'un est très petit, l'autre énorme ; l'un naturel, l'autre fabriquée ; l'un arrondi, l'autre tout en angles. Et pourtant, aussi curieux que cela puisse paraître, ils ont bien des points communs.

La pyramide, on l'a dit, dérive du triangle. Pointe en haut (comme c'est toujours le cas dans la représentation des marques), c'est un symbole masculin. En alchimie, il représente d'ailleurs le feu (élément lui aussi masculin par opposition à l'eau, élément féminin), mais aussi le cœur.

Or quel est le symbolisme universel du cœur ? C'est celui du centre. Le même, autrement dit, que celui du noyau.

Le noyau, le cœur, le centre ont une forte valeur spirituelle, surtout placés au milieu d'un cercle, comme c'est le cas dans les identités circulaires que nous avons vues plus haut : qu'on songe à la proposition de Pascal selon laquelle « Dieu est un cercle dont le centre est partout et la circonférence nulle part ». Il en va de même pour la pyramide, dont le symbolisme ascensionnel est trop évident pour qu'il soit nécessaire de s'y attarder, de même que le symbolisme solaire (les arêtes de la pyramide représentant les rayons de l'astre) : royauté et divinité fusionnent ici dans une mythologie de la souveraineté suffisamment claire pour être accessible à tous depuis l'Antiquité égyptienne.

Comment ne pas entendre, ici, l'écho des discours sur la souveraineté de la marque qui ont imprégné le marketing tout au long des années 1980 ?

Autre chose : le cœur de la pyramide est un centre, mais creux, et extrêmement difficile d'accès. Ce creux, pourtant, est un foyer d'énergie spirituelle extrêmement puissant, d'où l'on accède à l'immortalité.

On ne descend vers la chambre funéraire que par des couloirs étroits, raides et semés de pièges – et l'on n'y parvient pas toujours. Comme tous les lieux saints, la pyramide protège un espace sacré, inaccessible au profane. Et cet espace n'est pas forcément carré ou rectangulaire : il peut aussi être ovoïde ou arrondi, comme la tombe de Thoutmosis III, dans la Vallée des Rois en Égypte. Cette cavité plongée dans l'obscurité, lieu des mystères de la vie et de la mort, est bien sûr une matrice : tout comme la caverne primitive, « la grotte est considérée (…) comme matrice universelle et s'apparente aux grands symboles de la maturation et de l'intimité tels que l'œuf, la chrysalide et la tombe ».[1]

Dernière observation, peut-être la plus importante : aussi bien le cercle que le triangle sont des formes fermées. Mais cette clôture, elle aussi, a un sens : « Ce qui sacralise avant tout un lieu, c'est sa fermeture »[2]. Sens un peu différent selon que la fermeture est circulaire ou pas :

* Un « espace courbe, fermé et régulier », qui favorise un « regard tourné en dedans, l'ignorance du monde extérieur », exprime la sécurité.

* « Les figures fermées carrées[3] ou rectangulaires font porter l'accent symbolique sur les thèmes de la défense de l'intégrité intérieure. L'enceinte carrée est celle de la ville, c'est la forteresse, la citadelle. »[4]

Dans un cas comme dans l'autre, il s'agit bien d'enfermer et de protéger : un contenu des plus précieux, de nature immatérielle, doit être mis à l'abri, hors d'atteinte. C'est ainsi qu'on insiste fréquemment sur le caractère intouchable de l'identité de marque :

Toucher au noyau axiologique d'une marque est possible, mais c'est toujours une opération à la fois délicate et dangereuse, dans la mesure où l'on touche au cœur vivant, au centre du rayonnement de sens à partir duquel tout se génère.[5]

---

1. G. Durand, *Les Structures anthropologiques de l'imaginaire*, Dunod, 1993.
2. *Ibid.*
3. Souvenons-nous que pour la géométrie platonicienne, le triangle est la surface première à partir de laquelle s'engendre le carré, puis le pentagone. Le rectangle, par ailleurs, relève du même symbolisme que le carré (c'est le carré long de la franc-maçonnerie).
4. G. Durand, *op. cit.*
5. *Le Marketing de la marque, op. cit.*

Les styles, le positionnement peuvent évoluer, à condition que le fonds d'identité de la marque soit respecté.[1]

Le thème de l'identité forteresse est même développé tel quel, par exemple par L. B. Upshaw quand il parle de l'identité comme consistant à « construire la forteresse (qui) enferme la marque et conserve sa valeur intacte ». Et l'on peut même parler de fermeture à double tour, quand on observe le schéma suivant, qui concerne le fond(s) de marque :

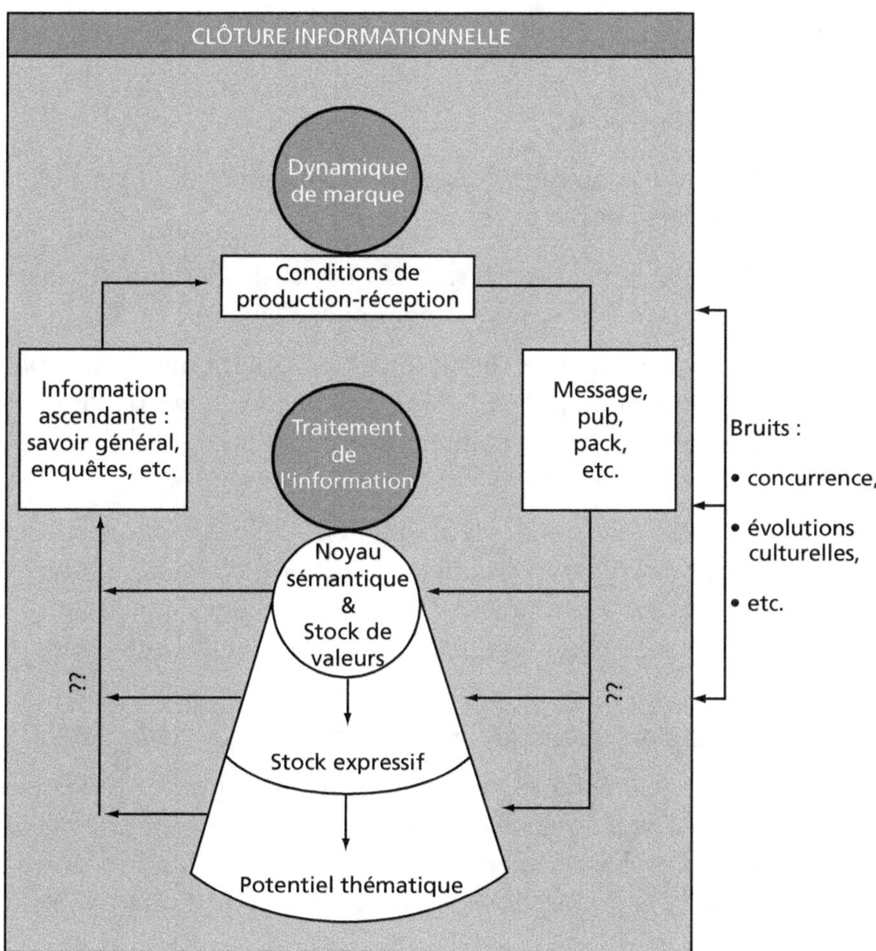

Figure 23 : L'identité de marque

Source : Y. Krief, Le Capital de la marque, *séminaire IREP, 1992.*

---

1. *Les Marques, capital de l'entreprise, op. cit.*

De « l'essence » à « l'âme » de la marque

Par quelque côté qu'on aborde la question, on retombe donc bien sûr le même constat :

- L'identité de marque se représente à l'aide de figures géométriques : soit le cercle, soit le triangle.

- Ces figures géométriques sont fermées, et s'organisent autour d'un centre, plus dense que le reste.

- Ce centre contient ce que l'identité de marque a de plus précieux : son « essence ».

- De ce fait, tout comme l'« essence », l'identité de marque est immatérielle, inaltérable et sacrée.

- De ce fait également, l'« essence » de la marque a plus de valeur que son existence (ou ses existences successives).

Cette conception de l'identité de marque est d'autant mieux acceptée qu'elle ressemble de très près à l'idée que chacun se fait de l'identité tout court, même approximativement. Bref, elle est en phase avec les idées toutes faites – d'où une bonne part de son succès.

Les idées toutes faites ont leur utilité. Celle-ci, pourtant, est trompeuse : d'abord, il n'y a pas une conception classique de l'identité dans les cultures occidentales, mais deux ; ensuite, les raisons pour lesquelles l'une des deux a longtemps dominé l'autre sont en train de changer.

Quelle est la position du marketing par rapport à ces changements ?

Apparemment, il n'en a pas, parce qu'il n'aime pas les questions philosophiques. Dans le meilleur des cas, il pense qu'elles n'ont aucun rapport avec les problèmes qu'il traite. Dans le pire, qu'elles s'apparentent à la sodomisation des mouches, activité gratuite et de ce fait, absurde.

Et pourtant, il a choisi son camp.

Un mot, rapidement, sur ces deux conceptions de l'identité. Elles sont nées toutes deux à peu près au même moment, aux VIe et Ve siècles avant J.-C., et ont survécu jusqu'à nos jours, sous des formes diverses et avec des succès variables. Pour les résumer grossièrement, appelons à la rescousse les mânes de J.-P. Sartre et son vocabulaire fétiche :

* à ma droite, l'« essence », quelque chose d'inné et d'immuable dans l'être humain, qui lui permet de rester le même au fil du temps, et donc fonde son identité ;

* à ma gauche, l'« existence », la plongée dans le chatoiement de la vie quotidienne avec ses mille et un retournements de situation, qui produisent chaque fois une myriade d'identités différentes au sein du même individu.

Si le marketing considérait que l'existence précède l'essence, il serait existentialiste. Mais il pense le contraire : il est donc essentialiste, ce qui le conduit à adopter une certaine vision de l'identité de marque. Qu'il le sache ou non, qu'il l'assume ou pas, il a bel et bien une position philosophique sur le sujet.

Cette position est la suivante : la marque est une personne. Or, ce qui distingue une personne, autrement dit un être humain, de tous les autres animaux mêmes « supérieurs », c'est la possession d'une conscience, d'une raison, d'un esprit, voire même d'une âme. Ainsi la SEAT, née sous le soleil de la Méditerranée, a « une âme latine »[1]. « Il n'est pas question de perdre notre âme de militant », dit la MAIF. Et GUERLAIN s'est longtemps présenté comme étant « l'âme du parfum ».

L'avantage de posséder une « âme » est évident : elle est immortelle. Mais le mot a une connotation trop mystique pour une religion laïque comme le marketing : on la traduira donc en termes d'identité. Et on établira *ipso facto* entre l'identité et la marque le même rapport qu'entre l'âme et le corps, l'esprit et la matière : l'un peut vieillir, pas l'autre. L'un peut changer, l'autre est intemporel. L'un est mortel, l'autre non. Du moins telle est la ligne dominante de la pensée occidentale depuis Platon.

---

1. *Les Échos*, 23 juin 2000.

C'est elle qui explique la préférence systématique pour un étagement des pyramides du matériel (en bas) vers le spirituel (en haut), comme c'est le cas pour la classique pyramide de Maslow :

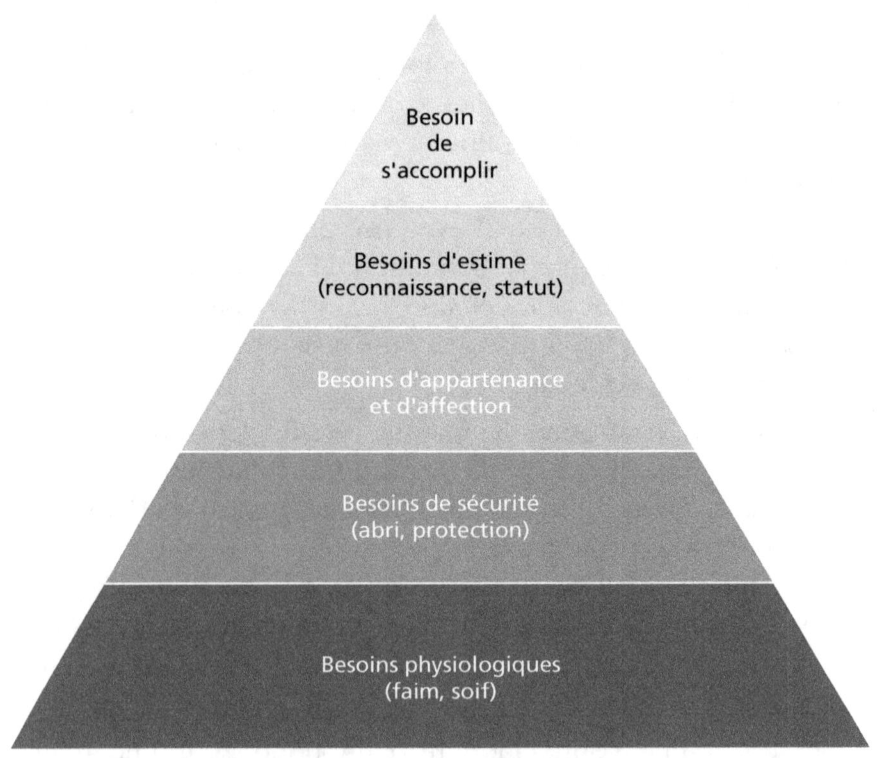

Figure 24 : La pyramide de Maslow

De même, on figurera ce que l'homme a de plus spécifique et de plus précieux – son esprit ou son « âme » – en haut ou au centre d'un schéma (ce qui revient au même, le centre étant fréquemment représenté par une élévation, une montagne, par exemple). Voyez la façon dont un ouvrage sur le marketing humanitaire dessine l'évolution des marques depuis cinquante ans (cf. schéma page ci-contre).

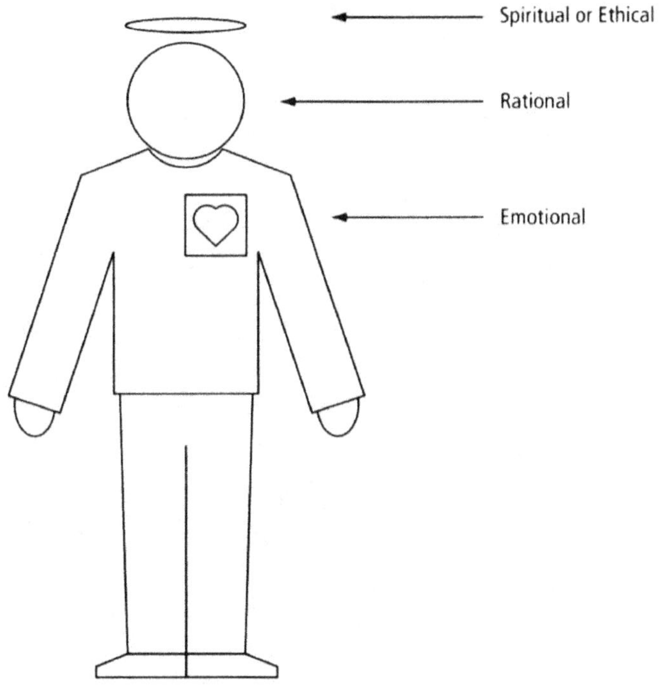

Figure 25

Source : H. Pringle, M. Thompson, Brand Spirit, *Wiley & Sons, 1999.*

Au centre du cercle, un invisible noyau. Au sommet ou au cœur de la pyramide, « l'essence ». Au sommet du corps humain, la tête ; à l'intérieur de cette tête, un crâne dur et sphérique ; à l'intérieur de ce crâne, le cerveau, duquel émanent la pensée, la raison, la conscience : le propre de l'homme.

Cette vision est fausse (la conscience passe par le corps, pas seulement par la tête), mais c'est ainsi que le marketing se représente l'homme, et donc la marque, quand il pose que la marque est une personne. C'est d'ailleurs son droit le plus strict de le croire et de le dire, d'autant que cela ne l'empêche pas d'en tirer des conclusions ni plus ni moins opératoires que d'autres. Mais c'est tout ce qu'on voudra, sauf scientifique.

Chapitre 4

Pour renouveler la réflexion sur l'identité de la marque

Vers quoi, vers qui faut-il se tourner pour renouveler la réflexion sur l'identité de marque ? vers les sciences de l'homme, si on pense que seul l'homme a une identité. Mais quelles sciences de l'homme ? la biologie ? la psychologie ? la sociologie ? la sémiotique ? les sciences cognitives ? Toutes auraient leur mot à dire sur le sujet, et celui-ci n'en serait pas épuisé pour autant, pas même complètement exploré, peut-être. Alors laquelle choisir ? Chacune peut fournir une clé, mais la maison a tant de portes qu'il faudrait un passe-partout, autrement dit une approche englobant toutes les autres :

> La question qui se pose est donc de savoir si nous sommes condamnés à l'éclectisme kaléidoscopique sur l'identité, ou si nous pouvons trouver ce qui pourrait être un point de vue scientifique global, surplombant tous les autres.[1]

Ce point de vue global existe : c'est celui des sciences de la communication.

Après tout, quoi de plus logique ? S'il est vrai que « tout est communication », c'est bien vers les sciences du même nom qu'il faut

---

1. *L'Identité, op. cit.*

se tourner pour obtenir la vue d'ensemble que des disciplines trop spécialisées – comme le marketing – ne peuvent pas fournir.

Que disent ces sciences sur l'identité ? Que ce n'est pas une sorte d'essence innée dont chacun de nous serait porteur, à charge pour lui de la faire germer et s'épanouir. Qu'elle s'élabore par contact avec autrui et avec l'environnement social, économique, culturel. Qu'elle n'est pas faite que d'intériorité, loin de là. Que le corps y participe.

Bref, que tout ce que nous tenons pour vrai à propos de l'identité doit être révisé – et détaché, en particulier, de l'usage comme de la vision qu'en répandent un certain nombre de psychologues patentés ou non, spécialistes (et vendeurs) de discours bien rodés sur la préservation de nos chères identités.

D'où il s'ensuit que la même révision doit être appliquée à l'identité de marque, plus ou moins consciemment décalquée de celle des individus.

À commencer par la notion de « noyau identitaire ».

FAUT-IL SE FOCALISER SUR LE « NOYAU IDENTITAIRE » ?

On a vu quelle puissance symbolique contenait l'image du « noyau », et ce qu'on pouvait en conclure quant à la conception que se fait le marketing de l'identité.

Cette image n'est pas seulement métaphorique, elle fait référence à différents travaux et théories en psychologie et sociologie, ceux de Heider, de Aasch, de Moscovici, récemment repris et développés par J.-C. Abric, pour lequel « toute représentation est organisée autour d'un noyau central »[1] autour duquel s'organisent à leur tour des « éléments périphériques »[2].

L'intérêt de cette référence au « noyau central » est de fournir une assise théorique et une orientation pratique à la question cruciale de l'évolution des marques, point d'achoppement du thème de l'iden-

______

1. J.-C. Abric (sous la direction de.), *Pratiques sociales et représentations*, PUF, 2001.
2. *Ibid.*

tité. En effet, c'est au moment où les marques changent, de gré ou de force, que se pose la question de leur identité : quand elles fusionnent avec une autre marque, quand elles envisagent de commercialiser une nouvelle ligne de produits, quand l'une de leurs marques filles prend son indépendance, ou quand elles arrivent sur un nouveau marché.

Une solution aujourd'hui couramment admise consiste, en pareil cas, à s'appuyer sur la distinction du noyau et de la périphérie :

> La structure de l'identité de marque inclut un noyau identitaire et une identité étendue. Le noyau identitaire – l'essence fondamentale et éternelle de la marque – reste constant à mesure que la marque se déplace vers de nouveaux produits ou de nouveaux marchés.[1]

> Le noyau central joue un rôle essentiel dans la stabilité et la cohérence de la marque, il en assure la pérennité, le maintien dans le temps et l'on comprend dès lors qu'il évolue de façon très lente. Les éléments du noyau représentent les valeurs absolues de la marque. Celles-ci, dissociées du contexte qui les a produites, acquièrent ainsi une plus grande autonomie.

> Le système périphérique, constitué de valeurs conditionnelles, représente une structure beaucoup plus souple que le noyau. Il intègre de nouvelles informations, directement liées aux réalités de la marque. Ce système permet l'adaptation de la marque au contexte. Il se modifie selon l'évolution des éléments de la réalité.[2]

Dès lors, il devient capital de savoir ce que contient ce « noyau identitaire ». Les réponses se rejoignent toutes :

> Le noyau est composé de valeurs abstraites, (il contient) les valeurs absolues de la marque.[3]

> Le niveau axiologique, le plus profond, est composé d'un nombre limité de valeurs fondamentales (comme) l'innovation chez SONY, la liberté et l'anticonformisme chez LEVI'S, la robustesse et la complicité chez VOLKSWAGEN.

> L'identité (de NOUVELLES FRONTIÈRES c'est) son idéal de liberté. (Celle de VOLKSWAGEN), la solidarité populaire.[4]

---

1. *Building Strong Brands, op. cit.*
2. *La Stratégie d'extension de marque, op. cit.*
3. *Ibid.*
4. *Les Marques, capital de l'entreprise, op. cit.*

Autrement dit, il se confirme bien que le noyau est vu comme un condensé de valeurs, de principes, de règles de conduite : il est fait d'immatériel.

Il est, en effet, très possible qu'il y ait des valeurs dans le noyau identitaire de la marque. Mais du point de vue des sciences de la communication, deux choses sont claires :

* le noyau, si noyau il y a, ne peut pas être fait que d'immatériel ;

* son contenu n'est pas ce qui le définit le mieux, ou en tout cas, ne définit pas à lui tout seul le noyau identitaire.

Ce dernier point est le plus sensible de tous.

Comment l'expliquer ?

Par cet autre axiome des sciences de la communication : « Toute communication présente deux aspects : le contenu et la relation, tels que le second englobe le premier »[1]. Ou, pour le dire autrement, le contenu d'une communication quelconque (une conversation téléphonique, un discours politique, un film, etc.) correspond à la transmission d'une information, mais c'est la relation entre ceux qui l'échangent qui lui donne son sens véritable et la transforme en acte de communication. Ou, pour le dire encore autrement : le sens d'un message n'est pas tant dans son contenu que dans son contexte relationnel.

En soi, il n'y a rien à tirer – même pas l'heure exacte – d'une information comme : « Il est midi ». Car que dit-elle ? Rien, tant qu'on ne connaît ni ses tenants ni ses aboutissants. Elle ne prendra tout son sens qu'en fonction du contexte, selon qu'il s'agit d'un passant à qui vous demandez l'heure parce que vous avez oublié votre montre, ou d'un surveillant qui signale la fin d'une épreuve écrite au baccalauréat, ou d'un extrait de dialogue au théâtre, ou du directeur d'une prison texane qui vient annoncer à un condamné que l'heure de son exécution a sonné.

Traduit dans l'univers des marques, ce postulat devient explosif.

---

1. *Une Logique de la communication, op. cit.*

Prenons l'exemple de la presse, où de nombreux titres peuvent être analysés comme des marques. Si on y applique l'axiome ci-dessus, selon lequel c'est la relation instaurée entre le journal et le lecteur qui donne son sens au contenu, et non le contenu (les articles, les reportages) qui aurait du sens par lui-même, on remet en cause l'un des outils qualitatifs les plus utilisés dans le secteur : l'« analyse de contenu », précisément.

Élargissons le cadre à tous les secteurs, toutes marques confondues : il devient difficile de continuer à concevoir l'identité de marque sous la forme d'un coffre-fort dont l'entreprise serait seule à détenir la clé, et dont le contenu, inviolable et secret, constituerait toute la valeur.

De même, il se pourrait bien que le contenu de plus d'une campagne de publicité soit de peu d'intérêt au regard de la relation à l'intérieur de laquelle elle s'inscrit ou ne s'inscrit pas.

Sacrilège ! penseront nombre de publicitaires et d'annonceurs. Passer tant de temps à peser au mot près le texte d'un film, à l'analyser après coup sous toutes les coutures, à vérifier qu'on a bien montré le produit dans les huit premières secondes[1], à mesurer si l'attention du téléspectateur monte ou baisse depuis qu'on a modifié le montage, tout cela ne servirait à rien ?

Peut-être pas. En tout cas, tant que ce « texte » n'est pas replacé dans son contexte, inutile de sortir les loupes : ce n'est pas parce qu'elles grossissent ce qu'elles montrent, que ce qu'elles montrent est important.

QUE DISENT LES RECHERCHES LES PLUS RÉCENTES SUR L'IDENTITÉ ?

On a vu dès le premier chapitre combien il était difficile de définir l'identité (et à plus forte raison, l'identité de marque). On a vu ensuite que le marketing a tendance à se la représenter selon la conception occidentale classique, ce qui le conduit à un syllogisme assez clair : la marque est une personne, or seules les personnes sont

---

1. *Winning with the P&G 99, op. cit.*

dotées d'une identité, (en tout cas, d'une conscience de leur identité), donc l'identité de marque peut être comprise par comparaison avec celle de l'être humain. Celle-ci se compose en son principe d'une « essence », d'une « âme », ou de « valeurs », toutes concentrées dans un « noyau identitaire » invisible, qui demeure à peu près inchangé tout au long de la vie de la marque, tout comme l'identité d'un individu reste la même de sa naissance jusqu'à sa mort, quel que soit son parcours de vie.

Cependant, les travaux les plus récents sur l'identité se sont quelque peu éloignés de cette vision canonique.

Que disent-ils ? À peu près tous la même chose :

- Il n'y a pas d'identité « en soi » : l'identité n'existe pas par elle-même, elle n'est pas ce « quelque chose » de permanent au sein d'un autre « quelque chose » susceptible, lui, de changer. Pour le dire dans le vocabulaire de la philosophie, l'identité n'est pas une « essence » immuable et transcendante à l'être ou à l'existence.

- Il s'agit d'un concept carrefour : aucune science ne peut prétendre, à elle toute seule, en détenir la définition, à moins d'avoir une approche transdisciplinaire.

- L'identité est polymorphe. « Nous vivons dans l'illusion que l'identité est une et indivisible, alors que c'est toujours un *unitas multiplex*. Nous sommes tous des êtres polyidentitaires. »[1]

- L'identité est « un processus qui se déroule tout au long de la vie » d'un individu. Il faut parler non pas d'un « contenu » mais d'une « dynamique identitaire »[2] qui évolue et se réaménage continuellement en passant par une succession de crises et de paliers.

- L'identité d'un individu lui vient du dehors, et pas (ou pas seulement) du dedans. Elle dépend du contexte dans lequel il vit et se développe. Elle n'est pas innée mais acquise au contact d'autrui par le jeu des interactions et relations entretenues avec l'environnement. Il n'y a pas d'identité sans altérité.

---

1. E. Morin, *Penser l'Europe*, Gallimard, 1990.
2. *Ibid.*

- « L'identité se construit dans un double mouvement relationnel de rapprochement et d'opposition, d'ouverture et de fermeture, d'assimilation et de différenciation. »[1]

Si l'on reprend chacun de ces points en les appliquant cette fois à l'identité de marque, que faut-il en conclure ?

- Que le marketing devrait changer sa façon de concevoir l'identité de marque (et comme il la déduit de celle de l'être humain, la vision qu'il a de celui-ci devrait également changer – mais à l'impossible nul n'étant tenu, il suffira qu'il révise la première, ce qui ne sera déjà pas facile).

- Que l'identité de marque ne se définit pas comme une « essence » immatérielle. Elle est dans le « corps » autant que dans « l'esprit » de la marque, sans distinction ni hiérarchie entre l'un et l'autre.

- Que la question du « contenu » de l'identité de marque est moins pertinente que celle de sa dynamique et du système relationnel dont elle est issue.

- Que ni la psychologie, ni la sociologie, ni les sciences cognitives, ni la sémiologie ne détiennent la clé de l'identité de marque : chacune en a sa part, aucune ne l'a en entier. Seule une démarche transdisciplinaire, intégrant ces différentes approches (et d'autres) peut avoir une chance de saisir une notion aussi complexe.

- Par conséquent, qu'il faut admettre cette complexité, renoncer à la traiter avec une logique rationaliste, et accepter de ne pas la maîtriser complètement. La mythologie du pouvoir et de la volonté qui sous-tend toute la culture marketing bute ici contre une réalité mal déchiffrable, mal maîtrisable, et en tout cas rebelle aux réductions simplistes.

Dans l'identité d'IBM, il y a du bleu autant que de la puissance. Dans celle de McDonald's, du hamburger autant que de la convivialité. Dans celle de la FNAC, des magasins, des livres, des disques, du jaune moutarde, les traces d'une culture coopérative, des forums de

---

1. *L'Identité, op. cit.*

discussion, les brochures sur les tests techniques des produits, et le quart d'heure entier que j'ai passé la semaine dernière au service après-vente, debout derrière le comptoir en compagnie de quatre autres personnes, à attendre comme elles que les trois employés de service, qu'on entrevoyait à travers le rideau, aient fini leur café et consentent à nous apporter nos colis, bien en vue sur les étagères auxquelles ils étaient accoudés.

Et dans l'identité d'Apple, il n'y a certainement pas que cet anticonformisme qui constitue, pense-t-on, « l'essence » de la marque : il y est, certes, mais aussi tous les produits signés par la marque, y compris les ratés comme Newton, mais aussi la pomme, une lanceuse de marteau en short rouge, Steve Jobs, la culture californienne, des prix élevés, Einstein et les cosignataires de *Think different* – tout cela, et beaucoup d'autres choses. Mais plus sûrement que cet inventaire, l'identité d'Apple est un parcours dont la vitesse, le tracé et les zigzags sont la « marque » distinctive, de même que son système relationnel : rébellion affichée contre l'*establishment* informatique, mais alliance avec Microsoft ; proximité des produits, mais distance de la marque : il n'y a pas de boutiques Apple, pas de contact direct avec les consommateurs. Apple Expo est un événement ponctuel qui n'intéresse pas plus le *vulgum pecus* que le Salon de l'auto n'intéresse l'infirmière de Perpignan, qui pourtant conduit tous les jours. Et quant à l'idée d'une identité de marque construite de toutes pièces par Apple, elle n'a pas de sens : IBM est le père d'Apple. Renié, peut-être, honni, peut-être, mais les faits sont là : sans IBM, la marque Apple ne serait pas ce qu'elle est.

Il n'est pas simple de changer de perspective, surtout quand on en ressort un peu moins sûr de soi et de ses certitudes. Mais la série des « blessures narcissiques » successivement infligées à l'homme, disait Freud, par Copernic, puis Darwin, puis par lui-même, n'est pas terminée. La possession de ce qu'il croit être son bien le plus précieux, son « identité », est peut-être un leurre. En ce cas, il en irait de même de son modeste succédané, l'identité de marque.

Et pourtant, elle marche…

Alors, qu'en conclure ? Peut-être, ce que disait C. Lévi-Strauss :

> L'identité est une sorte de foyer virtuel auquel il nous est indispensable de nous référer pour expliquer un certain nombre de choses, mais sans qu'il ait jamais d'existence réelle.[1]

Ou bien l'équivalent de l'examen de conscience auquel commence à se livrer le marketing à propos de ses outils ou de ses concepts, par exemple le fameux « 360 degrés ». Tiens, voici à nouveau un cercle ! Est-ce une fois de plus à sa force symbolique que le 360° a dû son succès ? Peut-être bien, car « il a tout d'un mantra : la forme absolue, le caractère d'infini, la prétention cosmique, et surtout le pouvoir d'autoconviction ». Mais ce pouvoir faiblit au lieu de se renforcer à mesure que le temps passe, et les professionnels commencent déjà à déchanter. Ce qui n'empêche pas le 360° de « continuer à briller, fascinant comme une étoile morte, un soleil noir auquel on se raccroche parce qu'il a la simplicité des concepts publicitaires. »[2]

Foyer virtuel, soleil noir, étoile morte : décidément, nous sommes bien au pays des chimères ! Toute la question est de savoir pourquoi nous les nourrissons, alors qu'elles nous trompent, et que nous le savons. C'est probablement que nous en avons besoin, pour des raisons qui resteraient à éclaircir et dont l'exploration n'a pas sa place ici.

ET S'IL Y AVAIT PLUSIEURS NOYAUX ?

On l'a vu, presque toutes les conceptions de l'identité de marque convergent vers l'idée d'un « noyau identitaire » en s'appuyant sur les sciences cognitives.

Les marques auraient beaucoup à apprendre des sciences cognitives, qui étudient, par exemple, comment fonctionnent la perception, la mémoire, l'attention, le langage. Ces sciences ne sont pas faciles à cerner, ni à comprendre, mais on peut au moins retenir qu'elles ont rompu dès le départ avec l'habitude d'attribuer à la seule psychologie la tâche de comprendre comment fonctionne l'esprit humain. S'il

---

1. *L'Identité, op. cit.*
2. N. Chemla in *Stratégies*, avril 2008.

existe quelque chose comme une « physique de la pensée », ce serait leur domaine. Elles sont nées, en fait, dans les années 1940, au même moment que la cybernétique, sous l'impulsion des mêmes chercheurs (N. Wiener, J. von Neumann, A. M. Turing et Mc Culloch) à l'aide de la logique mathématique, avec pour premier résultat la naissance de l'ordinateur et les recherches sur l'intelligence artificielle.

Naturellement, le marketing s'intéresse de près aux sciences cognitives, au point d'avoir forgé d'avance la notion de « neuromarketing ». D'avance, car on ne sait rien de ce que pourrait être cette nouvelle discipline. On sait seulement qu'elle a des prétentions scientifiques, que ces prétentions paraissent pour le moment aussi naïves que discutables, et qu'elles offrent surtout aux professionnels le confort de pouvoir à nouveau raisonner (fût-ce à tort) en termes mécanistes, c'est-à-dire en regardant le cerveau comme une machine dont on pourra bientôt démonter tous les rouages. Émotions, mémoire, perceptions deviendraient alors manipulables à volonté, du moins tel est le rêve inavoué du neuromarketing. Beaucoup d'entreprises s'y intéresseraient déjà, mais – sauf DAIMLERCHRYSLER – sans le dire, car « il y a une omerta, une peur de l'opinion publique ». De fait, plusieurs sites de défense du consommateur sont déjà en alerte sur le sujet, désamorçant une à une chaque initiative susceptible, grâce aux nouvelles technologies d'exploration cérébrale, de pénétrer par effraction dans nos esprits. Pour le moment, ils n'ont pas encore trop de travail.

Mieux vaut donc se concentrer sur ce que les sciences cognitives peuvent d'ores et déjà nous apprendre sans menacer en quoi que ce soit notre libre arbitre.

On sait qu'elles utilisent fréquemment la notion de « représentation ». Mais attention : sous ses allures bonasses, le mot est à prendre ici en un sens très technique. L'ordinateur manipule des « symboles, c'est-à-dire des éléments qui représentent ce à quoi ils correspondent. La notion en jeu ici est la représentation. »[1] La psychologie cognitive a produit une énorme littérature sur la « représentation ». Comment se

---

1. F. Varela, *Invitation aux sciences cognitives*, Le Seuil, 1997.

forme, dans votre esprit, la représentation de l'arbre que vous avez devant les yeux ? Et celle, par exemple, de la notion de ville ? Comment se construit la catégorie « chauffeur de taxi » ? Ou « Alsacien » ? Ou « bouddhiste » ? L'arbre, la ville, le chauffeur de taxi existent en réalité, mais vous, vous en avez une représentation mentale distincte : la preuve, c'est qu'elle subsiste en vous, même quand vous êtes enfermé dans une pièce obscure, même quand vous dormez.

On peut dire, de même, qu'une marque est une représentation mentale, et qu'elle est également une représentation sociale au sens où elle se forme à la fois par contact personnel direct avec la marque, et par contact indirect *via* l'environnement socioculturel de chaque individu.

À partir de là, on peut évidemment lui appliquer les schémas de fonctionnement que les spécialistes ont attribué aux représentations sociales, et par exemple utiliser l'idée du « noyau central » développée, on l'a dit plus haut, par des auteurs comme J.-C. Abric et C. Flament. Ce noyau central, devenu « noyau identitaire » rend de grands services aux psychologues et aux sociologues : il leur permet de mettre un peu d'ordre dans les interminables listes de composantes de l'identité qu'il leur faut manier pour tenter de décrire la complexité d'un tel concept. Ils y parviennent en distinguant d'une part ce qui est « essentiel » (dans le noyau) et d'autre part ce qui l'est moins (à la périphérie).

Notons que la neurologie utilise des images très voisines : A. Damasio établit par exemple une distinction entre ce qu'il appelle la « conscience noyau » et la « conscience étendue ». La première est un « phénomène biologique simple, avec un niveau unique d'organisation ; elle est stable tout au long de la vie de l'organisme », tandis que la seconde est « un phénomène biologique complexe, avec plusieurs niveaux d'organisation ; elle évolue tout au long de la vie de l'organisme. »[1]

---

1. *Le Sentiment même de soi, op. cit.*

Il semble donc bien qu'un certain nombre de spécialistes soient d'accord sur ce point : les représentations individuelles ou collectives s'organisent en cercles concentriques, avec au centre un noyau, et tout autour, sa périphérie.

Dont acte.

Y a-t-il moyen d'échapper à cette vision des choses ?

Peut-être – en tout cas, c'est mon intention, pour toutes les raisons que j'ai dites plus une : la volonté d'échapper chaque fois que faire se peut au dualisme, à la tentation de couper perpétuellement le monde en deux, de réduire la richesse du vivant à une opposition primaire entre l'intérieur et l'extérieur, le dedans et le dehors, l'esprit et le corps. Or, c'est ce qui est à l'œuvre derrière la conception actuellement en vigueur de l'identité de marque : l'essence, ou l'essentiel, serait dans le « noyau identitaire », et le reste, à l'extérieur de ce noyau. Une partie de la marque, la plus invisible et immatérielle, serait réputée la plus précieuse, la plus « noble », tandis que le reste serait plus contingent, et ne ferait pas partie du cercle magique de l'identité.

Je refuse de transposer aux marques ce reliquat de pensée manichéenne. Ni mon expérience de consommatrice, ni ma pratique professionnelle ne me permettent de le faire. L'identité est partout dans la marque, jusque dans le plus petit de ses éléments, et dans ce qu'on peut en percevoir concrètement aussi bien que dans ses invisibles « valeurs ».

Qui plus est, quand on se situe plutôt du côté de la pensée complexe, il est difficile de se satisfaire d'un mode de raisonnement qui ne sait compter que jusqu'à deux. J.-M. Levy-Leblond a consacré un livre entier[1] à démontrer l'invalidité scientifique d'un certain nombre de ces oppositions binaires, par exemple vrai/faux, droit/courbe, constant/variable, réel/fictif, etc. Non sans conclure, d'un ton un peu désabusé, à la difficulté, sinon à l'impossibilité d'échapper à la dictature de la dichotomie.

---

1. J.-M. Lévy Leblond, *Aux contraires*, Gallimard, 1996.

Il y a pourtant moyen d'y échapper, si l'on revient à la problématique de l'identité de marque, par deux voies éventuellement combinables :

- en cessant d'imaginer un noyau comme quelque chose de forcément compact et très dense (comme on le fait en redoublant en quelque sorte sa densité par l'expression « noyau dur ») ;

- en cessant de raisonner toujours au singulier : pourquoi n'y aurait-il pas plusieurs centres, plusieurs « noyaux identitaires » ?

C'est ce que semble faire A. Mucchielli en distinguant non pas un mais trois noyaux (culturel, groupal et individuel) dans l'identité. Cependant, dit-il, ces trois noyaux « s'emboîtent les uns dans les autres »[1], ce qui les rapproche d'une configuration concentrique : les noyaux en question ont l'air de se superposer les uns aux autres.

Détachons-les, au contraire. Disposons-les en trois points différents sur la même page. Et ajoutons-en d'autres, car qui dit qu'il n'y en a que trois ? Qui dit qu'il n'y a pas d'autres moyens de se représenter l'identité, ou tout autre concept, sinon à l'aide d'un noyau ? Qui dit qu'on n'a pas le droit d'en appeler à d'autres images ?

QUATRE MODÈLES DE L'IDENTITÉ

Il existe en effet d'autres modèles, d'autres façons de « se représenter » quelque chose, même quelque chose d'aussi abstrait que l'identité ou d'aussi complexe qu'une marque – si on convient qu'une marque est une représentation.

Il y en a même quatre.[2]

Le premier modèle est celui dont nous avons vu qu'il domine aujourd'hui massivement la représentation de l'identité de marque : celui du **noyau**. Et si l'on se demande pourquoi le marketing a une telle préférence, c'est probablement parce que ce modèle est calqué sur celui de l'atome, image simple et très intéressante puisqu'elle

---

1. *L'Identité, op. cit.*
2. P. Mannoni, *Les Représentations sociales*, coll. « Que sais-je ? » PUF, 2006.

permet d'associer un symbole de la science moderne, l'idée de surpuissance, à l'idée de rendement quantitatif maximal, comme certains publicitaires l'ont bien compris :

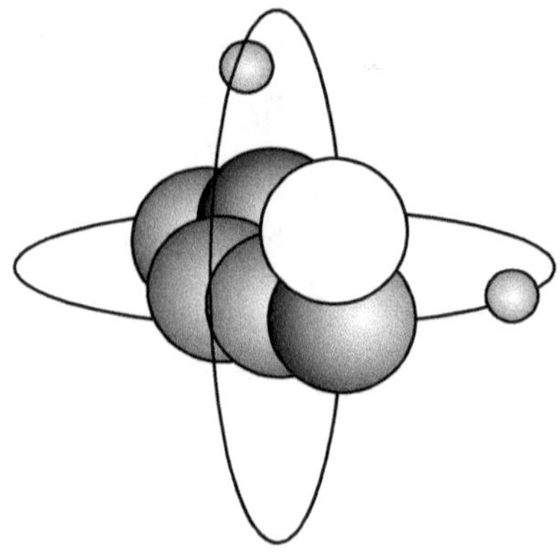

Figure 26 : Représentation de la marque

Source : Understanding Brands, *Kogan Page, 2006.*

Le deuxième modèle « pourrait être dérivé de la biologie, et notamment du phénomène de la *coagulation,* à l'occasion duquel des éléments normalement épars dans le sang sont amenés à se combiner. »[1]

Le troisième modèle serait plutôt celui de la *tapisserie* ou de la mosaïque.

Le quatrième modèle est « calqué sur les observations astronomiques, et ferait apparaître les processus psychiques au même titre que les *constellations* qui, malgré leur nature virtuelle, n'en sont pas moins des repères (pour la navigation, par exemple). »[2]

Prenons ce dernier modèle : il n'y a plus de noyaux, seulement des points. Si on tire un trait d'un point à un autre, apparaît le dessin d'un objet (le Grand Chariot), ou d'un animal (la Grande Ourse). Mais si l'on relie tous ces points *entre* eux, ce n'est plus un contour qui apparaît. C'est un réseau.

---

1. P. Mannoni, *op. cit.*
2. *Ibid.*

À présent, déplaçons l'un des nœuds de ce réseau – vers le haut, vers la gauche, n'importe : les autres se déplacent aussi, plus ou moins. Grossissons un ou deux nœuds, diminuons un de leurs voisins : les liens qui les rattachent bougent à leur tour. Dérangeons aléatoirement la taille et l'emplacement des nœuds de ce réseau, la longueur, l'épaisseur et la tension de leurs liens, ici lentement, là un peu plus vite.

Nous obtenons une image beaucoup plus juste de l'identité. Pourquoi ? Parce qu'elle ressemble davantage à une empreinte, mais une empreinte vivante :

- de l'empreinte, elle conserve un tracé général, un dessin, un motif plus ou moins net ou effacé, régulier ou déformé, mais toujours reconnaissable, comme le serait celui d'un oiseau dans le sable ;

- du vivant, elle acquiert la mobilité, la flexibilité, l'aptitude au changement, la versatilité.

Si, encore une fois, l'identité de marque se comprend par comparaison avec l'être humain, je ne sais pas où est le centre, le noyau de cet être humain, et je n'ai aucune raison de trancher entre les divers préjugés qui me le feraient situer dans la tête, dans le cœur, dans le corps ou dans l'« âme », quoi qu'on mette derrière ce mot.

Je n'ai pas d'autre choix que de le penser comme un tout et de penser que son identité, elle-même, forme un tout.

Transposé à la marque, il ne s'ensuit pas que ce tout soit indifférencié : au contraire, sa structure est bien précise, comme on le verra dans la deuxième partie.

Mais cela veut dire au moins une chose, c'est que rien n'oblige à adhérer à l'idéologie du « noyau identitaire », encore moins s'il se présente sous la forme du fameux « noyau dur » tant apprécié des milieux d'affaires. L'identité de marque n'est enclose dans aucun noyau dur. Soutenir le contraire, c'est laisser entrevoir un mode de pensée archaïque. « Le noyau dur d'une doctrine, dit Edgar Morin, dans son évidence et sa cohérence, se présente comme une rationalité absolue, mais en fait, cette rationalité est rationalisation. »[1]

---

1. Edgar Morin, *Pour sortir du XXe siècle*, Le Seuil, 1984.

Et j'ajouterai : rationalisme – lequel n'a, comme on sait, que peu à voir avec la raison.

Entre ordre et désordre, où situer l'identité de marque ?

Dans un vieil album de famille, il vous est peut-être arrivé de repérer un visage, et de le reconnaître sur plusieurs pages. D'abord une petite fille, debout près d'une chaise avec un cerceau et un costume marin. Quelqu'un a écrit sous la photo « Louise, été 1923 ». Puis une jeune femme le jour de son mariage, avec un tailleur aux épaules bien carrées, selon la mode des années 1940. Et ainsi de suite. Chaque fois, vous reconnaissez Louise. Elle n'a aucun signe particulier, comme dit l'état civil : pas de verrue au coin du menton, pas de dent de travers, rien de remarquable. Elle n'est ni laide ni belle, elle se transforme plus ou moins selon les années. Pourtant, pas de doute : malgré les changements de coiffure et de vêtements, c'est la même personne que l'on voit grandir, changer, vieillir au fil des pages, pendant soixante ou soixante-dix ans. On a beau ne rien savoir de sa vie, on voit bien que c'est elle, car on la reconnaît même quand il y a plusieurs autres personnes sur la photo.

Peut-on dire que la petite fille au cerceau et la vieille dame en noir à la silhouette alourdie sur la dernière photo, sont une seule et même personne – Louise, du début à la fin de sa vie ?

Évidemment oui, et évidemment non. On ne peut réfléchir au vivant qu'à l'aide de la pensée complexe, et la pensée complexe ne se laisse pas piéger par le binaire : elle sait qu'une chose et son contraire peuvent être vrais en même temps.

Si on considère la marque comme une personne, il faut donc accepter cette règle du jeu, et l'appliquer à l'identité.

Mais aussitôt, surgit une difficulté de taille : car une conséquence de ce constat de complexité est de réduire à peu de chose le dogme de la cohérence, si fortement ancré dans la logique de marque. Que faire si, d'un côté la cohérence paraît à ce point vitale pour la vie de la marque, tandis que de l'autre elle s'oppose aux contradictions inhérentes à la complexité du vivant ?

Là encore, quitter le dualisme. Le choix n'est pas entre l'ordre et le désordre, la cohérence et l'incohérence, la loi et l'anarchie : la complexité n'est pas l'opposé de la simplicité, elle comprend à la fois le simple et le complexe, le cohérent et l'incohérent, l'ordre et le désordre. Elle dit que les deux termes de toute opposition sont présents ensemble dans le vivant, qui se mutile ou se détruit lui-même chaque fois qu'il essaie de choisir l'un des deux à l'exclusion de l'autre.

Intuitivement, chacun sent bien qu'en effet la logique du vivant est contradictoire. Mais quand il s'agit d'en tirer des règles de fonctionnement pour mener ses affaires au quotidien, c'est une autre histoire.

Pourtant, ces règles existent.

N'en citons qu'une : on sait que pour la théorie de l'information, tout ce qui s'oppose au transfert correct d'un message X d'un point A à un point B s'appelle un « bruit ». Le colleur qui pose étourdiment à l'envers, tout le long d'un quai de métro, l'un des huit morceaux qui composent une affiche, rendant illisible le prix du hamburger « spécial Halloween » de QUICK, provoque un « bruit ». Ou le concepteur d'une autre affiche elle aussi prévue pour le métro, qui dispose le nom de la marque sur le bandeau inférieur, oubliant que le haut des sièges, tout le long du quai, le dissimulera, provoque également un « bruit ». Le marketing fait donc soigneusement la chasse au « bruit », fidèle en cela à Shannon dont l'objectif était d'éliminer tous les parasites susceptibles de brouiller un message, pour en réduire le coût de transmission.

Cependant, les théoriciens de la complexité ont une approche différente : pour eux, il n'y a pas le « bien » (absence de bruit = message correctement transmis, mécanique en bon état de fonctionnement) et le « mal » (bruit perturbateur = grain de sable dans le mécanisme). Le bruit peut devenir un « bien », acquérir du sens et de la valeur.

On peut citer les travaux et théories de plusieurs d'entre eux :

* la théorie de « l'ordre à partir du bruit » (*order from noise*) du biophysicien H. von Foerster, en 1959 ;

- celle de la « complexité par le bruit » du biologiste H. Atlan[1] ;

- le désordre « créateur d'ordre » de l'anthropologue G. Balandier[2] ;

- les « structures dissipatives » d'I. Prigogine, prix Nobel de chimie en 1977 pour sa contribution à la thermodynamique de non-équilibre.

La principale difficulté du marketing provient de sa tendance « innée » à préférer systématiquement l'ordre et à lutter contre le désordre, sans voir que les deux participent ensemble à la logique du vivant. Mais il est vrai que tout ce qui est complexe et incontrôlable l'angoisse. À l'inverse, tout ce qui est prévisible et stable le rassure. Cela le conduit à adopter une attitude assez raide et crispée face au schéma suivant :

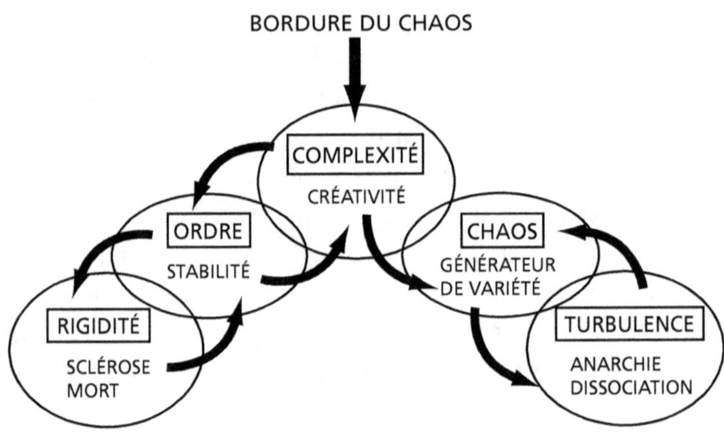

Figure 27

Source : J. de Rosnay, L'Homme symbiotique, *Le Seuil, 2000.*

Pour le moment, le marketing fait de son mieux pour stationner sur « Ordre », pense que l'innovation et la publicité sont seules autorisées à s'aventurer au milieu, et tend à fourrer « Chaos » et « Turbulence » dans le même sac, qu'il rebaptiserait volontiers « Enfer ».

---

1. H. Atlan, *Entre le cristal et la fumée, essai sur l'organisation du vivant*, Le Seuil, 1986.
2. G. Balandier, *Le Désordre*, Fayard, 1998.

Quant à l'identité de marque, la plupart de ses efforts visent à la situer à gauche, en tout cas sûrement pas au milieu. Pourtant, c'est bien dans cette zone médiane que se situent les systèmes vivants, « là, dans cette zone de transition particulière, en bordure du chaos, que la complexité [peut] naître, et les organisations, systèmes et réseaux croître et se développer. »[1]

C'est donc là que, pour ma part, je situerai l'identité de marque.

L'ARCHITECTURE DU VIVANT AU SECOURS DE L'IDENTITÉ DE MARQUE

Trois scientifiques venus d'horizons très différents peuvent nous aider à changer de perspective.

Le premier est A. Danchin. Il est directeur du département de biochimie et génétique moléculaire de l'Institut Pasteur. Mathématicien de formation, il participa au séminaire conduit par C. Lévi-Strauss en 1975 dont les communications ont été publiées sous le titre de *L'Identité*, que j'ai déjà eu l'occasion de citer.

En 1998, il fit paraître un ouvrage intitulé *La barque de Delphes*[2]. Le titre fait allusion à une énigme bien connue de la philosophie classique, une question posée à l'oracle de Delphes qui concerne directement la question de l'identité :

Si par exemple on considère une barque faite de planches ajustées, on peut se demander ce qui fait que la barque est barque. Cette question n'est pas un pur jeu de l'esprit, comme on le voit concrètement dans le fait qu'au fur et à mesure que le temps passe, certaines planches commencent à pourrir, ce qui force à les changer. Si bien qu'arrive un temps où il ne reste plus une seule planche originelle. La barque est alors semblable à celle qui a commencé à exister, mais sa nature matérielle n'est plus la même : est-ce donc bien la même barque ?

C'est la question que nous nous posions tout à l'heure, devant ce vieil album de famille : entre la petite fille au cerceau et la vieille dame de la dernière photo, est-ce bien la même Louise ?

---

1. J. de Rosnay, *L'Homme symbiotique*, Le Seuil, 2000.
2. A. Danchin, *La Barque de Delphes*, Odile Jacob, 1998.

Réponse : oui. Et c'est bien la même barque.

Pourquoi ? Parce que :

> **Ce** qui se conserve dans la barque de Delphes, c'est le plan de construction, réalisé sous la forme des diverses relations que les planches ont entre elles.

Autrement dit, examiner les planches ou savoir si elles sont en chêne ou en sapin ne sert pas à grand-chose : « C'est l'organisation des planches les unes par rapport aux autres qui fait que la barque est barque. » Il en va de même pour les organismes vivants, et c'est la raison pour laquelle « la biologie n'est pas tant une science des objets qu'une science des relations entre les objets. »

Si l'on cherche à transposer ce principe au marketing – et mille excuses à A. Danchin pour ce transfert non autorisé – on dira que les éléments du marketing-mix ne décrivent en rien le fonctionnement de la marque, mieux (ou pire) : plus on approfondit l'analyse de l'un d'entre eux, plus on s'éloigne des conditions requises pour comprendre ce fonctionnement. De même que la nature des planches (chêne ou pin) a peu d'importance pour le maintien de l'identité de la barque de Delphes, de même le contenu d'un produit (anti-radicaux libres ou vitamine C dans une crème hydratante ?) ou d'une communication (humour ou sérieux ?) n'est pas le plus important pour le maintien de l'identité d'une marque. Ce qui compte vraiment, c'est la structure des relations entre les éléments du marketing-mix, et celle des relations entre ce marketing-mix et les consommateurs.

Le deuxième scientifique que je vais évoquer à présent va dans le même sens. Il s'agit d'A. R. Damasio, neurologue mondialement connu et auteur de *L'Erreur de Descartes*[1], dont la lecture aiderait nombre de professionnels à changer leur vision de l'être humain, y compris à propos des questions d'identité. Dans son premier livre, il partait de l'étude d'un cas étonnant, celui de Phinéas Gage, victime en 1848 d'un accident de chantier au cours duquel une barre de fer d'un mètre dix et pesant six kilos lui a traversé le crâne. Phinéas, à la

---

1. A. R. Damasio, *L'Erreur de Descartes*, Odile Jacob, 1997.

surprise générale, survécut à l'accident. Deux mois plus tard, complètement rétabli malgré la perte de son œil gauche, il reprend son travail, mais c'est alors que l'on découvre, comme dit A. R. Damasio, que « Gage n'était plus Gage ». Son corps est resté vivant, mais quelqu'un d'autre l'habite, que ni ses collègues ni sa famille ne reconnaissent. Ce quelqu'un a conservé toutes ses facultés d'attention, de perception, de mémoire, de langage et d'intelligence : il semble donc posséder toute sa raison, et pourtant, son comportement devient si aberrant qu'il perd l'un après l'autre tous les emplois qu'il trouve, mène pendant une dizaine d'années une vie de plus en plus chaotique et finit par mourir d'une série de crises d'épilepsie à San Francisco en 1861.

D'autres cas similaires étudiés par A. R. Damasio mèneront celui-ci à une conclusion claire : contrairement à ce que sa formation lui avait laissé croire, « les émotions ne sont pas du tout des éléments perturbateurs pénétrant de façon inopportune dans la tour d'ivoire de la raison. » Pour reprendre la terminologie de la théorie de l'information, les émotions ne sont pas des « bruits » entravant le bon fonctionnement de la mécanique rationnelle : sans eux, elle tombe en panne. C'est ce qui était arrivé à Phinéas Gage. Autrement dit, pour qu'un être humain soit et reste ce qu'il est, il lui faut à la fois un corps (lieu des sensations et des émotions) et un esprit.

Quelle a donc été l'erreur de R. Descartes ? Elle tient tout entière dans la formule célèbre « Je pense, donc je suis », qui « a instauré une séparation catégorique entre le corps, fait de matière, doté de dimensions, mû par des mécanismes, d'un côté, et l'esprit, non matériel, sans dimensions et exempt de tout mécanisme, de l'autre. »

De nouveau (et avec les mêmes excuses que tout à l'heure), si l'on transpose cette coupure à la marque, on voit bien que l'identité a été résolument rangée par le marketing dans le second camp, celui de l'esprit – d'où la métaphore du cercle ou de la sphère protectrice d'un « noyau identitaire » composé de « valeurs », à l'image de la boîte crânienne renfermant la précieuse et intangible capacité à produire des idées, du savoir et de la raison.

Dans un second ouvrage, A. Damasio confirme et approfondit ses premières analyses, et à propos de l'identité, rejoint A. Danchin :

> **B**ien que les blocs de construction nécessaires à l'édification de nos organismes soient régulièrement remplacés, les plans architecturaux des différentes structures de nos organismes sont soigneusement maintenus. (…) Aucune composante ne reste la même très longtemps, et la plupart des cellules et des tissus qui constituent aujourd'hui notre corps ne sont pas les mêmes que ceux que nous avions lorsque nous sommes entrés à l'école. Ce qui reste le même, pour une bonne part, c'est le plan de construction de la structure de notre organisme.[1]

C'est ce qui lui fera répondre à F. Jacob qui définit son « noyau identitaire » par comparaison avec une statue intérieure : « Nous n'avons pas un Soi sculpté dans la pierre et, comme la pierre, résistant aux sévices du temps. »

Voici donc deux chercheurs en accord pour considérer que *l'identité d'un organisme vivant se définit par la structure des relations qui unissent leurs éléments, et non par ces éléments eux-mêmes*.

Maintenant, que dit le troisième ?

La même chose, mais en allant un peu plus loin dans la description de cette structure.

Il s'agit cette fois d'un professeur de pathologie à l'Université de Harvard, D. Ingber, dont à ma connaissance aucun ouvrage n'a encore été traduit en français, du moins à l'heure où ce livre-ci paraît. Mais au moins l'un de ses articles, publié dans *Scientific American*, a paru dans la version française de cette revue, *Pour la science*[2], sous le titre « L'architecture de la vie ».

Tout comme A. Damasio et A. Danchin, D. Ingber commence par rappeler que « la structure des diverses parties d'une machine complexe, cellule ou moteur à explosion, n'explique pas le fonctionnement du tout. »[3] conformément à la définition de tout système. Puis il s'intéresse, lui aussi, à ce qui relie ces diverses parties, à ce qu'il appelle leurs « règles d'assemblage ».

---

1. *Le Sentiment même de soi : Corps, Émotions, Conscience, op. cit.*
2. *Pour la science*, mars 1998.
3. Conformément à la définition de tout système.

Or il existerait un principe d'assemblage transversal et observable à toutes les échelles du vivant :

> J'ai découvert et étudié un aspect étonnant, mais apparemment fondamental, de l'auto-assemblage. Une large palette de systèmes naturels, atomes de carbone, molécules d'eau, protéines, virus, cellules, tissus, et même les êtres humains et les autres créatures vivantes, sont construits sur un même principe architectural, que nous désignerons par le néologisme de tenségrité. Ce terme caractérise la faculté d'un système à se stabiliser mécaniquement par le jeu des forces de tension et de compression qui s'y répartissent et s'y équilibrent.[1]

Lui aussi réaffirme que les éléments qui composent l'organisme se renouvellent constamment, et que « c'est la pérennité de leur architecture qui caractérise la vie. »

C'est le principe de tenségrité qui expliquerait la stabilisation des structures vivantes, et non l'existence d'un « noyau » dense et fixe. Quand il modélise une cellule soumise à la tenségrité, on voit d'ailleurs que le noyau n'y est pas représenté par une sphère pleine, mais par un petit assemblage de tiges à l'intérieur d'un plus grand assemblage, comme une petite cage à oiseaux à l'intérieur d'une plus grande, qui plus est une cage dont la forme serait mobile : le noyau – la petite cage – bouge et se déforme en même temps que la grande.

À noter que « la tension sur l'un des éléments est transmise à tous les autres éléments de la structure, y compris les plus éloignés », comme il est de règle dans la théorie des systèmes.

Que pouvons-nous en tirer pour la question de l'identité de marque ?

Qu'une fois de plus, elle repose moins sur l'existence d'un « noyau identitaire » dont il s'agirait d'élucider le « contenu », que sur une structure relationnelle.

Que cette structure se compose d'un réseau de liens (tiges, câbles ou tubulures) disposés « selon des motifs tels que spirales, pentagones ou formes triangulaires ». Et que c'est l'équilibre entre « liens en tension » et « liens en compression » qui assure la cohésion de l'ensemble, lui permettant même de se déformer sous l'effet d'une

---

1. *Pour la science*, mars 1998.

force appliquée en un point précis du réseau, sans pour autant se défaire ou se briser. Si « noyaux » ou plutôt « nœuds » il y a, ils se trouvent à la jonction des tiges ou des liens. Ainsi, c'est ce qui circule entre eux (et non ce qui se trouve en eux) qui détermine le maintien de la structure, et donc l'identité de l'ensemble. Rien à voir, décidément, avec le fort à la Vauban à quoi ressemble l'identité de marque telle qu'on se la représente habituellement

ॐ

Un jour, à la fin d'une conférence, une dame me demanda : « Mais pourquoi continuer à s'occuper des marques alors que c'est le client qui est au centre de tout le système ? »

Il y avait du mécontentement dans cette question, et pour cause : invitée à un salon du marketing relationnel, je n'avais entonné aucun hymne à sa gloire ; j'avais dû laisser percer mon impression d'avoir affaire au rhabillage technologique d'une bonne vieille technique commerciale, et non à une quelconque révolution (Cadbury faisait déjà du très bon marketing relationnel dans les années 1930, et il n'était sûrement pas le premier). Je ne me souviens pas de ce que j'ai répondu à cette dame, je me souviens seulement qu'elle continuait à hocher la tête d'un air désapprobateur.

Ma réponse, de toute façon, ne pouvait pas la satisfaire. Aucune réponse raisonnable ne peut satisfaire des gens pris à leur insu dans une forme quelconque de totalitarisme, et il n'y a pas plus totalitaires que les convertis de fraîche date à un nouveau catéchisme, qu'il soit politique, religieux ou professionnel. Catéchisme, oui : c'est bien à quoi me faisait alors penser le marketing relationnel rebaptisé CRM, avec ses prêtres, ses articles de foi et le zèle de ses nouveaux adeptes. Qu'il obtienne de bons résultats à certaines conditions, soit. Mais qu'on le présente tout à coup comme l'alpha et l'oméga de la vie des affaires, non.

La question initiale était pourtant révélatrice de toute sa démarche, et je la lui retourne : pourquoi, à l'heure des réseaux et d'Internet, vouloir à tout prix qu'il y ait quelque chose au centre, fût-ce un client ? Mais on dirait que le milieu des entreprises a du mal à se passer de la notion de centre. Il doit y avoir quelque chose « au milieu » du système, et si ce n'est pas l'entreprise, mieux vaut encore que ce soit le client plutôt que rien du tout. Le marketing, classique ou relationnel, raisonne sur le même modèle. Soit il installe le client au centre :

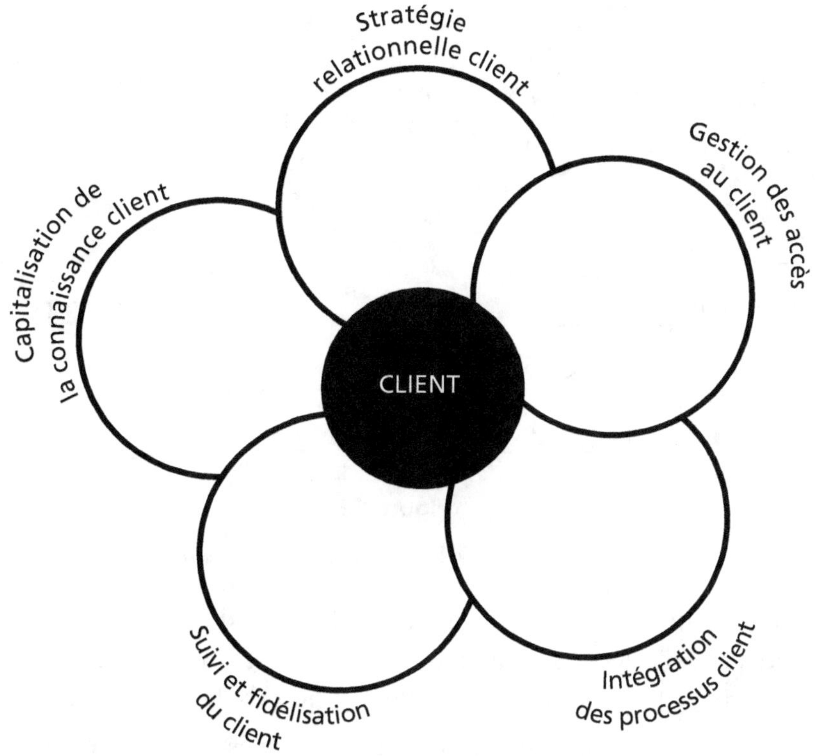

Figure 28

Source : P. Alard, D. Dirringer, La stratégie de relation client, *Dunod, 2000.*

Soit il installe la relation au milieu :

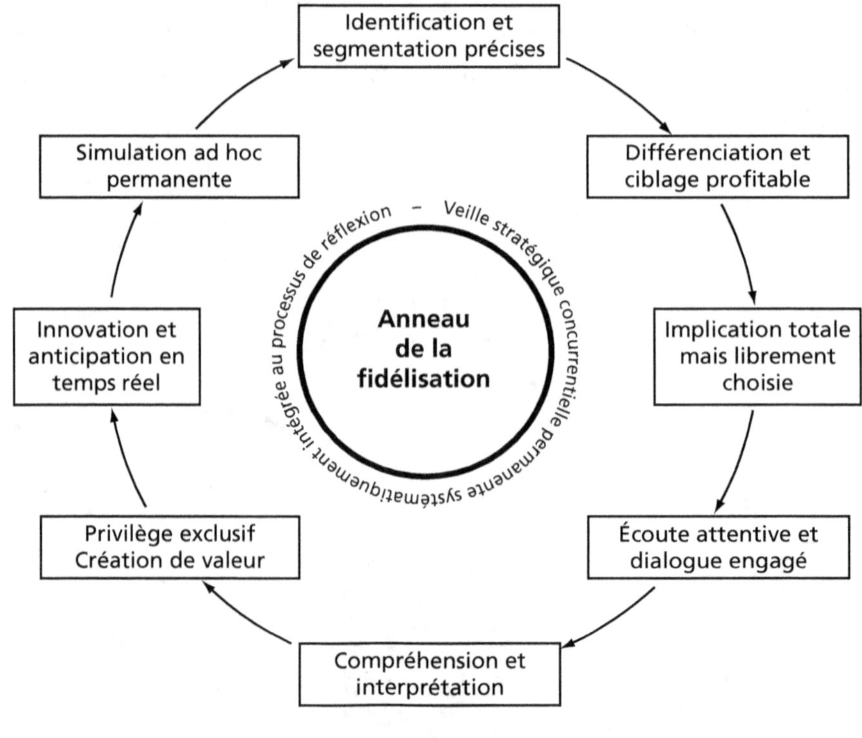

Figure 29

Source : J.-M. Lehu, La Fidélisation client, *Éditions d'Organisation, 1999.*

Naturellement, l'enjeu est la maîtrise du centre : une fois qu'on y a installé ce qu'il y a de plus important, reste à le conquérir, à se l'approprier. On est dans l'éternelle logique de la prise de pouvoir.

Or cette logique ne s'applique pas à un réseau. Sur quoi diriger l'offensive, quand il n'y a pas de centre ? On peut s'emparer d'un positionnement, on peut conquérir un territoire, mais pas un réseau. On ne peut pas non plus lui faire faire ou dire ce qu'on veut. Le réseau ne convient donc pas à l'idéologie de « la commande et du contrôle »[1] qui continue de dominer le monde des entreprises – mais il convient à leurs clients, aux consommateurs : donc il existe, tant et

---

1. N. Wiener : *Cybernetics or Control and Communication in the Animal and the Machine*, Cambridge, MIT Press, 1948.

si bien qu'il est devenu en quelques années l'emblème de la société de communication.

Ainsi, nous avons deux logiques en présence : l'une est centralisatrice, l'autre éclatée. La première a pris racine depuis des décennies au cœur d'une culture managériale hiérarchisée et volontariste, servie par ce que A. Ries et J. Trout ont excellemment appelé un marketing guerrier. Mais elle ne peut vivre et survivre que si l'autre camp (celui des consommateurs) y consent, et l'objectif de ce camp-là n'est nullement de faire perdre ou gagner l'autre : les deux camps ne jouent pas au même jeu. Le premier joue au ballon prisonnier, le second à la course au trésor. On se demande par quel miracle – ou quel malentendu – ils arrivent parfois à jouer ensemble.

Est-ce grâce, précisément, au marketing relationnel ? Celui-ci, comme son nom l'indique, n'est-il pas la preuve que le marketing a bien compris l'importance primordiale des relations qui lient les consommateurs à tel produit ou à telle marque.

On pourrait croire en effet que si c'est la relation qui prime, comme le veut la logique de la communication, alors le marketing « relationnel » y satisfait pleinement (et même mieux que des formes plus classiques de communication commerciale, comme la publicité).

Mais ce n'est pas tout à fait le cas.

Du point de vue des sciences de la communication, on ne peut pas regarder la relation comme un instrument de pouvoir, parce que la communication, comme son nom l'indique, est une mise en commun, et non une partie de bras de fer. Elle est de l'ordre du partage, de l'échange, du dialogue, et non de l'affrontement. Elle ne présuppose aucun centre à partir duquel s'exercerait une quelconque autorité. Elle n'installe pas un client roi à la place où régnait hier une marque souveraine. Si pouvoir il y a, il circule, il s'échange, il se diffracte, il change perpétuellement de camp et de forme. Il court à toute vitesse le long des mille et un filaments d'un réseau relié lui-même à des milliers d'autres.

Non, décidément, et si difficile que ce soit, il faut abandonner la pensée du centre, au moins dans la mesure où l'on souhaite adopter une « logique de la communication ».

Une méthode d'analyse

Chapitre 5

Le concept de la méthode de l'empreinte

C'était dans une jolie maison de la baie de Somme, un week-end de printemps où nous fêtions les 80 ans de mon beau-père. Dehors, il y avait un jardin plein de roses, un peu de soleil, deux chiens, et toute la famille qui s'amusait. Ma filleule Caroline, alors âgée de 8 ans, s'approcha timidement du bureau où j'étais plongée dans la lecture d'un gros livre, et me demanda :

– Qu'est-ce que tu fais ?

– Tu vois, je travaille.

– C'est quoi, ton travail ?

Légère hésitation. Comment expliquer mon métier à une petite fille ?

– Je réfléchis sur les marques.

J'avais beau essayer de faire simple, la réponse, manifestement, n'avait guère de sens pour elle. Je le vérifiais aussitôt :

– Tu sais ce que c'est, une marque ?

Elle se concentra une ou deux secondes puis me tendit le bras, et me dit :

– C'est ça.

Sur son avant-bras, il y avait une petite cicatrice. Je m'apprêtais à lui dire que non, ce n'était pas de ce genre de marques que je m'occupais, quand je réfléchis à mon tour. Pour qu'elle comprenne mieux, j'aurais pu lui citer COCA-COLA ou MCDONALD'S : on peut être sûr que tous les enfants les connaissent. Mais si je poussais plus loin l'interrogatoire, je sentais bien que j'allais commencer à compliquer les choses. MCDONALD'S, pour elle, c'était peut-être un restaurant où ses parents l'emmènent après le cinéma, ou un Big Mac et des frites, ou la fête pour l'anniversaire de sa meilleure amie. COCA-COLA, c'était peut-être ce qu'elle buvait avec une paille au Mc Do, ou un distributeur de canettes installé à l'entrée du supermarché, ou le nom marqué sur le plumier de sa voisine d'école. J'y renonçais, et lui répondis finalement :

– Tu as raison, c'est une marque.

Non pas que les enfants aient toujours raison, mais en l'occurrence, l'occasion m'était donnée d'appliquer un principe fondateur des sciences de la communication : si Caroline pense qu'une marque, c'est la petite trace qu'il y a sur son avant-bras, je dois partir de ce point de vue, et non du mien, pour entamer la discussion avec elle avec une chance de me faire comprendre. Sa perception des choses prévaut : elle a forcément raison, puisqu'elle ne peut pas voir les choses autrement que comme elle les voit.

Les enfants n'ont pas toujours raison, mais ils nous obligent quelquefois à revenir à l'essentiel. Et l'essentiel est bien dans la réponse de Caroline. Car si on va au fond de sa réponse, que trouve-t-on ?

D'abord, qu'une marque est une trace. Donc, elle raconte une histoire, connue ou inconnue, ancienne ou récente. Pour qu'il y ait trace, il faut que du temps – même bref – se soit écoulé. La dimension *temporelle* d'une marque est incontournable.

Ensuite, une trace est un signe lisible, il a une réalité matérielle. L'histoire qu'il raconte est peut-être immatérielle, mais une cicatrice sur la peau, une empreinte sur le sable, une encoche dans le bois, elles, sont bien concrètes. La dimension *physique* d'une marque est incontournable.

Enfin, cette trace se situe à un endroit bien particulier : si on la change de place, elle ne veut plus dire la même chose. Une cicatrice permet de reconnaître quelqu'un parce qu'elle est située à tel endroit, et non à tel autre. Si elle se trouve ailleurs que là où on l'a repérée, c'est qu'il s'agit de quelqu'un d'autre. La dimension *spatiale* d'une marque est incontournable.

Voici déjà trois dimensions à prendre en compte, trois composantes essentielles des marques, comme on le verra plus loin. Il y en a d'autres.

Caroline est ma filleule, je suis sa marraine. Mais force est d'ajouter que je suis la plus nulle des marraines – ce qui n'est pas sans incidences sur la suite du raisonnement.

Première incidence : dans la relation que j'ai avec elle, je ne respecte pas les *normes* en vigueur, je ne fais rien de ce qu'il faudrait faire pour être une « bonne » marraine. À mesure qu'elle grandit, elle s'en rend compte : elle a un parrain, elle a une sœur et des amies qui ont elles-mêmes des parrains et des marraines « comme il faut ». Il y a une règle du jeu implicite, elle la connaît, et je ne l'applique pas.

Deuxième incidence : à défaut d'être sa marraine, je suis la femme de son oncle Pierre. Mais elle ne voit pas souvent l'oncle Pierre, et à part lui, elle ne sait rien de moi. Ni où je suis née, ni où j'ai grandi, ni ce que j'aime, ni ce que je fais, ni comment je vis. Qui plus est, elle ignore tout ce que j'ai l'intention de faire demain, dans trois mois, ou l'année prochaine. Comme elle ne connaît pas mes intentions, mes envies, mes *projets*, elle ne peut se faire aucune idée de ce que je suis.

Troisième incidence : elle vit en Suisse, moi à Paris. Nous ne nous voyons que quelques heures par an, aux réunions de famille. La qualité de nos *relations* s'en ressent : elles sont affectueuses, mais superficielles, ténues et très espacées.

Quatrième incidence : je suis une adulte, elle est une enfant. Nos *positions* réciproques sont différentes. Même sans être sa marraine, j'ai vécu et je sais plus de choses qu'elle – ou mettons, des choses différentes. N'empêche que pour le moment, cela me donne divers avantages (ou divers fardeaux) : liberté, maturité, expérience, connaissances.

Je l'ai dit plus haut : les relations des marques avec les consommateurs ne sont pas identiques à celles qui s'établissent entre deux personnes. Aussi vais-je laisser Caroline retourner au jardin et retrouver son chien, sa sœur, ses cousins, sans pousser plus loin la comparaison.

Mais cette petite anecdote m'aura permis de passer en revue quatre autres composantes des marques. Une marque :

- se définit par rapport à certaines normes, explicites ou implicites, de son environnement ;

- propose et définit des projets ;

- met en regard deux positions ;

- se polarise autour d'un certain type de relations.

Quatre composantes, plus les trois premières évoquées plus haut : sept au total. Ce nombre a l'air magique, il pourrait donc paraître suspect, mais il n'y a rien, ici, de surnaturel, d'arbitraire ni même d'intuitif : la détermination de ces sept composantes résulte des travaux les plus récents en sciences des communications.

POURQUOI SEPT CONTEXTES ?

En 1956, parut un ouvrage intitulé *Le sept, nombre magique, plus ou moins deux : des limites de notre capacité à traiter l'information.* Il était l'œuvre de G. Miller, un psychologue qui se déclarait « persécuté par un nombre entier, qui m'a poursuivi pendant sept ans », et plus sérieusement démontrait que :

> La capacité de l'individu à distinguer de manière indiscutable des stimuli, à distinguer les phonèmes les uns des autres, à estimer correctement les nombres, et à se rappeler un certain nombre d'items discrets, semble subir un changement critique aux environs de sept items. En dessous de ce nombre, les individus peuvent facilement réaliser de telles tâches ; au-dessus, ils ont de fortes chances d'échouer.[1]

Peut-être ce phénomène, ayant reçu le sceau des sciences cognitives, justifie-t-il l'existence des sept « composantes », (terme que nous qualifierons désormais de façon plus appropriée de « contextes ») de

---

1. H. Gardner, *Histoire de la révolution cognitive*, Payot, 1993.

la communication ? Toujours est-il que, comme le rappelle A. Mucchielli : « La science des communications considère que toute situation est décomposable en une superposition de contextes. Elle définit, d'après un ensemble de travaux dus à de nombreux spécialistes, sept contextes fondamentaux. »

Les voici :

- le contexte physique et sensoriel ;

- le contexte spatial ;

- le contexte temporel ;

- le contexte des positionnements respectifs des acteurs ;

- le contexte relationnel social immédiat, relatif à la qualité de la relation entre les acteurs ;

- le contexte culturel de référence aux normes et règles collectivement partagées ;

- le contexte des identités des acteurs.

Si ces sept contextes sont pertinents dans toutes les situations de communication, alors ils valent aussi pour les marques, à quelques nuances ou simplifications près.

La première nuance concerne le mot « positionnement », qui a un sens plus ou moins précis en marketing. Pour ne pas créer de confusion, je choisirai donc plutôt de parler des *positions*. Comme il s'agit de désigner les places respectives occupées par différents interlocuteurs lors d'une action de communication, le mot « position » convient d'ailleurs très bien.

La deuxième consistera à raccourcir l'expression de « contexte relationnel immédiat, relatif à la qualité de la relation entre les acteurs » et à parler simplement de *relations*.

La troisième consistera de même à parler, en abrégé, des normes.

Enfin, on aura noté que A. Mucchielli parle d'un « contexte des identités », qu'il définit en évoquant « ce que l'on sait ou ce qui est affiché des intentions des acteurs en présence ». On voit que cette définition n'a pas grand-chose à voir avec le sens habituel du mot identité, qu'il est beaucoup plus restreint et qu'il désigne, en réalité, tout ce qui se rapproche d'un projet, d'une intention, ou bien « des valeurs, une vision, des enjeux. »

Il m'a paru difficile, ici, d'employer le même mot – en l'occurrence identité – pour signifier le tout et la partie. Dès lors que l'identité de marque, pour moi, est un concept global au même titre que l'identité tout court, le contexte des « identités » au sens restreint du terme devait changer de nom.

J'ai donc choisi de retenir l'un des mots qu'utilise A. Mucchielli pour parler de ce contexte spécifique : le mot *projets*, dans lequel je fais rentrer tous les autres, intentions, visions, enjeux, objectifs. Le lecteur me pardonnera, j'espère, cette approximation qui respecte l'esprit général du contexte des « identités » et me permet de réserver ce dernier mot à la notion plus générale d'identité de marque.

Modèle de A. Mucchielli	Proposition de l'auteur
le contexte physique et sensoriel →	le contexte physique
le contexte spatial →	idem
le contexte temporel →	idem
le contexte des positionnements respectifs des acteurs →	le contexte des positions
le contexte relationnel social immédiat relatif à la qualité de la relation entre les acteurs →	le contexte des relations
le contexte culturel de référence aux normes et règles collectivement partagées →	le contexte des normes
le contexte des identités des acteurs →	le contexte des projets

Schéma synthétique

Avant d'en venir à l'examen de chacun de ces contextes, quelques précisions.

UN RÉSEAU « NON CENTRÉ »

Pour échapper au centralisme qui représente les marques à partir d'un noyau, comme on l'a vu dans la première partie, il y a deux solutions : ou bien on décide qu'il n'y a pas de noyau du tout, ou bien qu'il y en a plusieurs. Comment trancher ? Peut-être en remontant un peu en arrière.

C'est en 1849 que le mot « réseau » s'est appliqué pour la première fois à un ensemble de voies de communication (ferroviaires, fluviales, routières). Si on veut se faire une idée de la façon dont on se représentait alors un réseau, il suffit de regarder la carte de France qu'on trouve encore aujourd'hui dans les trains, et qui représente le réseau de la SNCF. Tout part d'un centre – à vrai dire très décentré vers le haut, car situé à Paris – et rayonne autour de lui.

Aujourd'hui, l'image la plus répandue d'un réseau est celle de la toile d'araignée, grâce au Web. Il n'a plus de centre ; ou plutôt, il en a plusieurs, qui se déplacent en permanence, grossissent ou diminuent, se dissolvent et se recomposent. Et tous participent à la vie du réseau, dans une nébuleuse, dit P. Breton, qui est celle « du diffus, de l'éclaté, du non centré. »[1] C'est moins le réseau de la SNCF que celui de la RATP qui est devenu emblématique. La RATP a fait en effet le constat que « la ville aujourd'hui ne se définit plus par un centre et une banlieue, mais par plusieurs centres, et ses frontières sont devenues diffuses. Les urbains sont devenus nomades, chacun se définit par sa mobilité. La frontière géographique d'un individu, aujourd'hui, c'est lui-même. »

Il n'est pas possible d'entrer dans le troisième millénaire avec des représentations mentales datant du premier Empire, période à laquelle le Code Napoléon posa les bases d'une organisation administrative dont le réseau de la SNCF fut le fidèle reflet. Si nous en sommes à envisager une intelligence des réseaux[2], ce n'est certainement pas d'un réseau en étoile qu'il s'agit, mais bien d'un filet enveloppant la planète.

---

1. P. Breton, *Le Culte de l'Internet*, La Découverte, 2000.
2. D. de Kerckhove, *L'Intelligence des réseaux*, Odile Jacob, 2000.

Un filet peut se présenter sous diverses formes, de la plus simple (celle d'un hamac, ou d'un filet de pêche) à la plus compliquée. Demandez à votre grand-mère, spécialiste des dessous de verre au crochet : elle vous expliquera qu'il existe des dizaines de « points » utilisables, tous composant un motif différent, et tous combinables entre eux.

Chacun peut choisir son motif. Le mien, pour les raisons que j'ai dites, comporte sept « points » ou sept pôles. Ci-dessus, ils se présentent sous forme d'une liste de sept contextes, mais pour bien montrer qu'ils sont tous connectés entre eux, je les ai organisés non pas à la queue leu leu, mais en une figure géométrique à sept pôles, expliquée et représentée au chapitre 7.

Et si je préfère parler de pôles plutôt que de noyaux, c'est parce qu'un noyau est dur, fermé, stable et compact, alors que ces pôles ne le sont pas. Ce ne sont pas les nœuds bien serrés d'un filet de pêche. Ce sont des lieux ouverts et mobiles, des carrefours virtuels, des lieux d'échange et de passage, des points de concentration mais aussi de circulation. Un pôle n'a pas de contours précis, et cette imprécision convient à la logique d'un système vivant.

De plus, un pôle est un champ magnétique : il attire et déplace, il produit du mouvement, il est facteur de dynamisme. Cela aussi, c'est le propre du vivant.

DES INTITULÉS AU PLURIEL

On aura remarqué que les sept pôles de communication emploient volontiers le pluriel : à part les trois premiers, il est question de normes, de relations, de projets et de positions.

C'est que la palette des positions respectives que peuvent adopter deux interlocuteurs l'un par rapport à l'autre est immense, comme l'est le nombre de normes, le type de relations ou les projets, successifs ou concomitants, endossés par les parties prenantes d'un acte de communication.

Mais c'est une façon de prendre en compte deux caractéristiques :

* Les marques sont des systèmes complexes, irréductibles à un seul élément.

* Ces systèmes sont conjointement élaborés par des consommateurs d'une part, des entreprises d'autre part. Si disparates que soient les deux forces en présence, il en résulte au moins deux visions pour chaque contexte, et souvent davantage.

Le concept d'identité de marque s'écrit au singulier, mais se pense au pluriel. Au cours de son histoire, une marque peut adopter plusieurs identités successives. À l'instant T, elle peut en avoir plusieurs à la fois. La combinaison de ces différentes identités n'empêche nullement la marque d'avoir son existence propre, son autonomie et d'être parfaitement identifiable, tout comme le même individu peut être à la fois le même et différent à 25 ou à 50 ans, le même et un autre selon qu'il joue son rôle de père de famille, de militant politique, de chef comptable ou de trompettiste dans la fanfare municipale.

MANIPULER OU ACTIVER ?

La méthode de l'empreinte consiste à manipuler tour à tour un ou plusieurs des sept pôles de la communication. Il m'arrivera de dire indifféremment « manipuler » ou « activer » tel ou tel pôle.

Pour éviter tout malentendu à ce sujet, une précision : l'emploi du verbe « manipuler » est neutre, à mes yeux.

Croire le contraire et s'indigner, par exemple, de ce que le marketing ou la publicité « manipulent » à volonté les consommateurs, c'est à la fois leur faire trop d'honneur et tenir un raisonnement qui retarde de près de quarante ans sur l'évolution des comportements. C'est se situer encore à l'époque de V. Packard et de *La Persuasion clandestine* (1963), et se représenter la relation des marques et du public à l'image du grand méchant loup manœuvrant le pauvre petit Chaperon rouge.

Nous n'en sommes plus là. Il arrive encore au marketing de se risquer à quelque stratagème plus ou moins rudimentaire dans l'espoir inavoué de tromper le consommateur, ou de lui tendre un piège – et même, il lui arrive d'y réussir. Mais c'est de plus en plus rare, parce qu'il n'a plus affaire au même consommateur qu'il y a vingt ou trente ans. Celui d'aujourd'hui est infiniment moins naïf, plus compétent et plus opportuniste. Le marketing l'a lui même formé ou déformé, en tout cas mithridatisé : peut-on encore parler de manipulation, quand le public connaît tous les tours du magicien ? Cela ne l'empêche pas d'applaudir, et même de bon cœur, mais comme on admire en connaisseur le talent d'un artiste, et non par croyance en l'existence d'une quelconque magie. Le plus souvent, le tour auquel ils jouent le plus volontiers ensemble, c'est à malin, malin et demi. Les consommateurs manipulent les marques autant que les marques manipulent les consommateurs.

Sur ce chapitre, du reste, je m'en tiendrai à souligner la position de P. Watzlawick :

> **D**e nos jours, on frappe de condamnation, comme malhonnête, toute forme d'influence, et en particulier tout ce qu'on peut ranger sous le titre de "manipulation". On ne se contente pas d'attaquer les abus que l'on peut en faire – lesquels sont bien entendu toujours possibles – on s'en prend à la manipulation en tant que telle. Cette hostilité semble provenir de la croyance aveugle et utopique en la possibilité d'une coexistence humaine reposant sur une absence totale d'influence réciproque (...) Je me contenterai de rappeler ceci : on ne peut pas ne pas influencer. Il est donc absurde de se demander comment il serait possible d'éviter toute influence ou manipulation : il ne nous reste plus qu'à accepter la responsabilité inéluctable de décider pour nous-mêmes de quelle manière cette loi fondamentale de la communication humaine peut être suivie le plus humainement, le plus honnêtement et le plus efficacement possible.[1]

Position éminemment pragmatique, comme d'habitude, et où l'on retrouve une variante du désormais bien connu : « On ne peut pas ne pas communiquer. » Communiquer, c'est toujours essayer d'influencer autrui. Nous n'avons que le choix de le faire bien, ou de le faire mal – pas celui de ne pas le faire. Je parlerai donc sans états d'âme

---

1. P. Watzlawick, *Le Langage du changement*, Le Seuil, 1986.

de manipulation des sept pôles de la communication, à peu près comme on dit d'un laborantin qu'il manipule des éprouvettes, ou d'un chimiste qu'il manipule des symboles : au sens de manier, d'exercer une action.

Sept pôles, autant d'hologrammes

Chacun des sept pôles peut renvoyer à tous les autres : tous sont liés entre eux. Si la marque est un système, son fonctionnement est « hologrammique » : le plus petit élément de la marque contient toute la marque, dit quelque chose sur elle, et expédie le message dans toutes les directions en temps réel. Un sticker de deux centimètres de côté, collé sur l'enveloppe d'un mailing, peut à lui tout seul mettre en danger l'image et la relation d'une marque par ailleurs sérieuse, ancienne, sympathique, et bien persuadée que l'entretien de son fichier client est un enjeu capital pour sa survie. Mais imaginons que Mme Dubreuil, cliente depuis trente ans aux 3 Suisses, reçoive un jour un courrier. Nous sommes au mois de novembre, et pour une fois Mme Dubreuil n'a rien commandé depuis la rentrée, malgré quelques lettres lui offrant des cadeaux et des réductions sur le dernier catalogue. Sur la dernière de ces lettres, donc, Mme Dubreuil remarque la mention « - 25 % sur tout », ainsi qu'un petit sticker sur lequel est écrit : « Attention, sans nouvelles de vous suite à cette offre, je ne pourrai malheureusement pas vous offrir votre prochain catalogue ». Quoi, se dit Mme Dubreuil, cela fait trente ans que je leur commande des vêtements deux ou trois fois par an pour toute la famille, et sous prétexte que je ne leur ai rien acheté cette fois-ci, je n'ai pas droit au prochain catalogue ? Est-ce qu'ils pensent vraiment que je vais céder à un chantage ? Ou que je ne suis pas capable de m'acheter le catalogue, si j'en ai envie ? Ou qu'on peut me faire les gros yeux comme à une gamine à l'école ?

Mme Dubreuil est en colère. On ne sait pas jusqu'à quel point, et si cela l'empêchera de continuer à passer commande aux 3 Suisses. Mais quoi qu'il en soit, toute colère laisse des traces. Celle-ci est partie du pôle « Physique » (un petit sticker doré posé en diagonale sur l'enveloppe d'un mailing), est allée droit au pôle « Relations » (Je les aimais bien, ils me traitent mal), est passée par le pôle « Normes » (On ne parle pas sur ce ton à un bon client), a sauté vers le pôle « Temps » (Trente ans de fidélité pour rien ?), puis vers le pôle des « Positions » (Je ne suis pas une enfant qu'on menace d'une punition quand elle ne s'est pas comportée « comme il faut »), et celui des « Projets » (Si c'est comme ça, je ne commanderai plus rien du tout chez eux).

Bien entendu, on devine ce qui a conduit la marque à coller le sticker sur tous les courriers adressés en novembre à ceux de ses clients qui n'avaient encore rien commandé : un catalogue comme celui des 3 SUISSES coûte cher, et ce serait du gaspillage de l'envoyer à quelqu'un qui peut-être ne s'en servira pas. Mais cela, c'est le raisonnement de l'entreprise, et l'entreprise n'est pas la marque. Si les 3 SUISSES avaient continué sur la lancée de leur discours écologique, celui qu'ils tenaient quelques années plus tôt, il aurait été facile de rédiger le sticker à partir d'une position anti-gaspillage, ce qui lui aurait donné un sens différent. Mais, ce sticker révèle une stratégie purement, simplement et froidement commerciale. Résultat ? Mme Dubreuil se repositionne immédiatement comme consommatrice lambda – pire, maltraitée. Et cette consommatrice sort les crocs quand on cherche à la mettre en laisse. Incident mineur, dira-t-on. Mais multiplié par combien de clientes susceptibles de réagir comme Mme Dubreuil ?

L'identité de marque fonctionne en réseau autour de sept pôles, chacun d'entre eux relié à tous les autres, et la plus légère impulsion imprimée à l'un d'entre eux se transmet immanquablement, avec plus ou moins de force, à l'ensemble du réseau.

PAS DE COMMUNICATION HORS CONTEXTE

A. Mucchielli, dans plusieurs de ses ouvrages[1], rappelle utilement qu'il n'y a pas de communication hors contexte. Seuls les énoncés scientifiques – et encore, pas tous – peuvent se revendiquer *context*

---

1. Entre autres : *Théorie des processus de la communication*, Armand Colin, 1998 et *Théorie systémique de la communication*, Armand Colin, 1999.

free, c'est-à-dire détachés des conditions de leur énonciation : « 2 et 2 font quatre », ou « Tout corps plongé dans l'eau reçoit une poussée de bas en haut égale au poids du fluide déplacé. »

En sciences humaines, c'est le contraire : sans le contexte, un énoncé n'a pas de sens, qu'il soit aussi sophistiqué que la pensée de René Girard, ou aussi simple que la promesse « À demain soir ».

> *"Il pleut"* est incontestablement du français, et du français correct. Est-ce que cela veut dire quelque chose ? Oui, si je le prononce maintenant devant ma fenêtre, en m'adressant à quelqu'un à l'intérieur de la pièce. Autrement ce n'est qu'un exemple grammatical. Hors contexte, il n'y a pas d'énoncé signifiant.[1]

Dans l'univers des marques, on a beaucoup parlé du sens, récemment. Certains en ont même fait un mot d'ordre officiel, comme ce fut un temps celui de TF1. On a réclamé « du sens », on a réclamé « du contenu », avec parfois l'arrière-pensée que l'un comprenait l'autre, et que là où il y avait un contenu, il y avait forcément du sens.

Mais il ne suffit pas de mettre du sens dans un message pour qu'il s'y trouve, encore moins pour qu'il soit compris. Le sens d'une communication n'est pas détenu par celui qui l'émet, il n'est pas non plus dans le contenu du message : il naît (ou il ne naît pas) du contexte dans lequel le message parvient à son destinataire.

Voilà pourquoi l'examen des contextes est primordial : c'est de là que vient le sens – quand il vient.

Trois ronds de couleur sur fond blanc, chacun portant une lettre – un M, un deuxième M, et un A – en soi, cela n'a pas de sens. On peut bien sûr essayer de se convaincre qu'ils détiennent la capacité d'exprimer « le bonheur, parce que la rondeur est toujours synonyme de bonheur », bien qu'un peu de bon sens suffise à mettre en doute ce genre de propos (et la rondeur d'une assiette ? de la lune ? d'un CD ?). On peut se persuader qu'il fallait adopter ce logo-là et aucun autre « pour renforcer l'attractivité de notre enseigne, se démarquer de la concurrence en tranchant avec les éternels carrés des autres

---

1. S. Auroux, dans *Les Sciences de l'information et de la communication*, A. Mucchielli, Hachette, 2006.

assureurs, et se rapprocher de nos clients avec simplicité, sympathie et chaleur ». Pourquoi pas. Mais si le nouveau logo des Mutuelles du Mans acquiert un sens, il proviendra moins des trois ronds que d'un réseau d'actions dans lesquelles et desquelles il tirera sa signification : changement de nom, programme interne de formation, « tournée des popotes », annonces presse, affiches, films TV et spots radio, refonte des 1 300 points de vente, personnalité de l'assureur, etc. Sans parler de ce qui peut se passer dans l'actualité au moment où MMA se jette dans l'arène : actions de la concurrence, modifications réglementaires du secteur, faits divers, évolution de l'opinion publique, on en passe.

Voilà aussi pourquoi la plupart des tests que subissent les marques sont artificiels, difficiles à interpréter, et parfois complètement erronés : ils déconnectent l'objet de son contexte, le logo du produit, le produit du packaging, le packaging du linéaire, le linéaire de l'enseigne, l'enseigne de la rue ou du centre commercial. Mais pour le consommateur, un flacon d'épices Fauchon n'a pas le même sens (et donc pas le même goût) selon qu'on l'achète place de la Madeleine à Paris, ou dans une supérette G 20 à Besançon[1] comme ce fut le cas pendant une période de perturbations dont la marque a eu bien du mal à se remettre. Les tests en aveugle le prouvent *a contrario* : les perceptions changent, parfois du tout au tout, quand on détache artificiellement un produit de son nom de marque et de son contexte habituel de consommation.

Si donc le sens n'est ni donné par l'émetteur d'un message, ni détenu par un quelconque assemblage de mots, de formes ou d'images, mais construit par les contextes dans lesquels ce message prend place, c'est sur ces contextes qu'il faut agir pour que le sens émerge. Et il faut qu'il émerge, car le sens est la clé qui donne accès à l'esprit du consommateur. Ce à quoi il ne trouve pas de sens n'accède même pas à sa conscience.

Le meilleur moyen d'y accéder ? Faire en sorte que le tour de clé – autrement dit le sens – soit donné par le consommateur lui-même.

---

1. Comme ce fut le cas pendant une période de perturbations dont la marque a eu bien du mal à se remettre.

S'il a l'impression non seulement de l'avoir compris, mais découvert, il s'y attache irréversiblement.

On connaît les expériences dites à récompenses arbitraires, qui consistent à donner aux « sujets » (c'est le mot qu'emploie la psychologie pour désigner les gens qui se prêtent à une expérience, on voit qu'il n'est pas neutre) une liste de paires de nombres entre lesquels il n'y a aucun lien. L'expérimentateur leur demande de découvrir en quoi ces nombres sont appariés, et il a pour mission de répondre « vrai » ou « faux » d'abord très rarement, puis de plus en plus fréquemment.

Ceci mène le sujet à supposer qu'il a affaire à une expérience de tâtonnement ou d'essai/erreur, et qu'il ne peut donc que commencer par des convenances ou des non-convenances affirmées au hasard. D'abord, il se trompe à chaque fois, mais sa performance s'améliore progressivement, et le nombre de réponses « Vrai » de l'expérimentateur augmente. Le sujet arrive à une hypothèse qui, même si elle n'est pas tout à fait exacte, s'avère de plus en plus fiable.

Résultat : l'hypothèse devient certitude, le sujet l'adopte bientôt comme vérité d'évidence.

> Le sujet refuse d'y renoncer même après que l'expérimentateur lui ait dit que ses réponses étaient arbitraires. Certains sujets sont même convaincus d'avoir découvert une régularité dont l'expérimentateur était lui-même inconscient.[1]

Il se confirme donc bien que le sens n'est pas dans l'objet offert à l'observation, il est bel et bien construit par le raisonnement ou les perceptions de l'observateur. La « réalité », en soi, n'a pas de sens (une carte de crédit n'a pas de sens « en soi », et quelqu'un qui n'en aurait jamais vu pourrait tout aussi bien essayer de la manger, ou s'en servir pour boucher un trou, ou la pendre à son cou pour son effet décoratif). Qui plus est, ce sens est d'autant plus crédible et puissant qu'il a été « découvert » par l'observateur. Aucun message publicitaire n'a eu sur le mari de Mme Dubreuil, médecin à Lille, autant d'effet

---

1. P. Watzlawick (dir.), *L'Invention de la réalité, contributions au constructivisme*, Le Seuil, 1988.

que l'expérience de conduire une Smart pendant qu'on révisait sa Mercedes : il a constaté par lui-même qu'il était aussi rapide et plus facile de se déplacer en Smart qu'en Mercedes, et il préfère aujourd'hui « passer pour un Mickey », comme il dit, que de perdre des heures à chercher une place de stationnement. En semaine, désormais, sa Mercedes ne sort plus du garage.

Dès lors, les choses sont claires : puisque le sens est la clé d'accès à la conscience du consommateur (et de là permet d'accéder à l'intérêt, à l'attention, à la confiance, à l'agrément, voire à la fidélisation, c'est-à-dire à tous les critères d'efficacité des marques), et puisqu'il naît du contexte, il faut agir sur le contexte.

Chapitre 6

La méthode de l'empreinte : les 7 pôles

Tout ce que fait une marque est un acte de communication : la conception d'un produit, sa politique de prix et de distribution, la fiabilité de ses services, sa publicité, la tête de ses vendeurs, celle de ses clients, son logo, son histoire, les sacs, les étiquettes, la couleur de la moquette de ses boutiques, tout. La communication traverse la totalité du système Marque. Envisager les choses sous cet angle conduit à prendre du champ par rapport au marketing-mix. Celui-ci, en effet, se subdivise classiquement en quatre sections, et les marques font souvent de même :

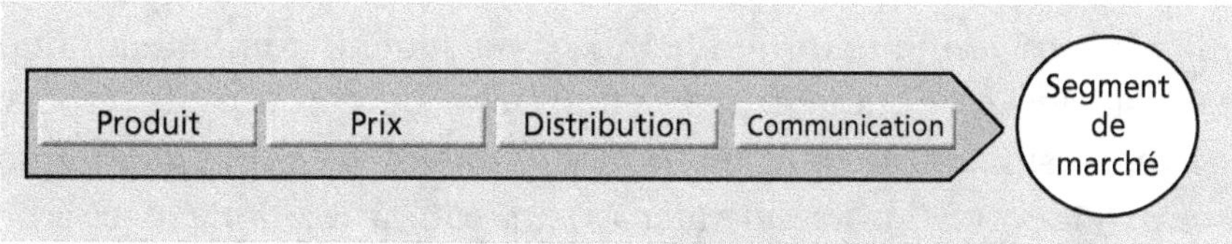

Figure 30 : Marketing, mode d'emploi

Source : G. Marion, Marketing, mode d'emploi, *Éditions d'Organisation, 2001.*

Dans ce schéma, la communication n'est qu'un maillon de la chaîne, le dernier : elle est complètement instrumentalisée.

Pour les sciences de la communication, qui cadrent beaucoup plus large, il n'y a pas d'instrumentalisation possible : tout est communication. Il n'y a pas non plus de « saucissonnage », aucun raisonnement linéaire, rien qui ressemble à une chaîne de montage. Appliqué aux marques, cela revient à distribuer ses composantes selon une tout autre logique : au lieu de les aligner à la queue leu leu, on les dissémine autour de sept pôles.

Ainsi le premier maillon de la chaîne, le « produit », peut se retrouver rattaché à plusieurs de ces sept pôles, correspondant aux sept contextes possibles pour une action de communication – et on rappelle qu'ici, la marque est globalement considérée comme telle.

Prenons une montre SWATCH : elle s'analyse à la fois en tant qu'objet doté de caractéristiques bien particulières, y compris son prix (contexte Physique), bien sûr aussi dans le contexte Temporel (et pas seulement parce que c'est une montre, mais parce que c'est une montre qui se renouvelle au fil des saisons, autrement dit qui s'inscrit elle-même dans le temps qu'elle mesure), dans celui des Normes (la marque doit son succès à un renversement des normes techniques) ainsi que dans celui des Relations (SWATCH a dédramatisé et démocratisé le port de la montre). Depuis qu'elle a ouvert des boutiques à la personnalité très affirmée, la marque travaille également le contexte spatial.

L'identité de la marque sera plus ou moins riche selon le nombre de pôles où elle opère, et non en fonction du temps passé à occuper année après année l'un d'entre eux. « Mellerio dit Meller » est peut-être la plus ancienne marque française, puisqu'elle remonte au début du XVIe siècle, et se transmettre le flambeau de père en fils depuis si longtemps est certainement un exploit, mais ce n'est pas pour autant créateur d'identité : hors du microcosme de la joaillerie parisienne, où il s'apparente plutôt à une griffe, « Mellerio dit Meller » n'est pas une marque.

Cet exemple est l'occasion de redire fortement qu'une marque ne se réduit pas à sa définition juridique. C'est une construction collective : il y faut la participation des deux partenaires, l'entreprise et les consommateurs au sens le plus large du terme, y compris ceux qui n'achètent pas la marque en question. Le seul critère qui permette de dire s'il y a marque ou non, c'est l'existence d'une identité, forte ou faible selon le nombre de pôles activés. On ne peut pas décréter unilatéralement qu'on est une marque, sauf pour des raisons de mobilisation interne. Ainsi, AIR FRANCE a un jour annoncé qu'elle réduisait de dix à sept le nombre de ses « marques », conservant Espace première, Affaires, Alizé, Tempo Challenge, Tempo, la Navette et Air France by. L'analyse révélerait probablement qu'aucune d'entre elles n'est considérée à l'extérieur de la compagnie comme une marque (sauf peut-être la Navette, et encore, seulement par les gens qui prennent souvent l'avion). Elles le deviendront le jour où chacune d'elles aura conquis son autonomie et pourra, en quelque sorte, voler de ses propres ailes au lieu de rester cachée sous celles de sa compagnie mère. BRITISH AIRWAYS dit bien, à l'inverse, que ce que les passagers lui achètent, c'est la marque BRITISH AIRWAYS, et non les « sous-marques » que sont des services comme Club World ou Euro Traveller.

Il ne s'agit donc pas d'élire l'un des contextes et d'en faire la plate-forme identitaire de la marque, en fonction d'un principe souvent mis en avant par le marketing, et qui voudrait qu'on choisisse un message, et un seul, pour avoir une chance d'émerger du brouhaha médiatique. Ce principe a du bon à l'intérieur du marketing-mix, quand on cherche à rationaliser les actions du quatrième maillon, celui de la communication commerciale : il évite par exemple la cacophonie et la dispersion des actions médias et hors médias.

Mais pour la logique de communication, la distinction média/hors-média n'a pas de sens : tout est un média. Le produit est un média, le prix est un média, le système de distribution aussi, et un porte-clés promotionnel l'est également, au même titre qu'un spot télévisé.

De même, il est vain de chercher à dire une seule et même chose, dans l'espoir de se faire mieux entendre. L'identité n'est pas une, elle est multiple. Évidemment, si elle est complètement éclatée, elle n'émerge pas : mais sa stabilité dépend moins du choix (d'ailleurs à peu près impossible) d'un seul pôle de communication, que du chemin régulièrement tracé par une marque entre plusieurs d'entre eux.

LE PÔLE PHYSIQUE

Pourquoi commencer par le pôle Physique ?

Parce qu'il correspond au corps de la marque, celui auquel nous accédons immédiatement par le truchement de nos cinq sens. On hésite à rappeler une telle évidence, mais sans eux, nous ne saurions rien du monde qui nous entoure, ni rien de nous-mêmes : nous n'existerions tout simplement pas.

Truisme ? Peut-être, mais quand toute une société se met soudain à basculer dans l'immatériel, il fait bon rappeler que c'est un fantasme.

Et ce fantasme est partout à l'œuvre, y compris dans l'univers des marques. Telle double page signée AUDI revendique « Moins de matière, plus d'idées » ou bien COMPAQ déclare que ce qu'il y a de plus important, ce n'est pas ce qu'il y a « sous le capot » de ses ordinateurs, mais dans la tête des gens.

Comme si l'esprit n'avait aucun support concret. Comme si, une fois de plus, il fallait procéder à une coupure entre l'esprit et la matière, et rejeter l'une quand on regarde l'autre. Comme si, après des décennies de matérialisme outrancier, il n'y avait pas d'autre choix que de courir tout droit en sens inverse, du côté d'un immatérialisme non moins outrancier.

Même si toute notre culture nous y pousse, même si la technologie nous y encourage, il faut refuser fermement toute coupure entre le corps et l'esprit. *L'Adieu au corps*[1] est une tentation forte, on le sait, mais il faut lui résister. Sans le corps, pas d'identité : il n'y a ni moyen ni raison de faire l'impasse sur cette évidence première.

Nos sociétés occidentales traversent une crise profonde : crise de sens, crise des valeurs. Et par conséquent, crise du sujet. Or, qu'est-ce qui aujourd'hui, nous identifie en premier lieu ? Notre corps. C'est la vieille intuition de É. Durkheim : le corps est le facteur de l'individuation. Dans une société individualiste, c'est le corps qui nous met au monde, qui nous permet d'être reconnu, à la différence des sociétés communautaires

---

1. D. Le Breton, *L'Adieu au corps*, Metailié, 1999.

traditionnelles, où les individus parlent d'un "nous autres", où chacun est plutôt identifié par son appartenance à une lignée, à un groupe d'âge, etc.[1]

Le pôle Physique de l'identité de marque n'est pas pour autant le plus important : aucun des sept pôles n'est plus important qu'un autre. Mais il est incontournable pour toutes les marques sans distinction, y compris pour les marques de service, y compris pour les marques Internet, qui jusqu'à preuve du contraire se matérialisent au moins *via* nos écrans. Certaines l'ont d'ailleurs bien compris, ainsi FEDEX :

> **N**os clients ont une relation symbiotique avec FEDEX : quand ils ouvrent leur PC, une des premières choses qui apparaît à l'écran, c'est FEDEX. Quand nous disons que nous avons avec eux une relation de proximité, ce n'est pas une métaphore. C'est devenu un cliché de parler de relation de proximité, parce que les gens n'y mettent rien de physique. Pour nous, c'est vraiment quelque chose de physique.[2]

Le corps de la marque

Qu'est-ce qu'on peut rassembler autour du pôle Physique ? Tout ce qui équivaut au corps de la marque, autrement dit tout objet, personne ou élément matériel qui porte son nom (à commencer par le nom lui-même), ou qui la représente, tout ce qui est saisissable ou mesurable matériellement, tout ce qui est perceptible par les cinq sens. Ce peut être par exemple :

- le produit, bien sûr, qu'il s'agisse de sa couleur, de sa forme, ou de sa matière

- son goût, son parfum, ses qualités tactiles ou auditives ;

- son nom ;

- son logo ;

- son code graphique ;

- son prix ;

---

1. D. Le Breton, in *Télérama*, novembre 2000.
2. *Brand Warriors, op. cit.*

- son packaging ;

- son emballage ;

- sa PLV ;

- son code publicitaire, quand il en a un (visuel et/ou auditif) ;

- son merchandising, si c'est une marque enseigne ou une enseigne ;

- sa mise en place (en magasin ou sur site Web) si c'est une marque de fabricant ;

- la voix de la personne qui répond au téléphone, pour un call center ;

- la personne qui traite le dossier (son physique, son uniforme, sa façon de parler, de répondre, etc.) pour une marque de service.

À mesure que la liste s'allonge (et elle peut s'allonger encore), on voit bien que ce qui se passe au pôle Physique n'est jamais strictement matériel : les glissements sont évidents vers les pôles Relations, Normes, Positions, comme on le verra plus loin, et ils sont non moins évidents avec les pôles Espace et Temps.

C'est bien la raison pour laquelle il faut à la fois distinguer et lier les sept pôles. Le premier, le pôle Physique, a tendance à être négligé ou même oublié depuis que T. Levitt a diagnostiqué une épidémie de *marketing myopia*[1] et attiré l'attention sur le fait qu'un consommateur à la recherche d'un paquet de clous achète en réalité non pas des clous, mais une solution à un problème précis (suspendre un tableau, par exemple). Non pas un objet, mais un bénéfice. Salutaire révélation, mais qui a mené à l'excès inverse et laissé croire que le produit, au fond, avait peu d'importance, ou en tout cas qu'il valait mieux mettre l'accent sur les avantages qu'il procure que sur ses qualités propres.

Coca-Cola, toujours en tête des meilleures marques mondiales[2], ne se laisse jamais aller trop longtemps à vendre de la jeunesse, de la

---

1. T. Levitt, « Marketing Myopia », *Harvard Business Review*, 1960.
2. Classement Interbrand 2006.

fraîcheur ou de l'américanité. Régulièrement, on entend ses responsables faire machine arrière et proclamer : « Nous vendons une boisson, pas du bonheur. »

Autrement dit, Coca-Cola revient au corps (et non au cœur, ou à l'esprit, ou à l'âme) de sa marque, que les consommateurs, eux, ne perdent jamais de vue. Interrogés sur l'identité de telle ou telle marque, ils répondent la plupart du temps de façon très concrète : c'est une boisson, du parfum, des cafetières, un journal, des bagages, du fromage.

La marque Innocent l'a si bien compris qu'elle a tout misé sur son unique ingrédient, le jus de fruit frais, et rien d'autre : ni additifs, ni conservateurs, ni sucres ajoutés. Ce seul argument, lisible sur les étiquettes, lui a valu d'être plébiscitée par les consommateurs britanniques et couverte de lauriers par la presse économique, le tout en moins de dix ans et sans publicité ou presque.

Aux yeux des consommateurs, par exemple, et bien que le gaz soit un produit invisible et léger, Butagaz a longtemps été une marque lourde et bleue, à l'image des bonbonnes de 16 kg toujours visibles dans certaines stations-service et sur les enseignes des revendeurs, à la campagne. Aigle, c'est une paire de bottes en caoutchouc, Timberland, une paire de *yellow boots*. Campbell, une boîte de soupe rouge et blanche. Burberry, c'est un trench-coat doublé d'un écossais reconnaissable entre tous. Michelin, des pneus, Levi's, un jean (spécialement le 501), Lacoste, un polo, Miele, des machines à laver. Starbucks, c'est à la fois du café et des cafés. St Dupont fabrique des briquets de luxe, et a beau tenter l'aventure de la marque globale (ne serait-ce que pour compenser la chute des ventes de briquets, liée aux campagnes antitabac), ses diversifications dans les stylos, les montres, la maroquinerie, le parfum ou le prêt-à-porter masculins ne parviennent pas à modifier la perception des consommateurs, pour qui St Dupont a toujours fabriqué et continue de produire des briquets de luxe. Le corps de la marque a une prégnance si forte que celle-ci en vient quelquefois à ne plus pouvoir s'en échapper.

Parfois même, elle en tire volontairement parti, comme d'un physique avantageux qu'il suffit de montrer sans aucune fioriture. C'est

McDonald's s'expliquant : « Nous faisons des hamburgers, et nous les faisons bien », ou des chaussures dont l'avantage tient en deux mots : « Géox respire », ou Apple quand la marque peut (provisoirement) affirmer : Mac Book Air, « le portable le plus fin du monde », ou encore Dyson, fidèle à son minimalisme en communication, qui annonce la sortie d'un nouveau modèle en déclarant sobrement : « Il fait le même travail que le grand modèle, mais il est un tiers plus léger. »

Ce corps peut se réduire à une *couleur* : ainsi, Bic est une marque Orange, et c'est aussi le cas de la banque ING, d'Hermès qui le revendique dans ses campagnes de publicité (« Rose indien, orange Hermès » au printemps 2008), et bien sûr de… Orange, l'opérateur téléphonique.

De même, Coca-Cola est rouge. IBM est Big Blue. Ricoré est jaune et rond, non seulement parce que c'est la couleur et la forme de son emballage, mais parce que la marque a une dimension solaire depuis qu'elle a pris l'initiative publicitaire, en 1981, de sortir le petit déjeuner de la cuisine où il se prenait traditionnellement pour le déplacer à l'extérieur, dans le jardin. Orangina est à la fois jaune et rouge. Rossignol a brouillé les pistes (de ski) en soutenant plusieurs années de suite la campagne dite « Yellow Power », avant de revenir à sa couleur rouge d'origine. Nivéa est rond et blanc sur fond bleu. Tiffany est un certain bleu turquoise, celui de ses boîtes, mais aussi le blanc-bleu de ses diamants, et l'argent de ses bijoux. Piper Heidseick est rouge depuis que la marque a choisi de s'immerger dans cette couleur « symbole de luxe, de passion, de joie de vivre, pour faire de Piper la marque de champagne la plus excitante ».

The Body Shop est vert, Fauchon est rose, Bombay Sapphire est bleu, Nespresso est noir et le chanteur Bono a même lancé une « marque » d'un nouveau genre, solidaire ou citoyenne, intitulée Red, dont les partenariats avec d'autres marques arborent la couleur pour signaler qu'un pourcentage des ventes sera reversé au Global Fund, qui aide à la lutte contre le sida en Afrique ; c'est le cas d'une des cartes American Express ou du modèle SLVR de Motorola. Red est également le nom d'un magazine anglais et celui d'une boisson énergétique (Red Bull), Pink le nom d'une chaîne de télévision française orientée vers les homosexuels, et quand nos journalistes sont en panne d'idées, ils évitent les répétitions et parlent de la banque « rouge et noire » pour évoquer la SOCIÉTÉ GÉNÉRALE.

Le corps de la marque peut s'identifier à une *matière* : le tissu du jean pour LEVI'S, le strass pour SWAROVSKI, le cuir pour HERMÈS, le cachemire pour PRINGLE, BALLANTYNE, ÉRIC BOMPARD, ou bien il peut se condenser autour d'une *forme*. Les massues dont se servait Lord Harmsworth, propriétaire de la source Perrier au début du XXe siècle, pour ses exercices de gymnastique, ont donné leur forme *stricto sensu* inimitable aux fameuses petites bouteilles vertes. Les bouteilles de COCA-COLA avaient initialement une forme inspirée des courbes de Mae West (tout comme celle de VIRGIN COLA, quelques décennies plus tard, sera censée évoquer celles de Pamela Anderson).

Ou encore, le corps de la marque a une *odeur*. GUERLAIN est l'un des parfumeurs les plus réputés du monde (le plus réputé, à ses propres yeux), parce que, dit-on, « c'est celui qui a ouvert le plus de voies olfactives, dans les orientaux avec Shalimar, dans la rose avec Nahema, dans le santal avec Samsara ». En tout cas, pour un nez un peu exercé, les parfums GUERLAIN se reconnaissent entre tous : la légende veut même qu'un ingrédient secret, à doses infinitésimales, leur confère cet « air de famille » qui en fait des parfums à part, très typés, à l'identité bien affirmée. On ne peut pas, pour cette raison, changer la composition d'un parfum et conserver son nom sans conséquences graves sur l'identité de la marque : LANVIN en a fait l'expérience en modifiant sans le dire la formule du légendaire Arpège. Et si ses mésaventures ont eu également d'autres causes, celle-ci, en touchant à l'un de ses traits identitaires les plus forts, y a certainement contribué pour une part non négligeable. Mais même sans être un grand parfumeur, il y a des marques qui se reconnaissent (ou se reconnaissaient) à leur odeur : ainsi celle de l'Ambre Solaire, unique, a longtemps été pour bon nombre de gens celle du soleil et des vacances.

Le *goût* lui aussi joue un rôle majeur dans l'identité de certaines marques. QUICK le proclame haut et fort : « Nous, c'est le goût. » STARBUCKS a d'abord fondé son identité sur une histoire de goût : c'est en initiant les Américains, amateurs de jus de chaussettes, à la subtilité et à la variété de différents arômes de cafés qu'H. Schultz a construit son empire. Krisprolls a fait de même avec ses petits pains grillés selon une méthode spéciale dite de « double cuisson ». Guinness doit une bonne partie de son identité au fait que c'est une bière brune, et que son goût est très particulier. Lavazza, de même, a commencé en créant pour la première fois un mélange spécial de grains de café de provenances variées, puis en le torréfiant jusqu'à ce qu'il acquière un goût particulier, reconnaissable et plus stable dans le temps que les cafés vendus en vrac au début du XXe siècle. Campari, Fernet-Branca ou Suze sont immédiatement identifiables par leur goût amer.

D'autres marques se reconnaissent à un *son* (qu'on songe au soin mis par Bang & Olufsen à régler le nombre de décibels déclenchés par les touches « Forward » ou « Stop » de ses magnétoscopes, ou au parti que Bouygues Telecom a su tirer du son numérique) ou au travail de la bande sonore, en publicité, soit pour des films (ce fut longtemps le cas de Dim, c'est toujours celui de la CNP avec la valse de Chostakovitch), soit pour des spots radio : Leclerc, par exemple, a choisi avec soin les voix de ses personnages, les mêmes depuis si longtemps que l'on reconnaît désormais sans se tromper le père, Philippe, sa femme, sa belle-mère et son copain Régis, le casse-pieds de service, même quand on les entend à la radio à l'improviste. De nombreux points de vente font désormais appel à des « designers sonores » chargés de renforcer l'identité de la marque à l'aide d'ambiances musicales bien spécifiques : c'est le travail de l'agence londonienne Sound Agency, par exemple, ou de l'américain Muzak[1], qui a bien changé depuis qu'il pourvoyait des centaines de magasins avec la même musique d'ascenseur. Aujourd'hui, Muzak conçoit le fond musical de Gap différemment de celui de McDonald's, et ce dernier, encore plus différemment de ce qu'on entend chez son concurrent Burger King, et son vice-président explique qu'il s'agit d'essayer de capturer

---

1. Firme américaine fondée en 1922, qui commercialisait initialement un système de diffusion musicale destiné aux usines, en vue d'améliorer la production. Ce système fut ensuite proposé à de nombreux magasins, restaurants, hôtels ou centres commerciaux, et le nom finit par désigner, de façon péjorative, un type de musique sirupeux (*soothing music*) parfois appelé, par dérision, « musique d'ameublement ».

« l'essence » de chaque marque, son « identité intangible », et même ses « valeurs ». STARBUCKS doit une partie de son succès au choix de la musique diffusée dans ses cafés, et ses CD sont en vente sur tous les comptoirs, à côté des muffins ou des mugs.

Il semble plus difficile de fonder même une partie de son identité sur le sens du *toucher*. On peut pourtant citer les efforts faits en ce sens par les parfums PACO RABANNE avec le packaging du parfum Ultra-Violet, une résine au toucher très particulier, ou bien le toucher peau d'ange, à la fois mat et satiné, des paquets de café JACQUES VABRE, une nouveauté souvent imitée par la suite. On peut citer aussi le travail de réhabilitation du sens du toucher – le moins sollicité par les marques, jusqu'à présent – par la marque VASELINE en Grande-Bretagne[1], ou ARIEL SENSITIVE, dont les campagnes de communication anglaises jouent sur le double sens de *gentle* (doux), avec des images où le paquet de lessive n'occupe qu'une très petite place, tout en bas de l'annonce, au profit du plaisir, pour les grands comme pour les petits, de se lover dans des textiles moelleux[2]. Et Steve Jobs n'a pas manqué de souligner, en lançant son IPHONE, jusqu'où ce nouveau téléphone poussait l'innovation : jusqu'à renouveler la plus simple des expériences tactiles. « Nous recevons tous, en naissant, un dispositif de pointage extrêmement efficace : nos doigts. L'IPHONE les utilise pour créer l'interface utilisateur la plus révolutionnaire depuis la souris. » De fait, ses utilisateurs éprouvent tous, au début, des sensations encore jamais ressenties lorsqu'ils tapaient sur le clavier de leurs précédents mobiles.

Certaines marques essaient de combiner plusieurs sens à la fois : ainsi HERMÈS a « dédié sa créativité, son talent d'artisan et son amour des objets de qualité à satisfaire le plaisir de trois des cinq sens : la vue, l'odorat et le toucher. Quand la mémoire et l'imaginaire nous livrent leurs rêves, il nous appartient de les réaliser par des réalités plus belles encore, perçues par les yeux, le nez et la peau. » Et il est exact que la couleur orange, les parfums HERMÈS et la qualité des cuirs employés contribuent grandement à « signer » la marque aux

---

1. *« Without touch, we can't connect. Without skin, we can't touch. »*
2. *« Is gentle something you touch, or something that touches you ? »*

yeux de ses habitués – les autres n'étant exposés qu'à la signature visuelle de la couleur, *via* certaines campagnes de publicité et les sacs, « siglés ».

Dans certains cas, le corps de la marque est un *geste* : Actimel s'est lancé en se présentant comme le « nouveau geste santé du matin ». Orangina s'est aussi doté d'une identité en ajoutant un geste (le secouement) aux autres signes particuliers qui composaient l'identité de la marque, à savoir le produit lui-même, sa bouteille et sa saga publicitaire.

Dans tous les cas, on observe que ce qui vient à l'esprit en premier lieu quand on interroge les gens sur telle ou telle marque, c'est un indice matériel : un objet, une forme, une couleur, un goût.

L'identité d'une marque passe d'abord par son corps.

Questions de noms

« Comme un bébé débute sa vie en société par le choix hautement symbolique d'un prénom, l'objet n'existe sur le marché qu'après avoir reçu une appellation propre qui lui donne son identité », dit P. Bessis, qui se définit comme « marquologue », autrement dit créateur de noms de marques.[1]

L'une des premières et des plus importantes composantes de l'identité, en effet, c'est le nom, au point que pour beaucoup de spécialistes, l'un équivaut à l'autre. Du coup, changer de nom, c'est changer d'identité, et *vice versa* – aussi ne s'y risque-t-on jamais sans appréhension, ni sans danger. Twix n'est pas Raider, ni M & M's, Treets, même si c'est exactement le même produit. « L'identité est la dernière chose que l'on change, dit le PDG de Nomen, société spécialisée dans la recherche de noms de marques. Alors que l'identité visuelle peut évoluer régulièrement sans entraîner de bouleversements notoires, le nom, lui, véhicule une valeur d'actif tellement précieuse qu'il faut une très forte motivation pour le passer par pertes et profits. »

---

1. M. et P. Bessis, *Name Appeal : Créez des noms qui marquent*, Village Mondial, 2001.

Du fait de la concentration qui touche tous les secteurs de l'industrie et des services, les changements de nom se sont multipliés, ces derniers temps. Les raisons des entreprises sont une chose – une autre, les conséquences sur l'identité de marque, qui dépend de l'acceptation du public, et de son interprétation du nouveau nom. Peu importent, de ce point de vue, les motifs et péripéties internes qui ont conduit la Société générale d'entreprises à se rebaptiser Vinci, ou Andersen Consulting à s'appeler Accenture, seul compte le sens qui en sera déduit ou non par leurs clients.

Et cela vaut mieux, car la plupart du temps, ces noms eux-mêmes n'ont pas de sens, quoique puissent raconter leurs responsables.

Rien, dans le nom de Vinci, n'indique qu'il s'agit d'un groupe européen spécialisé dans le BTP : *a priori*, on le verrait plutôt dans le secteur culturel. Les marques industrielles, peu habituées au contact avec le grand public, sont spécialistes de ces appellations ésotériques qui ont pour principal mérite d'adopter des noms plus courts et phonétiquement plus harmonieux que des sigles alignant des initiales. Mais en soi, Oseo, Dexia, Vivendi, ou Natexis ne veulent à peu près rien dire – sauf que leur choix ne s'est pas fait en fonction de ce que pouvait en penser le monde extérieur, mais seulement pour résoudre des dilemmes internes tels que ménager les susceptibilités des anciens ou nouveaux actionnaires, ou marquer le pouvoir de tel ou tel dirigeant.

Le lancement de Noos, ex-Lyonnaise Câble, fut également intéressant à observer. Ses dirigeants hésitèrent entre plusieurs explications, faute peut-être d'en avoir une seule, simple à comprendre. D'abord, ils renvoyèrent au sens du mot en grec ancien (non sans rester dans un certain flou, et sans mentionner l'usage qu'en fait P. Teilhard de Chardin). Ensuite, reconnaissant que plus personne ne parle ni ne comprend cette langue, ils soutinrent que « ce n'est pas la signification littérale, c'est la sonorité qui importe ». Mais cette sonorité n'étant *a priori* pas audible sur les affiches ou les écrans, ils ont dû préciser qu'il fallait dire « nouss », monosyllabe dépourvue de sens en français, et dont la capacité d'évocation sonore est des plus faibles, si même elle existe : affirmer que ce nom évoque « le savoir, l'intuition, le rêve, la chaleur, la fluidité, la simplicité » était parfaitement gratuit.

Qu'à cela ne tienne, il restait encore quelques tours dans le sac de Noos : le nom « évoque aussi ce qui est nouveau, comme *neu* en allemand et *new* en anglais », et même « à l'envers, ça donne *soon*, donc un futur proche ». Proche, mais sombre. La marque n'a pas résisté aux assauts de ses clients mécontents. En 2007, elle a définitivement renoncé à ses élucubrations sémantiques pour se rebaptiser modestement Numericable.

Mais même les marques en contact depuis longtemps avec le public tombent dans le travers des justifications tordues. La prime à Cacharel, qui au moment du lancement de son parfum masculin Nemo se lança dans des considérations rien moins que limpides : « Dans Nemo, il y a un M qui est un centre de magnétisme universel. Que l'on plonge, et l'on ressort de ce mot. En parallèle pour Noa[1], dans toutes les langues le N et le O sont liés à l'état d'esprit. De plus, Noa compte trois lettres, Nemo quatre, 3 + 4 = 7, c'est le yin et le yang. Ainsi, les deux parfums peuvent exister avec une logique d'ensemble. » On peut se demander si de telles considérations ont la moindre chance de contribuer à l'élaboration de l'identité de la marque.

Il faut beaucoup de temps pour se familiariser avec un nom qui, *a priori*, n'a pas de sens, ou qui peut en avoir un, mais sans rapport visible avec ce qu'il désigne : ainsi, quand Gap est arrivé en France, rares étaient ceux qui connaissaient son histoire et celle de son nom (une allusion au *gap* (fossé) des générations, phénomène de société gonflé par la vague hippie dont tout le monde parlait au moment de la création de la marque en Californie, en 1969). Rares également, ceux qui l'avaient vu prendre un virage à 180° au début des années 1980 – un autre *gap* (saut) – et afficher partout ses grands portraits en noir et blanc de personnalités qui marquèrent à l'époque l'histoire de la publicité américaine. Aucune des significations originelles du nom n'était perceptible, et en français, Gap ne veut rien dire. Heureusement, les lourds investissements consentis à l'arrivée en France ont permis d'associer tout de suite le nom de la marque avec un certain type de vêtements et de magasins, et de se rattacher par là à une partie de l'identité de la marque.

---

1. Autre parfum (féminin) de Cacharel.

LEGO n'a jamais eu d'autre signification (hors du Danemark, où le nom est une contraction de « *Leg Godt* » : Joue bien) que celle de jeu de construction à base de petites briques en plastique coloré. MIKO n'a aucun rapport avec les glaces : c'était le nom du chien d'un des associés de la famille Ortiz, fondatrice de la marque, et l'on a tout simplement trouvé qu'il « sonnait bien », tout comme cela avait été le cas pour KODAK. Il n'y a que Richard Branson pour savoir que VIRGIN a été initialement choisi pour symboliser son ignorance des règles en vigueur dans l'univers du business. Qui se doute que MELITTA, nom du leader des filtres à café qu'on croirait volontiers italien, est en fait le prénom de la grand-mère des actuels propriétaires allemands ? Qui, hors des pays anglophones, fait la relation entre NESTLÉ, le nid (en anglais, *nest*) symbole de la marque, et l'invention de la « farine lactée » pour bébés par H. Nestlé en 1866 ? Qui peut dire si SWATCH vient de la contraction de « *swiss watch* » ou de « *second watch* » ? Même chez SWATCH, on ne s'en souvient pas, et cela n'a plus aujourd'hui aucune importance.

Dans tous ces cas de figure, le sens acquis dans la pratique prend rapidement le pas sur le sens « inné », et les hasards de cette pratique le diffractent à l'infini : ici comme ailleurs, le volontarisme butte sur le réel. Le nom fait évidemment partie de l'identité de la marque, mais ce n'est la plupart du temps qu'un repère dont il faut aller chercher la portée ailleurs que dans les syllabes qui le composent.

Questions de détails

L'identité peut tenir à très peu de chose, à un détail qu'on aurait tort de croire infime : par exemple, les boutons-pression des gilets en coton PETIT-BATEAU, un signe identitaire fort car la marque était la seule à en équiper ses produits[1]. Ou bien, une légère modification typographique, mais lourde de sens : des lettres minuscules au lieu de majuscules. HEWLETT PACKARD et BRITISH PETROLEUM ont choisi toutes deux cette voie pour exprimer leur récent changement d'identité. HP et BP sont ainsi devenues « hp » et « bp », une façon de signi-

---

1. Ils ont été remplacés récemment par des boutons classiques, faciles à recoudre en cas de besoin, comme en proposaient déjà toutes les autres marques.

fier l'abandon d'une certaine forme de supériorité, devenue « politiquement incorrecte ».

Une simple ardoise d'écolier au-dessus d'un étal de fruits et légumes peut paraître purement décorative, mais chez Asda, en Grande-Bretagne, elle a participé à la nouvelle identité mise en place par la nouvelle équipe de direction arrivée aux commandes de cette chaîne de supermarchés populaires. Pour cette équipe en effet, le changement d'identité était primordial, et il passait aussi bien par des décisions stratégiques de fond que par certains détails. C'est ainsi que pour revenir aux « racines de l'identité de marque » en ramenant les prix au plus bas niveau possible, une politique drastique de réduction des coûts fut mise en place en amont, et signifiée en aval à l'aide de détails qui pouvaient paraître mineurs, mais qui évidemment ne l'étaient pas : ainsi, le simple fait d'écrire un prix à la craie sur une grande ardoise au-dessus du rayon des fruits et légumes était une façon de dire que le responsable du rayon cherchait (et trouvait) chaque jour dans la région le meilleur prix possible auprès des producteurs locaux.[1]

Détail encore, pensera-t-on, le passage du logo d'Apple de l'arc-en-ciel à une seule couleur, voire à pas de couleur du tout : après tout, la pomme reste identique. Steve Jobs, qui fut à l'origine du choix de l'arc-en-ciel et le défendit bec et ongles en dépit des coûts très supérieurs qu'il entraînait, est également, dit-on, à l'origine de sa suppression : il le trouve trop « daté ». Mais l'identité d'Apple tout entière s'en ressentira : l'abandon de ces couleurs fréquemment employées pour les écoles ou les chambres d'enfant n'est-elle pas une façon dire : j'ai grandi ? Le renoncement au symbole du pont entre le ciel et la terre qu'a toujours été l'arc-en-ciel, n'est-il pas une façon de suggérer : j'ai désormais les pieds sur terre, et non la tête dans les étoiles ?

Un détail aussi mince qu'un fil peut aider une marque à redéfinir une identité malmenée par quelques turbulences, comme on l'a vu avec Levi's. « Levi's Engineered Jeans se plie aux volontés du corps » n'était

---

1. *Brand Warriors, op. cit.*

pas seulement la signature d'une campagne de publicité, c'était d'abord la caractéristique d'un avatar du célèbre 501, décousu et reconstruit par ses consommateurs, et donc pourvu de coutures stretch pour mieux accompagner les mouvements de celui ou de celle qui le porte, ainsi que de poches arrières plus basses, pour pouvoir mettre les mains dedans, le tout taillé dans un tissu moins raide que la traditionnelle toile de jean.

Questions de design

Le corps de la marque produit au fil du temps tel ou tel signe particulier plus visible qu'un autre : ici un logo, là un produit, là encore une couleur, qui en viennent à incarner l'identité de marque sans que personne l'ait clairement voulu ni choisi.

Pour contrer de tels aléas, certaines marques font appel à une logique d'organisation des formes qui peut concerner tout ou partie de leur identité : conception du produit, conditionnement, packaging, PLV, etc. Cela peut aller, bien sûr, jusqu'à la conception du lieu où se trouve exprimée l'identité de marque, comme nous le verrons plus loin avec le pôle Spatial.

C'est au design qu'on demande ce genre d'intervention, et les meilleurs cabinets de design développent d'ailleurs des réflexions de plus en plus approfondies sur la logique de marque, débordant le cadre étroit de l'identité « purement », si on peut dire, visuelle : ils vendent tous aujourd'hui du *brand management*, et se sont même simplifiés la vie – générant au passage de nombreuses confusions dans le métier – en parlant carrément de *branding*.

Quoi de plus logique ? La forme, la couleur et la matière d'un objet sont les premiers éléments de différenciation qui sautent aux yeux, et ils sont tous porteurs de sens, mais pas de la façon dont on l'explique parfois à des lecteurs en manque de formules simples, voire simplistes – ainsi le microdictionnaire de la signification des couleurs et matières qui suit, trouvé dans la presse économique[1].

---

1. *L'Entreprise*, octobre 1998.

Rouge	=	passion
Bleu	=	détente
Blanc	=	propreté
Tissu	=	intimité
Pierre	=	solidité
Bois	=	chaleur
Fer	=	technicité

Rien n'est absolument faux, rien n'est non plus pertinent dans ce genre d'associations. On l'a dit, et il faut le redire : le sens n'est pas dans une couleur ou une matière en soi, mais dans leur relation avec le reste des éléments qui composent la marque ou le produit. Une couleur n'existe pas toute seule : elle a toujours une forme et une matière pour support. Et cette forme, cette matière n'existent pas « en l'air », elles existent au sein d'un ensemble d'objets, de sons, de mots, de gens. C'est cet ensemble qui fait sens, et pas la forme d'une poignée de porte, ou la couleur d'une moquette. Une ligne courbe, en soi, n'a pas beaucoup plus de sens qu'une ligne droite. Mais quand elle s'applique au dessin d'un phare de voiture, et quand cette voiture s'appelle JAGUAR, alors là, oui, elle prend un sens, celui que précise le designer G. Lawson : « Nous avons redonné des yeux à notre félin ». Des coutures croisées sur un sac à main, cela n'a pas non plus de sens en soi, mais si elles forment un motif matelassé, cela suffit à signer CHANEL, à tel point que si l'on retrouve le même motif sur les branches d'une paire de lunettes dont le logo est invisible, on l'attribuera à la même marque.

Le design joue évidemment un rôle essentiel dans la création ou dans la refonte des logos, qu'ils soient réduits au nom (YSL), ou accompagnés d'une image (l'étoile rouge de VIRGIN, le crocodile de LACOSTE), laquelle s'émancipe parfois jusqu'à dire, à elle seule, le nom de la marque, comme Bibendum chez MICHELIN. On est cependant là sur une frontière entre graphisme et design qui n'est pas toujours claire. Lequel des deux mots faut-il employer pour évoquer l'emblème de

LANCÔME, la rose ? Difficile à dire, mais le fait est que la rose est si bien liée à LANCÔME qu'elle a été réintroduite en 2008 dans ses communications après avoir été abandonnée quatre ans plus tôt. Conséquence logique de cet abandon : les consommatrices ne voyaient plus la différence entre les publicités de LANCÔME et celles de ses concurrents.

Mais dans le meilleur des cas, c'est de manière beaucoup plus large et globale que le design participe à l'identité de marque, et quelque-fois même la devance, ou en tient lieu – s'il est vrai que l'œil d'un consommateur perçoit la couleur à dix mètres, la forme à quatre mètres et la marque à… un mètre. Sur un linéaire, il identifiera ainsi la petite bouteille d'ACTIMEL, celle de PERRIER ou d'ABSOLUT, ou le col recourbé des flacons de CANARD WC, bien avant d'avoir pu lire le nom de la marque, au risque d'ailleurs de se faire duper par un imitateur indélicat.

PHILIPS est peut-être la marque qui est allée le plus loin dans son recours au design pour l'élaboration de son identité. « C'est une ques-tion d'authenticité, dit-elle. Une marque doit refléter de façon trans-parente les valeurs de l'entreprise qui est derrière elle, tout comme un individu doit agir en accord avec ce qu'on sait de lui. Nous cher-chons à anticiper les besoins du futur, et notre design le reflète déjà. » D'où l'association avec ALESSI pour la fabrication de plusieurs produits comme le mixer Billy ou la webcam Vesta Pro, qui ont nota-blement contribué à redéfinir l'identité de la marque. Et cela ne concerne pas seulement la conception des produits, mais celle de leur emballage, de leur mise en place en magasin, de leur publicité : tous les points de contact avec le consommateur sont concernés. « La technologie étant la même pour tous, c'est la forme qu'elle prend qui créée la différence », dit S. Marzano, directeur de PHILIPS DESIGN[1], qui emploie 450 personnes et travaille aussi bien pour sa maison mère que pour l'extérieur.

DYSON doit tout au design de l'aspirateur qui a rendu son créateur, James Dyson, célèbre et créateur malgré lui (il n'aime pas le mot)

---

1. Catalogue de l'exposition *Brand New*, Londres, Victoria & Albert museum, 2000.

d'une marque mondialement connue. Et ici, le design est à prendre au sens de l'alliance entre esthétique et fonctionnalité, à vrai dire, dans tous les sens du terme : du plus restreint, si l'on s'en tient à sa forme inhabituelle, au plus large, si l'on se souvient qu'au-delà d'un dessin, le design est d'abord un dessein, une idée, un projet. En l'occurrence, celui d'un ingénieur qui ne s'intéressait pas spécialement aux arts ménagers, mais qui passait quand même l'aspirateur chez lui et trouvait qu'il manquait de puissance. En cherchant les applications de la technologie dite « cyclonique », et après des milliers d'essais, il parvint à mettre au point le fameux aspirateur sans sac dont même la reine d'Angleterre connaît l'existence et les performances : il y en a des dizaines, paraît-il, à Buckingham Palace.

Sans aller jusqu'à révolutionner aussi radicalement un marché, sans produire d'innovation majeure, sans même toucher au produit, le design d'un packaging peut contribuer plus modestement à infléchir une identité de marque : quand JACQUES VABRE s'est relancé en mettant l'accent sur les terroirs d'origine de ses cafés, ce fut avec l'aide d'un emballage dont la forme, le motif et la texture évoquaient la toile de jute des grands sacs de café qu'utilisent les plantations. En 1999, PANZANI a lancé une nouvelle marque baptisée GIOVANNI PANZANI, et emballée non plus dans une boîte en carton rigide, mais dans un sachet de papier kraft, autrement dit : à l'ancienne. Même quand le produit reste identique, que le prix ne bouge pas, que la distribution est inchangée, même en l'absence d'innovation et de publicité, une intervention du design sur un emballage ou un présentoir peut infléchir une identité de marque. Il a suffi à TEISSEIRE de lancer des bidons de sirop aux formes galbées (et non plus simplement cylindriques, comme la concurrence) pour réaffirmer une identité propre et regagner des parts de marché. Et on ne compte plus les designers qui, comme Christian Lacroix avec EVIAN ou la SNCF, interviennent ponctuellement pour « rhabiller » un produit.

De même, le marché des produits d'entretien connaît depuis quelques années un regain d'animation. Les marques de fabricants devaient lutter contre la concurrence de plus en plus vive des marques de distributeurs. Elles y sont parvenues en recourant au design pour mettre un peu de couleur et de fantaisie dans un univers qui en était jusque-là bien dépourvu. Résultat ? SCOTCH-BRITE quitte son habit vert et devient rose vif, bleu turquoise, orange, et parfois même se pare de motifs, de rayures, de vagues ou de spirales. SPONTEX s'amuse avec le hérisson de sa publicité, qui laisse des traces de pattes sur les éponges. Les flacons de MIR VAISSELLE représentent d'amusants petits bonshommes, les Dégraiss' Boys, qui désormais changent de couleurs tous les ans et qu'on a moins envie de cacher sous l'évier.

En général, quand on parle de design, on pense aux produits : automobile, électroménager, cosmétiques, alimentaire. Mais il peut également participer à l'élaboration de l'identité de marque tout entière. C'est ainsi que le design scandinave, à lui tout seul, soutient plusieurs identités de marque, et non des moindres : ABSOLUT, IKEA, BANG & OLUFSEN. VOLVO, après avoir « enfanté des voitures carrées, comme taillées dans la masse », s'inspire désormais clairement de la tradition du design suédois et en particulier de son intemporalité, de sa fonctionnalité, de son souci du bien-être du client et du soin apporté au moindre détail. « Tout notre travail vise à créer une reconnaissance spontanée, voire inconsciente, de Volvo », dit le responsable du design. Nouveaux mots d'ordre : fluidité, dynamisme, sans oublier la dimension sécuritaire ni « quelques traits particuliers à la marque : large forme en V sculptée sur le capot, calandre généreuse, ligne latérale très marquée reliant le phare aux feux arrières, ces derniers étant juchés tout en haut de l'aile. » L'antithèse absolue, par parenthèse, du *new edge design* (le nouveau design angulaire) adopté par FORD, désormais propriétaire de VOLVO. Deux marques, deux designs, deux identités : la sagesse voudrait que chacun cultive son jardin…

Questions de prix

Que le prix fasse partie de l'identité de la marque est une évidence : l'un des premiers critères de définition d'une marque est son niveau de prix, et ce, non seulement dans les cas où on a affaire à une marque haut de gamme ou au contraire très abordable, mais même entre les deux, dans le milieu de gamme. Des consommatrices de même catégorie socioprofessionnelle diront par exemple de CAROLL ou de Minelli : « c'est cher » ou « c'est abordable » dans la première minute d'une interview non directive : le prix est pour elle un critère de définition essentiel, même quand les appréciations sur ce prix sont fluctuantes.

Cependant, c'est du côté des extrêmes que sont apparues, récemment, plusieurs identités de marques : soit on en a vu se développer dans la catégorie *low cost*, comme les compagnies aériennes Easyjet et Ryanair, les supermarchés ED ou LIDL, la chaîne de salons de coiffure Tchip, soit au contraire, elles ont émergé du côté du *high cost* : dans le transport aérien, c'est le cas des vols transatlantiques uniquement composés de « classes affaires », avec L'Avion, PrivatAir, MaxJet Airways. Au rayon boisson, c'est en se positionnant délibérément sur le haut de gamme (10 $ de plus qu'Absolut) que Grey Goose a réussi une percée inattendue pour une vodka qui n'avait rien d'anglo-saxon, ni de scandinave, ni de russe, puisqu'elle est fabriquée depuis à peine une dizaine d'années... à Cognac, en Charente. Même opération pour Swarovski, qui vend à prix d'or des perles de cristal synthétique (un verre riche en plomb qui imite le diamant, mieux connu sous le nom de strass) et les bijoux fantaisie qui en sont composés.

Sisley se veut « la plus sélective des 20 premières marques » de cosmétique sur le marché français. Elle a réussi à progresser en notoriété grâce à une crème de soin très chère, Sisleya, qui a bénéficié d'un très grand écho dans la presse : le prix fait indubitablement partie de son identité, au risque d'éclipser ses autres composantes. Un risque que n'a pas pris, aux États-Unis, La Prairie et sa célèbre ligne de soins au caviar : ses prix très élevés s'en trouvent automatiquement « justifiés ».

En 1997, au Club Med, la baisse des prix consécutive à la reprise en main par P. Bourguignon (en gros – 30 %) a modifié l'identité de la marque même aux yeux de ceux qui n'allaient pas au Club et qui n'ont donc pas pu vérifier par eux-mêmes s'il avait changé ou pas. Mais l'équation « prix bas = clientèle plus jeune » a forcément eu des incidences sur l'identité, comme elle en a eu sur l'image, sur le territoire et sur le positionnement de la marque.

Dix ans plus tard, manœuvre inverse : le CLUB MED se repositionne sur le haut de gamme, et les prix montent en flèche. De nouveau, ils participent à l'évolution de l'identité.

Cependant, un prix à lui tout seul ne crée pas d'identité durable, et encore moins spécifique, parce que les marques de grande consommation, même sélectives, sont toujours rattrapées par leurs concurrentes. SISLEY a été la première, en France, à proposer des crèmes de soin à 200 € ; aujourd'hui, une quinzaine au moins d'autres marques en font autant. Le CLUB MED continue d'augmenter ses tarifs, mais c'est au prix de modifications si profondes de son identité première que celle-ci se trouve progressivement gommée. Quel est désormais son avantage concurrentiel par rapport à des offres voisines, aussi chères et aussi luxueuses ?

LE PÔLE SPATIAL

La marque, c'est un morceau d'espace. En témoigne l'étymologie du mot français, qui d'après le linguiste Claude Hagège vient du germanique *markjan*, un terme issu d'un dialecte mosellan dont on trouverait encore des traces aujourd'hui dans la région de Thionville. *Markjan* signifie « territoire que l'on délimite et par lequel on s'identifie ». Inutile de s'appesantir sur l'usage que le marketing a fait de la notion même de territoire de marque : il confirme que par quelque bout qu'on prenne le sujet, soit par la branche latine qui aboutit à marque, soit par la branche anglo-saxonne qui conduit jusqu'à *brand*, on arrive à un carré de terre : celle qu'on cultive, ou celle où l'on parque le bétail.

Les marques ne *peuvent pas* communiquer en dehors d'un espace matériel. Celui-ci peut être aussi petit qu'un écran de téléphone portable, ou aussi grand qu'un parc d'attractions, comme c'est le cas chez DISNEYLAND. Il peut être étalé sur les panneaux d'affichage du monde entier, comme NIKE, ou réduit à la taille d'un distributeur automatique sur les quais d'une gare, d'un métro, ou caché derrière une façade aveugle de la 5e avenue en plein milieu de New York, comme ABERCROMBIE. Il peut avoir la superficie de la capitale (la RATP a pour récent mot d'ordre « Aimer la ville »), d'un tapis de livraison de bagages dans un aéroport (VIRGIN ATLANTIC), ou d'une place de parking (campagne Try K2r)[1]. Mais grand ou petit, visible ou invisible, réel ou imaginaire, l'espace est une dimension incontournable de toute communication, et celle des marques (qui, rappelons-le, inclut la totalité des signes émis par la marque même en l'absence de toute publicité) n'échappe pas à la règle.

Il y a plusieurs façons de travailler cette dimension spatiale de la marque :

- soit elle fait référence à un « ailleurs » réel ou imaginaire ;

- soit l'identité de la marque se situe « ici » et s'approprie un espace bien particulier ;

- soit elle tente une échappatoire.

AILLEURS

L'une des premières fonctions des marques, on le sait, c'est de garantir la provenance, de faire en sorte que devant tel objet que vous n'avez pas vu fabriquer, toute incertitude quant à sa qualité soit levée par la garantie de son lieu de naissance. D'ailleurs, longtemps avant qu'il y ait des marques au sens juridique que nous donnons aujourd'hui à ce terme, les meilleurs produits se réclamaient souvent d'une origine spécifique : la soie de Lyon, l'eau de Cologne, le vin de Tokay, le cuir de Russie, la porcelaine de Chine, la dentelle de Bruges, et ainsi de suite.

Les identités de marque ne procèdent pas différemment aujourd'hui, même si le système s'est considérablement sophistiqué, et l'espace, morcelé en fragments plus ou moins importants, et plus ou moins clairs.

L'alimentaire est peut-être le secteur – mais ce n'est pas le seul – où la revendication des origines fonde encore une bonne partie des identités de marque. Bien sûr, l'ancrage géographique (régional ou national) a d'autant plus de force que le pays ou la région concernés fonctionnent eux-mêmes comme des marques : OSSAU-IRATY s'adosse sans problème au Pays basque, QUÉZAC ou ROQUEFORT SOCIÉTÉ aux

---

1. *Guerilla Advertising*, Lawrence King Publishing, 2006.

Causses, ÉVIAN aux Alpes (bien qu'elle ne le dise plus, sauf dans son logo), VOLVIC à l'Auvergne, KANTERBRAU à l'Alsace, PUGET à la Provence, ou TIPIAK à la Bretagne.

Même chose au plan national ; certains pays sont des marques à part entière, et s'en servent plus ou moins habilement à des fins de communication touristique. Le Maroc est une marque, la Grèce également, le Japon ou l'Inde (voir la campagne *Incredible India ¡*). Mais, PORTO CRUZ a beaucoup fait aussi pour vanter les charmes d'un « pays où le noir est couleur », tout comme MARTINI pour l'Italie, dont la botte lui sert périodiquement de leitmotiv publicitaire. Les cosmétiques ST IVES signent toujours « Swiss formula », et la marque de produits capillaires AUSSIE[1], dans les pays anglo-saxons, est immédiatement repérée comme australienne (les non-initiés peuvent cependant aboutir à la même conclusion en observant le petit kangourou qui accompagne le logo et qui court, en relief, sur le col des flacons). OLD VIRGINIA porte son nom comme un drapeau du sud des États-Unis, et ajoute, pour qu'on ne s'y trompe pas « Roots of Bourbon ». HAVAÏNAS, à partir d'un produit on ne peut plus basique (de simples tongs en plastique), a réussi à se doter d'une identité de marque non pas hawaïenne, comme on pourrait le croire (c'est la signification du mot en portugais), mais brésilienne, et la revendique fièrement[2]. Quant à IKEA, son origine suédoise est visible partout : dans les couleurs du logo, dans le design et le nom des produits, dans l'assortiment alimentaire et jusque dans la philosophie de l'entreprise.

GUINNESS cultive son origine et son caractère irlandais. SAN PELLEGRINO revient périodiquement à ses origines et invite à « vivre en italien ». De même, « British Airways fait preuve à la fois d'orthodoxie et d'hérésie (un paradoxe très britannique) avec sa nouvelle identité visuelle : respect pour son héritage, mais aussi hardiesse dans l'élaboration d'un nouveau territoire. »[3] BURBERRY a récemment opéré un *come-back* spectaculaire en se renouvelant sans renier ses racines

---

1. En anglais, diminutif familier pour « australien ».
2. Slogan de sa campagne 2008 : « Happiness wasn't born in Brazil, it's a naturalized citizen ».
3. *Brand Warriors, op. cit.*

britanniques, savant mélange « de conformisme et d'extravagance, de romantisme et d'humour. » Et pour ne pas quitter Albion, pensons aux images qui accompagnaient cet avertissement : « Vous entrez sur les terres du CLAN CAMPBELL », ou la déclaration selon laquelle « Sur l'île de Skye, la mer frappe le TALISKAR de ses parfums iodés. »

Cependant, on peut se tromper sur l'identité d'un pays, et quand on y adosse une identité de marque, celle-ci perd alors un point d'appui : c'est ce qui est arrivé à BALLY, dont la stratégie de redéploiement reposait, entre autres, sur « la Suisse, pays d'origine de la marque, très forte en arts graphiques, en architecture et en design ». Ce n'est pas ici la véracité du constat qui est en cause, mais l'écart par rapport aux perceptions du public : pour lui, la Suisse, c'est d'abord des montagnes, Guillaume Tell et du chocolat. Montagnes de clichés, d'accord – et encore, on ne les cite pas tous – mais de deux choses l'une : ou l'on dispose du budget, du temps et des moyens nécessaires pour faire changer les mentalités collectives, ou bien il faut composer avec elles. Quand, de plus, un trait de caractère attribué à tort ou à raison à une identité nationale (pour la Suisse, par exemple, la lenteur) se trouve au cœur de l'image de la marque et de ses problèmes (BALLY s'était complètement endormie), les deux phénomènes se potentialisent. Avant de pouvoir s'appuyer sur sa tradition en matière de design industriel, il aurait fallu que BALLY travaille plusieurs années de suite pour l'office du tourisme suisse avant de pouvoir espérer que les alpages, le fendant et TOBLERONE cèdent la place à Le Corbusier dans l'imaginaire collectif.

Sans aller jusqu'à se tromper, on peut également préjuger de l'identité d'une contrée (ou faut-il dire d'un continent ?) comme l'Europe. NEW MAN a ainsi tenté d'imposer son territoire du voyage « européen » pour des raisons de stratégie (revendiquer son origine face à des concurrents américains comme GAP ou RALPH LAUREN) qui demeurent des raisons de principe tant que les Européens ne se définiront pas comme tels. Il est vrai que le marché du prêt-à-porter grouille, en bas, de marques de moins en moins chères et sans identité, tandis qu'en haut dominent les marques chères à identité forte : quand on est au milieu, mieux vaut regarder au-dessus qu'au-dessous de soi, et viser le haut de gamme, ce que fait NEW MAN. Mais choisir l'identité européenne, est-ce s'appuyer sur une identité forte, ou sur une espérance d'identité qui ne se réalisera peut-être que dans des décennies ? NEW MAN a dû sentir le danger, car ses dernières campagnes se sont repliées sur le territoire français.

Cependant, point n'est besoin de se réclamer d'un pays tout entier pour travailler le pôle Spatial : quelques mètres carrés peuvent suffire. HEWLETT PACKARD, longtemps hostile par principe à toute publicité, ne s'est décidé que tardivement à prendre la parole en tant que marque (et non en montrant ses produits). Quand il l'a fait, ce fut en revenant au lieu mythique de sa naissance, le fameux garage du 367, Addison Avenue à Palo Alto, d'où découle la non moins fameuse « HP way » : il figure sur l'une des annonces de la première grande campagne presse de 1999, accompagné de la mention « *The Rules of the Garage* ».

Mais la difficulté avec le pôle Spatial, c'est qu'« ailleurs » et « ici » sont toujours relatifs l'un à l'autre. Le Brésil, le Guatemala, la Colombie ou le Kenya peuvent être utilisés par JACQUES VABRE pour nous donner, à nous Français, une impression d'exotisme qui renforce la volonté identitaire de la marque (apparaître comme garant de la provenance des cafés) ; ils ne pourraient guère être utilisés pour vendre JACQUES VABRE sur place. À part les marques américaines, promptes à chanter « We are The World », les grandes marques nationales se vendent rarement aux autochtones en vantant les vertus de leur propre pays.

Ou alors, elles le font en revendiquant une spécificité régionale, comme autrefois les biscuits L'ALSACIENNE, et aujourd'hui L'OCCITANE ou LE PETIT MARSEILLAIS, ou encore, dans la presse écrite, le nombre de titres portant le nom d'une ville ou d'une région (rien qu'en France : *Les Dernières nouvelles d'Alsace, Nice Matin, Ouest France, Le Parisien, Paris Match…*).

Cet ailleurs peut indifféremment être réel (L'OCCITANE) ou imaginaire, il n'en rend pas moins de services aux marques qui l'utilisent. OBAO, aujourd'hui propriété de GARNIER, elle-même dans le giron du groupe L'ORÉAL, n'a jamais été une marque japonaise, mais s'est construite dès le début sur les représentations que l'Occident se fait du Japon, quitte à produire des contresens tels qu'un « bain moussant ».

Qu'importe ? On joue bien, ici, sur des *re*-présentations, et dans ces interstices chaque pays peut introduire des interprétations, plus ou moins fidèles, d'un ailleurs retaillé à ses propres mesures. Le fromage TARTARE, propriété du groupe BONGRAIN, ne s'est pas offert depuis longtemps le plaisir d'un retour aux sources de son nom (le fromage lui-même, une pâte à tartiner industrielle et donc pasteurisée, n'offrait guère d'aspérités à l'imagination), mais il l'a fait par le passé en s'entourant d'images évocatrices, avec un peu de bonne volonté, des steppes de l'Asie centrale et de la dure vie des cavaliers mongols.

Reste qu'il faut sans cesse intervertir des catégories de l'ici et de l'ailleurs dès qu'une marque prend une envergure internationale. Partie de New York, comme son nom l'indique, DKNY est devenue une marque américaine, mais conserve en Europe ou en Asie, où elle est diffusée, quelque chose de typiquement new-yorkais, impossible à confondre avec une marque d'origine texane ou californienne, par exemple. Dans « la Grande Pomme », elle est chez elle et peut donc se dire « d'ici » ; dès qu'elle en sort, elle vient d'ailleurs. Le champagne NICOLAS FEUILLATTE a tiré les conclusions de ce constat en signant ses campagnes « Épernay – New York – Ailleurs ».

Ici

C'est en général la distribution qui manipule le mieux le contexte spatial, qu'il s'agisse de la mise en place des marques sous la bannière d'une enseigne, ou de l'ouverture d'un magasin à l'enseigne de telle ou telle marque, cas de figure de plus en plus fréquent. L'endroit où se trouve une marque dit en effet beaucoup de choses sur elle : que l'on songe à ce qui s'est passé pour BADOIT. Initialement distribuée par les pharmacies, elle en est sortie un beau jour pour se retrouver dans les supermarchés. Changement corrélatif de son identité : d'eau curative, elle est devenue eau de table, puis eau de plaisir. Les supérettes PROXI le disent expressément : ce sont des magasins de proximité.

Même sans changer de localisation, l'espace parle : partout où la marque s'est installée le jour où elle est sortie d'Espagne, ZARA s'est tout de suite donné le statut de grande marque, alors que la plupart des femmes n'en avaient jamais entendu parler, en ouvrant de très grandes boutiques dans des artères prestigieuses.

Mais on peut aussi renoncer à s'offrir 1 000 m^2 sur les Champs-Élysées, pour ne pas quitter par exemple une adresse « historique », et manipuler l'espace qu'on y possède de façon à faire changer le discours de la marque : c'est à quoi servent l'aménagement intérieur des magasins et le merchandising. C'est ainsi que le réaménagement des boutiques AGNÈS B, sans se lancer dans rien de très révolutionnaire, a tout de même modifié un point sensible : les cabines d'essayage, jusque-là collectives, devenaient individuelles. Un détail, diriez-vous ? Pas tant que ça. Ici, l'identité de marque doit tout à celle de sa créatrice, qui n'a jamais caché ses opinions politiques. Passer d'un espace partagé à un espace privé, c'était d'une certaine façon dire adieu au « rive gauchisme » de ses débuts.

Cependant, la solution la plus fréquemment retenue aujourd'hui fait le bonheur des agents immobiliers : elle consiste, pour les marques, à ouvrir des enseignes à leur nom (quelquefois baptisées « Espace », comme le fit PIERRE CARDIN dès les années 1970), quitte à brouiller les pistes au point de faire surgir un nouvel hybride, la marque-enseigne. Distinction de spécialistes, car le consommateur, lui, parle indifféremment de marque, qu'il s'agisse de CARREFOUR, de NESTLÉ, de H&M ou de DIESEL.

Les exemples abondent, même en écartant ce que le consommateur appelle « les chaînes », notamment dans le prêt-à-porter, et qui sont de purs et simples lieux de vente, des magasins « à la chaîne », à peu près tous identiques car déclinés à partir du même concept. Dès qu'un espace de vente devient un espace de vie, c'est que l'espace est bel et bien devenu une dimension majeure de l'identité de marque. C'est ce que l'on a vu se développer avec le marketing de l'expérience[1] (souvent avec le renfort du marketing sensoriel), de plus en plus pratiqué aujourd'hui. Ici, il ne s'agit pas de design, de merchandising ou de décoration intérieure – en tout cas, pas seulement.

---

1. B. H. Schmitt, *Experiential marketing, Hox To Get Customers to Sense, Feel, Think, Act, Relate to your company and Brands*, Free Press, 1999.

Que NIVÉA ouvre à Hambourg une Nivéa Haus sur trois étages en plein centre-ville, avec salon de coiffure et de massage, institut de beauté, espace bien-être, à des prix très attractifs, c'est inhabituel, mais, somme toute, logique. Que des marques de lingerie habituellement vendues en grands magasins se mettent à ouvrir des boutiques à leur propre enseigne, comme ce fut récemment le cas en France avec AUBADE ou LEJABY, c'est certes une évolution importante pour elles, mais rien de comparable avec des expériences comme celle qu'a imaginée LG avec son « Wash Bar » né du croisement de deux espaces habituellement distincts, le café et la laverie automatique. À l'autre bout de la chaîne des prix, on a vu BACCARAT quitter les locaux de son vieux musée parisien pour ouvrir en grande pompe, et dans les beaux quartiers cette fois, une somptueuse « Maison Baccarat », à la fois *showroom*, musée, galerie d'art et restaurant. Entre les deux, le chocolat CÔTE D'OR a ouvert à Bruxelles une boutique éphémère à l'occasion de ses 125 ans. Outre les produits (certains exclusifs), on y trouvait non seulement un bar, mais toutes sortes d'objets et de notices qui pourraient faire penser à un petit musée du chocolat. Les premiers « Espaces » ouverts par NESPRESSO à Paris allaient dans le même sens (moins visible aujourd'hui sur les Champs-Élysées), avec des petits salons où l'on pouvait s'attarder à lire le journal du jour ou feuilleter l'un des livres de la bibliothèque, tout en dégustant l'un des cafés maison, et sans même avoir l'obligation d'en acheter à la sortie.

Il y a aussi la vogue des mégastores inaugurée par NIKETOWN, et les divers « espaces » (PAUL RICARD, à Paris), « terrasses » (MARTINI, toujours à Paris) et Fondations, comme celle de CARTIER, qui « fait partie intégrante de la marque » ou encore l'espace TOYOTA sur les Champs-Élysées, avec restaurant, bar, salon de détente, présentations de prototypes, bornes interactives, expositions, concerts, activités pour les enfants le mercredi après-midi, etc. Le but ? « Faire découvrir la marque à travers un autre univers que l'automobile, communiquer de la séduction, de la personnalité, donner au public de l'émotion, car l'automobile est un prolongement de son chez soi, l'expression de sa personnalité. »

L'Atelier RENAULT (qui remplace l'ancien Pub du même nom sur les Champs-Élysées) participe lui aussi à la redéfinition de l'identité de marque, en particulier en ce qui concerne la volonté de paraître innovant : « Les gens sont contents de leur Scénic, de leur Clio, de leur Laguna, mais la marque RENAULT est moins forte que ses modèles. L'Atelier n'est pas un espace de vente, mais une mise en scène de RENAULT qui a pour but d'" *upgrader"* la marque. Ça coûte moins cher que de lancer un nouveau modèle, et ça dure plus longtemps. »

Cependant, ouvrir une boutique à son nom ne suffit pas. Si l'identité de la marque n'y est pas transposée avec le plus grand soin, les critiques ne tardent pas, comme c'est arrivé pour JAGUAR. La presse peut s'empresser de pointer, par exemple que « les *afficionados* ne vont pas forcément retrouver le style cossu et racé de leur type E » et que « la lumière à vif, la loupe d'orme des tableaux de bord, un rien trop éclaircie et répandue à foison, et le bouchon de radiateur reproduit dans toutes les tailles y compris sur les chaussures (et en doré !) » sont d'un goût pour le moins discutable. La sanction en pareil cas, ne se fait pas attendre bien longtemps.

Nulle part/Partout

Il existe des marques qui essaient d'échapper à la loi de la localisation. Bien entendu, elles n'y parviennent qu'à coups d'artifices, mais leurs tentatives n'en sont pas moins intéressantes à observer.

C'est le cas, en particulier, des marques de l'univers du luxe, des cosmétiques ou du prêt-à-porter. Ainsi, on déclare chez CARTIER : « Au nom d'une seule et unique identité, nous mettons en place dans le monde entier les mêmes visuels publicitaires, le même type d'événements, les mêmes catalogues et les mêmes vitrines, qui changent en même temps dans tous les pays. » GUCCI, VUITTON, DIOR ou RALPH LAUREN pourraient tenir à peu près le même discours.

Même chose chez GAP : « Entré chez nous, un client ne doit pas savoir s'il est à New York, Paris ou Tokyo. » Une impression similaire peut être ressentie chez de nombreuses autres marques ou marques enseignes, on le sent bien dès qu'on voyage : que ce soit dans une ville anglaise, un aéroport texan, ou un centre commercial indonésien, partout l'on retrouve les mêmes boutiques, les mêmes décors, les mêmes produits, à d'infimes variantes près : THE BODY SHOP, IKEA,

Sephora, Benetton, Zara, font presque perdre le sens de l'orientation tant l'identité de la marque s'impose quel que soit le pays où l'on se trouve.

Et contrairement à ce que l'on pense, ce ne sont pas les géants comme Coca-Cola ou McDonald's qui imposent le plus fortement leur identité, mais plutôt les secteurs mode et cosmétique, du haut en bas de la gamme, à partir d'une certaine puissance.

McDonald's, par exemple, archétype du char d'assaut qui écrase tout sur son passage sans se soucier de ménager les susceptibilités locales, module au contraire son identité, et beaucoup plus profondément que Gap ou Vuitton : le M majuscule n'est pas toujours jaune, pas toujours planté en haut d'un mât, le décor n'est pas toujours en pur plastique bien criard, et le menu s'adapte à chacun des pays. Mac Do est peut-être « partout » mais certainement pas « nulle part » : rien ne lui tient plus à cœur, au contraire, que d'être à la fois « ici » et « ailleurs », américain *et* australien en Australie, chinois en Chine, turc en Turquie, indien en Inde, et ainsi de suite.

De façon différente, Starbucks a manipulé adroitement le pôle Spatial non pas façon McDonald's, mais en se posant comme un « troisième lieu » où le consommateur aime à faire une pause entre le bureau et la maison. Rien de bien neuf, diront les pays latins, inventeurs des bistrots et habitués à passer beaucoup de temps aux terrasses des cafés. Et d'ailleurs le fondateur de Starbucks, H. Schultz, ne fait pas mystère d'avoir rapporté son idée (du bon café + un endroit pour le déguster en paix) d'un séjour en Italie. Mais aux États-Unis, l'introduction de ce « troisième lieu » avait du sens et a parfaitement réussi à s'implanter.

Timberland s'est repositionné sur un « ailleurs » universel en adoptant comme nouvelle signature « Adventure Anywhere ». Aigle entreprend la même opération en cherchant à « réintroduire l'homme dans la nature », ce qui emmène la marque dans des paysages lointains, mais non identifiés, c'est-à-dire partout dans le monde. TBS déclare de son côté « Bienvenue sur la planète mer », astucieuse façon d'emmener la marque autour de la planète, mais nulle part en particulier.

HERMÈS a créé un espace bien à lui et qui n'existe nulle part ailleurs que dans son imaginaire de marque avec le parfum masculin « Terre d'HERMÈS », dont l'univers publicitaire – de vastes espaces impossibles à situer sur une carte géographique – n'est pas sans évoquer celui de son pendant féminin, « Eau des merveilles ».

La meilleure façon d'être à la fois partout et nulle part reste cependant le nomadisme, le déplacement, le voyage. Ce territoire mouvant a longtemps été celui de VUITTON, dont l'histoire de la publicité a retenu la longue période (20 ans) où la marque détenait « L'âme du voyage », signature apposée sous de magnifiques photos de paysages signées Jean Larivière. On a vu récemment réapparaître le même thème, mais avec une inversion significative : les voyages cédaient la place aux voyageurs, et à des voyageurs immobiles, assis dans une automobile (Gorbatchev), sur un quai de gare (Catherine Deneuve) ou dans une chambre (Keith Richards).

Cet arrêt du voyage, ce retrait vers l'espace personnel (et ici hautement personnalisé) doit correspondre à une tendance de fond des sociétés occidentales, car on le retrouve aux antipodes de l'univers du luxe, et dans une marque née en janvier 2004, sur Internet. Elle porte le nom du réseau communautaire le plus visité au monde, et s'il fallait la preuve que le Web n'a pas changé la règle du jeu des constructions identitaires, on la trouverait dans le recours à l'espace comme pivot de cette nouvelle marque. Son nom ? MYSPACE.

LE PÔLE TEMPOREL

Il n'y a de marque que dans le temps. La plus grosse campagne de publicité ne saurait accorder d'un seul coup le statut de marque à un nom jusque-là inconnu. Il n'a fallu que cinq ans à AMAZON.COM pour accéder au statut de grande marque – mais il a fallu cinq ans tout de même. Le temps – et le temps long – est une donnée incontournable de la vie des marques, n'en déplaise aux chefs d'entreprise toujours pressés d'emporter la victoire au pas de course, ou de réparer en quelques semaines les dégâts causés par des années d'incurie.

Il en va de même pour les marques Internet. Certaines nous paraissent déjà très solidement constituées, comme GOOGLE, eBay ou YAHOO! mais c'est oublier que nous sommes au tout début de leur aventure. Rien qu'en France, au début du XXe siècle, il y avait plus de 400 marques d'automobiles, dont la plupart pouvaient espérer un bel avenir. Il en reste trois aujourd'hui, dont deux appartiennent à la même entreprise. Tout laisse à penser qu'il en ira de même pour les marques Internet, à la seule différence que le tri se fera un peu plus rapidement.

Une autre raison pour laquelle le temps est une donnée incontournable des marques a été signalée précédemment : nous ne connaissons que ce que nous reconnaissons, ce que nous avons précédemment vu, perçu ou compris dans un passé proche ou lointain. Autrement dit, ce que nous ne reconnaissons pas n'a pas de sens. Nicolas Hayek, le fondateur et PDG de SWATCH, l'exprime clairement : « Ce qui n'est ni visible, ni reconnaissable, n'est pas porteur de message. »

Il y a quantité de façons de manipuler le pôle temporel. La manière la plus simple de s'y retrouver est de repérer :

- comment une marque joue avec le passé ;

- comment elle fait appel au futur ;

- comment elle traite le temps présent.

Ces trois catégories ne sont pas exclusives l'une de l'autre : certaines marques parviennent à les activer en même temps.

Manipuler le passé

Il n'y a pas d'identité sans mémoire : cette vérité reconnue par tous ceux qui travaillent sur les phénomènes mémoriels[1] s'applique également aux marques. La notoriété n'est pas autre chose que la mesure de cette mémoire, et c'est un bien si précieux qu'il entre pour une part considérable dans l'évaluation qui est faite du capital de marque par les cabinets d'audit financiers.

---

1. Voir J. Candau, *Mémoire et identité*, PUF, 1998.

En fait, « la mémoire précède la construction de l'identité[1] », et c'est pourquoi la plupart des bilans d'identité commencent par explorer le passé de la marque. Ce passé est à la fois celui de l'entreprise et celui des consommateurs : à la fois une somme de mémoires individuelles, et une mémoire collective. La façon dont ces deux mémoires fonctionnent et s'articulent est un sujet complexe qui mériterait à lui tout seul un ouvrage : comment se fait la contagion des idées[2] et des représentations ? De quelle façon les souvenirs sont-ils remaniés ? Pourquoi distinguer entre mémoire forte et mémoire faible, mémoire longue ou mémoire courte ? Qu'est-ce qui est vraiment mémorable ? Ce ne sont là que quelques-unes des questions à se poser avant de procéder à l'indispensable révision des méthodes de mesure de la mémorisation que devraient collectivement mettre en route annonceurs, agences et instituts d'études, s'ils cherchaient vraiment à rendre la communication des marques plus efficace.

De fait, même quand on arrive à la tête d'une marque avec la ferme intention de la faire évoluer, on ne peut pas faire table rase de son passé, qu'il soit prestigieux, contestable, ou les deux à la fois. Il faut faire avec l'identité de marque, de gré ou de force, et l'une des sources de cette identité est son histoire.

Généralement, on considère que cette histoire est une richesse et un atout dont on peut être fier. Les marques qui peuvent s'en prévaloir ne se privent pas de la célébrer (sauf chez FIAT, où le centenaire de la marque, en 1999, n'avait donné lieu à aucune festivité particulière « de peur d'avoir l'air trop vieux »), et les trente, cinquante ou à plus forte raison cent ans d'une marque sont toujours une bonne occasion d'activer le pôle Temporel. RENAULT, LU, MICHELIN ou la RATP ont ainsi publiquement soufflé leurs cent bougies, et ne s'en portent que mieux.

Même bénéfice pour ROGER & GALLET fêtant son bicentenaire en 2006 ou, la même année, VAN CLEEF & ARPELS, cent ans et trois nouvelles collections pour célébrer l'événement (mais toujours sur le thème de la nature, pour signifier la continuité). Année faste que 2006 : le jour-

---

1. *Mémoire et identité, op. cit.*
2. D. Sperber, *La Contagion des idées*, Odile Jacob, 1996.

nal *Les Échos* a pu recenser des dizaines de marques atteignant alors un âge digne d'être signalé dans un métier où le taux de mortalité infantile atteint huit marques sur dix, et donc bien décidées à en tirer parti, qu'elles aient tout juste 20 ans (DU PAREIL AU MÊME) ou dix fois plus (200 ans pour les tissus TOILES DE MAYENNE).

Lorsqu'il faut relancer une marque en sommeil, même chose : à l'instant où elle se réveille, elle se souvient de ce qu'elle a été. PATAU-GAS a ainsi célébré au cours de l'été 2000 sa propre résurrection sur les lieux mêmes où la marque était née, cinquante ans plus tôt. Le célèbre ballet nautique des bébés, lancé par ÉVIAN en 1998, était une façon de renouer avec le passé d'une marque longtemps présentée comme « l'eau des bébés ». Celle des biberons, bien sûr, devenue cinquante ans plus tard (pour les mêmes bébés, juste un peu plus vieux ?) « source de jeunesse pour votre corps. »

La double page consacrée par PEUGEOT au lancement de sa 207 CC allait dans le même sens : à gauche, sous la photo d'un modèle ancien, la mention « 1934 : PEUGEOT invente le coupé cabriolet ». À droite, sous celle du nouveau modèle : « 2007 : PEUGEOT réinvente le coupé cabriolet. »

Une autre façon d'utiliser le pôle Temporel est le retour aux origines de la marque, qui peut se faire en le disant – la bière 1664 a pour nom sa date de naissance – ou sans le dire. Il permit par exemple à PARIS MATCH de reprendre du poil de la bête en 1976, quand D. Fili-pacchi racheta le titre et en rendit la direction à son fondateur, R. Thérond, après une éclipse de huit années d'où le magazine était sorti à peu près exsangue. La formule initiale fut alors relancée avec succès, même si la télévision avait entre-temps bouleversé la donne médiatique. « Le succès est venu du retour aux sources : restaurer la photo, le reportage, le scoop, l'actualité, créer à nouveau la boîte à surprise PARIS MATCH », disait R. Thérond.

Même chose chez CADBURY, qui put revenir en 1986 à son métier d'origine, le chocolat, après une période de diversification alimen-taire due à la fusion avec SCHWEPPES, et inégalement réussie. LACOSTE remet périodiquement en avant son légendaire polo, par exemple pour contrer les effets pervers d'un détournement de la marque par des catégories de clientèle qui risquaient de la banaliser, voire de la dévaloriser.

Le problème est que le « retour aux racines » peut quelquefois produire un enfermement dont l'identité de marque pâtit plus qu'elle ne profite. C'est ainsi que LEVI'S, en fort déclin au début des années 1980, réussit à sortir de la crise en pratiquant ce fameux « retour aux racines » grâce à une forte politique de communication autour du 501 destinée à en faire la référence du marché. Quinze ans plus tard, nouvelle crise : les baby-boomers ne jurant que par le 501, leurs enfants, comme de juste, n'en voulaient pas. Mais à force de faire tourner la marque autour d'un seul et même pivot identitaire (le 501 représente la moitié de ses ventes mondiales), LEVI'S s'est privé de tout autre espace d'expression. Que le 501 trébuche, et toute la marque chancelle avec lui.

Le poids de la mémoire est si fort et participe si étroitement à l'identité que certaines marques n'hésitent pas à s'inventer le passé qu'elles n'ont jamais eu : ainsi TOD'S avec ses stars de cinéma d'avant l'invention des TOD'S, GÉRARD DAREL et son *trip* kennedien, CHEVIGNON s'inventant des ancêtres aviateurs. ABSOLUT n'a pas vraiment tort d'afficher « depuis 1879 » sur sa célèbre bouteille, mais c'est tout de même un tour de passe-passe : cette date de naissance est en réalité celle de la méthode de distillation à chaud importée de France par L. Ollson Smith, le négociant suédois dont ABSOLUT a fait son père adoptif lorsqu'il s'est agi de doter la marque d'un passé qu'elle n'avait pas. La bière ABBAYE DE LEFFE joue de même avec les dates en prétendant être née en 1240. Ce n'est pas faux (1240 est la date de la création de la brasserie, l'abbaye ayant été construite au siècle précédent), mais pour être exact, il faudrait y ajouter la longue série des dates de mort et de résurrection qui ont jalonné son histoire : inondations de 1466, destructions lors des invasions des Flandres par Charles le Téméraire, destructions lors de la Révolution française, puis lors des deux guerres mondiales qui ont ravagé le nord de l'Europe au xxe siècle. Et ne pas oublier non plus qu'il n'y a aucun rapport entre la bière brassée à l'abbaye de Leffe au Moyen Âge pour les besoins des moines et des pèlerins, et celle que fabrique actuellement, sous le même nom, le plus gros producteur mondial de bières (en volume), INTERBREW.

Le maintien des traditions est une autre façon de faire durer le passé : c'est ce que pratiquait JAGUAR en employant cent cinquante ébénistes pour tailler, poser et polir les planches de bord en ronce de noyer qui font intrinsèquement partie de l'identité de la marque, comme en font partie les formes rondes auxquelles JAGUAR est revenu après s'être aventuré vers des formes plus carrées, à la BMW.

On peut aussi faire durer ou rebondir le passé en le réactivant par allusion, soit par petites touches, comme la joaillerie DIOR posant plusieurs de ses bagues « Gourmettes » sur des chaises Louis XVI miniatures, grises et blanches, le tout sur fond de moquettes et de moulures, pour évoquer le décor classique de l'époque où la marque s'appelait CHRISTIAN DIOR. Mais, on peut aussi procéder de façon moins ponctuelle et beaucoup plus globale, comme le fit VOLKSWAGEN au moment du lancement de la New Beetle, qui marchait dans les pas de la mythique Coccinelle. Voiture des hippies et du *Flower Power*, élevée au statut de marque culte au point de devenir une star de cinéma (souvenons-nous de *Un amour de Coccinelle*, ou de *Harold et Maud*), la Coccinelle avait été la voiture la plus vendue au monde avant d'être relayée par la New Beetle. Que fit-on dire à celle-ci trente ans plus tard ? *Less Flower, More People*, en disposant les voitures comme les pétales d'une fleur. Façon de revigorer la mémoire de la marque tout en la réinscrivant dans un temps présent où le conducteur a désormais plus d'importance que son automobile. Et pour bien montrer à la fois le saut et le lien temporel, la New Beetle se présenta même en disant « Si vous avez perdu votre âme au cours des années 1980, voici un moyen de la récupérer. »

Mais l'exemple ci-dessus montre *a contrario* que durer pour durer n'est pas une fin en soi, et ne produit pas forcément d'effet positif sur l'identité de marque. Sur les pierres tombales du cimetière des marques, elles sont des centaines à arborer une date de naissance plus ou moins ancienne qui ne les a nullement empêchées de sombrer dans l'oubli. Pour une ABBAYE DE LEFFE, combien de brasseries ont sombré, combien de marques de fromage, de vin, ou de vêtement, bien plus récentes, ont disparu, ou sont retombées dans l'oubli ? Lalique et Daum, pour ne citer que deux marques de cristallerie françaises, ont beau avoir un passé prestigieux, rien ne dit que cela seul suffira à les maintenir en vie.

Manipuler le futur

Par définition, il est infiniment plus difficile de manipuler le futur que le passé : au passé, on peut faire dire beaucoup de choses. À l'avenir également, sauf qu'on court le risque soit d'être oublié, soit d'être démenti, soit encore d'être écarté de l'attention des consommateurs, plus intéressés par ce qu'on leur propose ici et maintenant que par ce qui leur arrivera ou non dans vingt ans.

C'est pourquoi il y a peu de marques qui évoquent l'avenir, sauf de façon vague et en quelque sorte sans engagement. Parfois, c'est simplement à l'occasion d'une campagne de publicité, comme la nouvelle Grand Cherokee de Jeep, qui prédisait : « Un jour, je trouverai l'Atlantide », ou bien « Un jour, vous trouverez les Cités d'Or ». Mais par définition, si cette campagne reste ponctuelle, elle n'inscrit pas durablement la marque dans le futur et ne concerne que le produit (en l'occurrence, la Grand Cherokee, non la Jeep). Il faut une signature destinée à durer au moins deux ou trois ans pour que la volonté de s'arrimer au futur fasse un véritable travail de fond sur l'identité de marque, comme EDF semble l'avoir amorcé avec « L'avenir est un choix de tous les jours ».

Alstom a adopté en 2006 une signature presque identique (« Le futur est notre quotidien »), qui prend d'autant plus de sens que la marque précise : « Alstom a livré à la RATP la première rame de tramway en septembre 2005, les rames de métro le seront fin 2010 ». France Telecom peut s'offrir une petite campagne *corporate* signée « Le futur et toutes les raisons d'y croire », la marque travaille ce thème depuis assez longtemps (qu'on se souvienne de « Bienvenuedanslavie.com ») pour qu'elle apparaisse légitime là où d'autres semblent aligner des mots creux.

Un peu plus précise, cette proposition de France Telecom qui consistait à promettre : « Nous allons vous faire aimer l'an 2000 ». Plus précise, mais au fond pas beaucoup plus engageante, car quel risque y avait-il à faire une telle promesse ? Aimer ou ne pas aimer l'an 2000 était un faux choix : à moins de se suicider, tout le monde est passé à l'an 2000.

Un cran de plus, et on commence à voir apparaître des anticipations plus claires et donc plus risquées, comme celles des montres Rado (« *Shaping the future* ») ou de Total : « Vous ne viendrez plus chez nous par hasard ». Un peu téméraire, mais pas complètement faux, grâce en particulier à un système de fidélisation très au point. Ou encore : « Vous ne choisirez plus entre le plaisir et la sécurité », pour la 406 Peugeot.

Enfin, il y a les déclarations radicales : chez Patek Philips, « Il n'y a jamais eu de montres à quartz, et il n'y en aura jamais ». Chez Jack Daniels, « On n'est pas près de changer, ni maintenant, ni jamais ». Chez SFR, on promet : « Vous n'avez pas fini d'être libre ».

Qui a dit « *Never say never* » ?

Manipuler le temps présent

Il arrive qu'une marque déclare sans ambages son appartenance au temps présent, comme le joaillier O. J. Perrin le fit à une époque en se déclarant « Résolument contemporain », sans doute pour se démarquer de ses confrères, tous ou presque, très soucieux de rappeler leur ancienneté. Ou bien on entend une question directe posée par Mono-prix (« On fait quoi pour vous aujourd'hui ? »), qui par ailleurs a ouvert depuis 2003 de petits magasins de proximité destinés aux courses alimentaires de dernière minute ou à de la restauration rapide, et dont le nom, Daily Monop', rebondit sur la signature de l'enseigne. Une autre enseigne alimentaire de proximité, 8 à Huit, jouait déjà sur le même principe, en utilisant ses heures d'ouverture journalières.

Mais la plupart du temps, le pôle du temps présent est activé de manière moins directe, quoique parfaitement claire.

Une première façon de jouer sur le temps présent est de surfer sur les vagues de l'actualité, comme le faisait Mr Propre en prenant appui, plusieurs fois dans l'année, sur des événements récurrents ou excep-tionnels (le Salon des arts ménagers, la fête des Mères, les Jeux olym-piques, Halloween, etc.).

On surfe parfois sur des vagues plus longues, des tendances de fond, et on intègre des thèmes de l'actualité sociale, des préoccupations d'ordre général. Lancer des produits spécifiquement destinés à lutter contre les effets du rayonnement solaire, même en dehors des périodes de vacances estivales est une façon, pour une marque, de s'inscrire dans le présent, comme l'ont fait Clinique avec la crème Cityblock ou Clarins avec UV Plus. Même raisonnement pour Ariel, qui prend en compte les alertes sur le réchauffement climatique et ses conséquences sur l'environnement en lançant une campagne d'incitation aux modifications des comportements ménagers, qui pourrait être celle d'une campagne collective des lessives puisque, au lieu de vanter les mérites d'Ariel, la marque conseille de ne plus prélaver le linge en machine, ou de ne pas le laver à plus de 30 °C.

La Vache qui Rit s'est fait une spécialité de ce petit jeu de saute-mouton : lancée à ses débuts comme un fromage très nourrissant, car riche en matières grasses, elle a régulièrement changé de discours jusqu'à devenir récemment, en version allégée, la *guest-star* d'un régime amincissant à la mode, connu en Europe sous le nom de « régime Miami », tandis qu'en Grande-Bretagne, on la voit se présenter comme une bonne source… d'Omega 3, histoire de ne laisser passer aucun train dans le cortège des marottes nutritionnelles. San Pellegrino a suivi la même piste, mais en opérant un virage plus brutal du côté du « naturellement *fooding* » après plusieurs années passées à revendiquer son identité italienne.

Une autre façon de s'inscrire dans le temps présent consiste à jouer sur la périodicité d'une marque, par exemple dans la presse, où l'on est forcément classé en « quotidien » (*Daily Mirror*), « hebdomadaire » (*Newsweek*) ou « mensuel » (*The Monthly Review*). Lorsque *Le Monde*, journal quotidien, s'est adjoint un mensuel, *Le Monde 2*, il s'agissait bien d'une « question de rapport au temps ». Son directeur de la rédaction, E. Plenel, explique, à l'époque :

La nouvelle formule du Monde, lancée en 1995, mélange les temporalités. À côté du suivi de l'information immédiate, nous nous attachons à présenter des enquêtes ou des regards croisés qui renvoient à un rythme d'hebdomadaire, voire de mensuel. Mais un quotidien, c'est éphémère.

> Il y a donc une richesse de textes qui reste dans le tamis du temps. L'idée
> du Monde 2 est de faire une collection du mois écoulé, qui soit une réfé-
> rence pour l'avenir.

Toujours dans la presse, le nom de la marque peut contenir une promesse temporelle que le magazine a tout intérêt à tenir, sans quoi il disparaît : on ne peut pas être une FEMME D'AUJOURD'HUI en perpétuant les habitudes des grands-mères d'autrefois. Le magazine n'y a pas pris garde, et a disparu. FEMME ACTUELLE s'inscrit par son titre même dans l'actualité, mais doit en permanence contourner l'obstacle de ses délais de fabrication pour se maintenir dans la course au temps réel. L'hebdomadaire NOTRE TEMPS se rapporte évidemment à l'époque actuelle, et rien n'indique sa spécificité, sauf peut-être l'écho d'une expression familière reprise ici collectivement (« De mon temps » précède souvent l'évocation d'un souvenir ancien ou une observation nostalgique). En effet, le magazine s'adresse aux seniors, mais à ceux d'une génération en train de disparaître, à laquelle il n'est pas dit que la suivante ait envie de ressembler – ce qui passe souvent par un changement de vocabulaire.

Toujours dans la presse, on peut aussi jouer sur le temps de lecture du journal (*20 MINUTES*), le moment de sa parution (*FRANCE SOIR, IL CORRIERE DELLA SERA*), la rapidité de diffusion de l'information (*L'EXPRESS*) ou la parfaite coïncidence entre le journal et son époque (le magazine *TIME*, le quotidien *THE NEW YORK TIMES*, ou *THE TIMES* en Grande-Bretagne).

Mais le jeu sur la périodicité ne concerne pas que les marques de presse : les « séries limitées » permettent de le pratiquer à peu près dans tous les secteurs, et pas seulement dans l'alimentaire où l'exemple du Beaujolais nouveau a donné des idées à certains (Bière de Mars, Gouda de Mai, etc.). Toute la politique de SWATCH repose sur la rotation rapide des collections dans un métier où elle n'existait pas auparavant. Les cosmétiques ont pris l'habitude de sortir eux aussi des « collections » de maquillage deux fois par an, comme les marques de mode. CHANEL, DIOR, GUCCI et HERMÈS éditent tous des produits « éphémères », phénomène qui n'est pas propre au luxe, ni réservé aux parfums ou aux cosmétiques, quand on voit le succès des alliances saisonnières de marques de très grande diffusion, comme H & M, avec un créateur venu parfois de la haute couture (KARL LAGERFELD), ou d'une tradition plus démocratique (MARIMEKKO, mythique marque finlandaise). YSL essaie par tous les moyens de sortir des turbulences provoquées par le retrait du créateur de la marque, en 2002, et notamment en jouant sur le pôle du temps présent, réduit à « 24 Heures ». Tel est le nom d'une collection constituée des vêtements « intemporels » de la marque, comme la saharienne, mais destinée à ne rester en boutiques que... 12 mois. On ignore à ce jour si cette initiative aura survécu au-delà de sa date de péremption annoncée.

Certaines marques interviennent encore plus directement sur le pôle temporel, par exemple en lançant un produit qui fait gagner du temps au consommateur, comme le fit LAVAZZA en Italie dans les années 1950 en commercialisant le premier café moulu. Même chose quand PANZANI lance ses pâtes à cuisson rapide (3 minutes) ou quand LUSTUCRU met au point une nouvelle méthode d'étuvage qui permet de réduire de moitié le temps de cuisson du riz (déjà ramené précédemment à 10 minutes au lieu des 20 ou 25 minutes que demande une cuisson traditionnelle), ce qui lui permet d'afficher la performance en gros caractères sur les paquets : « 5 minutes, cuisson express ».

Encore plus fort : QUECHUA, marque de l'enseigne DÉCATHLON spécialisée dans la randonnée, a marqué des points en lançant une tente dépliable en 2 secondes, comme son nom l'indique (2 Seconds), démonstration à l'appui par le biais d'un spot télévisé. CLARINS promet « une peau presque parfaite en moins d'une seconde », avec son Instant Smooth Perfecting Touch, dont la version française, pourtant identique, est mystérieusement plus lente à obtenir le même résultat, puisqu'elle porte le nom de Lisse Minute.

FEDEX a révolutionné le transport de marchandises avec son principe d'*overnight delivery*, travaillant le pôle Temporel dans deux de ses dimensions : le raccourcissement, et la ponctualité. MCDONALD'S a mis au point le *Made for you system*, censé réduire l'attente aux caisses. À son arrivée en France, AMAZON.FR a lancé un service de livraison en 24 heures, obligeant la FNAC.COM à faire de même. LA REDOUTE et les 3 SUISSES proposent aussi, depuis plusieurs années, des livraisons en

24 ou 48 heures grâce à des accords avec certains commerces de proximité au cœur des grandes villes. Grand Optical a changé la donne du marché de l'optique en devenant « l'opticien qui fabrique des lunettes en une heure ».

La bataille pour le gain de temps est désormais générale, et Internet est évidemment un outil précieux pour gagner cette bataille, non seulement grâce aux interfaces directes avec les consommateurs que sont les sites Web, mais aussi en amont. Ainsi, MMA (les Mutuelles du Mans Assurances) a commencé à mettre au point un programme d'expertise à distance : le garagiste filme la voiture accidentée avec une caméra numérique, envoie le document aux experts, qui, sans se déplacer, peuvent évaluer le coût des pièces, le temps de main-d'œuvre nécessaire à la réparation et lui renvoyer un devis. Le système fonctionne pour près de 50 % des dommages matériels, et permet d'économiser un temps considérable. Mais il peut arriver qu'une marque manipule le temps, au contraire, pour le ralentir, et en tire matière à conforter son identité. Voyez le raisonnement de Guinness :

> **O**n pourrait croire que plus personne, aujourd'hui, n'accepte d'attendre pour quoi que ce soit. Or une Guinness, ça se fait attendre : il faut le temps que la bière soit tirée et qu'elle se "tasse". Il y a des gens qui pensent qu'à l'époque du Pepsi Max, les jeunes veulent tout, tout de suite. Mais ils ont tort. Une des grandes qualités de Guinness, c'est l'expérience de boire une Guinness.[1]

Autre façon d'étirer le temps : au lieu de jouer l'obsolescence programmée, offrir un produit de si bonne qualité qu'il dure nettement plus longtemps que les produits de la concurrence. Mieux : quand ce produit commence à s'user, proposer de le réparer au lieu de le jeter pour le remplacer par un neuf. C'est ce que fait Méphisto, marque connue pour la qualité, le confort et la durée de ses chaussures, à qui l'on peut les confier pour réparation même quinze ans après les avoir achetées.

On peut encore opter pour une troisième solution, qui ne consiste ni à raccourcir, ni à étirer le temps mais en quelque sorte à le

---

1. *Brand Warriors, op. cit.*

compacter : la SNCF a décidé de développer la marque TGV lorsqu'elle a découvert que ce train était capable d'incarner à la fois du temps quantitatif et du temps qualitatif : on va plus vite, et le temps du voyage devient un temps de vie et non un temps de contraintes, puisqu'on est libre de lire, de jouer aux cartes, de remplir une grille de mots croisés, de travailler, ou de ne rien faire. Ce qui permet de dire : « TGV, prenez le temps d'aller vite ».

Enfin, il y a la solution de créer son propre temps, et d'y attacher sa marque : c'est ce qu'en toute logique a fini par faire SWATCH, en inventant une nouvelle mesure du temps, le *Swatch Internet Time*, qui fait fi du décalage horaire en permettant aux internautes de se donner rendez-vous sans risque de confusion entre l'heure de Tokyo, celle de Johannesburg ou celle de Rio de Janeiro.

À l'inverse, on voit régulièrement apparaître la mention « Une montre Hermès a tout son temps » au-dessus de certains modèles de la marque, et pour l'occasion le logo de la marque est légèrement détourné : le conducteur de la calèche tient son cheval par les rênes, assis sur le remontoir. Ainsi immobilisé, le temps HERMÈS devient éternel.

Mais, il est vrai qu'à sa façon, HERMÈS aussi a créé son propre temps, un temps à double vitesse en quelque sorte : celui des produits dits « intemporels », confiés aux équipes internes, et celui des produits destinés à ne vivre que deux ou trois ans confiés, eux, à des designers extérieurs. À l'extérieur d'HERMÈS, le temps passe, plus lentement qu'ailleurs, mais enfin, il passe, tandis qu'à l'intérieur, il est suspendu.

Viser l'éternité

Il a fallu les graves crises traversées en 1999 par la firme d'Atlanta, en Europe et ailleurs dans le monde, pour que COCA-COLA renonce à proclamer « Always Coca-Cola ». L'adoption d'un nouveau slogan (« Enjoy »), annoncé à grand bruit, n'empêcha pas la presse professionnelle de souligner que sous les apparences d'un nouveau grand tournant de sa communication, COCA-COLA en réalité ne changeait pas grand-chose et continuait à faire rouler la même vieille locomotive publicitaire suivie des mêmes vieux wagons chargés d'adolescents en délire sur fond de musique « jeune ». Sauf que le changement de slogan comportait deux « détails » significatifs : le nom de la marque n'apparaissait plus dans la signature, et surtout, (comme annoncé ci-dessus), Coca-Cola renonçait à s'accoupler avec « Toujours ». Une vraie révolution pour une mégamarque dont ses dirigeants disaient volontiers « Nous avons deux grands principes : nous sommes partout, et nous y restons pour toujours »[1].

Au moins ont-ils le mérite de la franchise : nombre de marques poursuivent en fait le même but, sans le dire explicitement. Il est vrai que viser l'éternité, c'est un peu se prendre pour Dieu, ambition difficilement avouable lorsqu'on est une marque de chaussettes ou de cafetière électrique. Mais dans d'autres secteurs, on n'a pas de ces pudeurs. Telle marque de champagne dira sans ambages : « L'instant Taittinger : faites qu'il dure une éternité ». Et pour qu'on comprenne bien le message, la bouteille de champagne sera, pour l'occasion, plongée dans un seau dont les glaçons ont été remplacés par… des diamants (éternels, comme chacun sait, depuis la célèbre campagne De Beers).

D'une manière générale, les marques de l'univers du luxe ont tendance à se croire plus immortelles que les autres. Elles le signifient de diverses façons. Certaines peuvent aller jusqu'à proclamer leur intention de « tourner le dos au temps » (Jaeger Le Coultre), ou donnent à un parfum le nom d'« Eternity » (Calvin Klein). La plupart des marques de montres se réclament du passé : entre autres, Tag Heuer (« Swiss avant-garde *since* 1860 »), Breguet (« depuis 1775 »), Blancpain (« Une tradition d'innovation depuis 1735 »). Mais une de leurs méthodes préférées consiste à se présenter vêtues en tout et pour tout de leur nom et de leur date de naissance. Ainsi Boucheron occupera tout l'espace d'une annonce presse avec une montre entourée d'un léger halo sur fond bleu nuit (pour suggérer que c'est un objet divin ?), et simplement accompagnée de la mention « Joaillier depuis 1872 ». Comme si la traversée du temps avait eu un commencement, mais ne devait pas avoir de fin.

---

1. *Fortune*, juillet 1999.

Même chose avec le célèbre parfum « L'Air du Temps », de Nina Ricci, dont les réincarnations successives amorcent une sorte de cycle (le cycle du temps est celui, on le sait, de l'éternel retour), ou cet autre parfum de Guerlain, « L'Instant », promis par son nom au même avenir puisqu'on pourrait, en théorie, le réinterpréter différemment à chaque époque. Mais, il lui manque, à ce jour, le statut de marque culte qui a permis à son prédécesseur de surmonter bien des passages à vide. L'un comme l'autre est ainsi en mesure d'adopter une récente signature de la marque Yves Rocher : « Se réinventer chaque jour ».

Plus modestement, on voit certaines marques de prêt-à-porter tenter d'échapper à la course du temps et courir moins après la mode qu'à la recherche d'un style : paradoxe typique de la démarche d'Armani, par exemple.

De toute façon, il faut choisir : on peut bien essayer d'être à la fois « une marque intemporelle » tout en cherchant à « suivre les tendances », mais c'est au risque de désorienter une clientèle qui a du mal à comprendre comment la même marque – Bally – peut à la fois vendre des trotteurs Louis XV aux grands-mères et des baskets copiées sur Prada à leurs petites-filles.

Cependant, il semble qu'on atteigne mieux l'éternité en s'inscrivant dans le temps présent qu'en essayant de s'en abstraire. J.-P. Sartre disait déjà qu'on n'a de chance d'être immortel qu'en étant résolument de son temps. Certaines marques de luxe tiennent le même raisonnement. Le président de Chaumet déclare ainsi, en 1995 :

> Les marques de luxe ont su exister car elles ont su faire de grandes créations dès l'origine. Elles ne sont pas allées rechercher leurs idées dans les siècles passés, mais dans leur temps. Ainsi Chaumet, qui est le plus ancien des joailliers[1], a toujours été dans son siècle : romantique au XIXe siècle, Art nouveau au début du XXe, puis ensuite Art déco... Aujourd'hui, les marques de luxe ont du mal à sortir de leurs archives. Or dans cinquante ans, je n'aurai laissé une trace chez Chaumet que si l'on peut déclarer que, dans les années 1990, la marque a été un témoin de son temps.

____

1. On a vu que ce titre lui est disputé par Mellerio dit Meller.

Même son de cloche chez Lancôme : « Une marque de luxe est une marque qui sait se renouveler et vivre avec son temps » et chez Hermès, qui change de thème d'inspiration chaque année pour renouveler le discours de la marque et rester en phase avec son époque sans verser dans le puits sans fond de la mode.

Le pôle des Normes

C'est la déviation par rapport à la norme qui est le moteur du changement, mais par ailleurs, la permanence et le changement doivent être envisagés ensemble.[1]

La problématique de la continuité et du changement est si fondamentale et si récurrente pour les marques que bon nombre des questions qu'elles se posent trouvent sinon leur réponse, du moins leur source au pôle des Normes.

Une marque peut adopter quatre positions par rapport aux normes :

- le soutien ;

- le respect ;

- la modulation ;

- l'infraction.

Quatre positions qui, dans les faits, se ramènent à deux :

- respecter la norme ;

- enfreindre la norme pour en créer une nouvelle, comme certaines marques l'annoncent rien que par leur nom (ainsi Gap, qui créait d'emblée un fossé avec ses prédécesseurs).

Reste à savoir de quelles normes on parle. On peut en évoquer plusieurs :

- la norme publicitaire ;

- la norme du métier ;

---

1. P. Watzlawick, *Le langage du changement*, Le Seuil, 1986, et P. Watzlawick, J. Weakland, R. Fisch, *Changements*, Le Seuil, 1981.

* la norme du produit ;

* la norme de la marque ;

* la norme sociale et/ou culturelle.

La norme publicitaire

C'est la plus visible, mais pas forcément la plus cruciale. C'est aussi la plus facile à transgresser, dans une certaine mesure : il suffit de prendre le contre-pied des habitudes en vigueur dans tel secteur, ou dans tel pays.

TAG HEUER, marque née en 1985 du rachat de HEUER par TAG, a réussi en quelques années une belle percée en notoriété et en image, en adoptant un ton résolument neuf et agressif dans un secteur d'ordinaire extrêmement sage et classique, pour ne pas dire mou : celui de la communication des marques de montres, généralement limité à une photo du produit en gros plan.

Avec de belles images de sport en noir et blanc (et pour une fois, sans recourir à la voile, sport favori de nombreuses marques), la norme prévalant pour les publicités du secteur se voyait heureusement renouvelée. Depuis, la marque est rentrée dans le rang en choisissant, comme nombre de ses concurrentes, une autre norme : le recours à une célébrité.

Yop chez YOPLAIT doit beaucoup à la transgression de la norme publicitaire qui voulait qu'un produit destiné aux jeunes soit tiré du côté de l'enfantin, dans un registre sain, simple et gai, et en soulignant ses qualités nutritionnelles. Rien de tout cela ne fut respecté au moment de lancer Yop, positionné comme un soft-drink et non comme une boisson de croissance, et qui au lieu d'un gentil petit garçon choisit pour héros un ado hip-hop.

Dans le secteur de l'hygiène féminine, l'usage a longtemps été la discrétion la plus totale, jusqu'à ce que NETT lève les tabous liés à l'utilisation des tampons hygiéniques, avec des annonces presse montrant par exemple une main tenant une râpe avec pour légende : « C'est ça, l'effet que vous fait un tampon en début et fin de règles ? »

Dans le même ordre d'idées et la même catégorie de produits, NANA vient de faire paraître des annonces dans la presse montrant, en gros plan, une serviette hygiénique accompagnée d'une accroche imprévue (« On rit plus souvent quand on est sûre de soi »), peut-être pour se glisser, sans le dire, du côté de la cible des seniors, statistiquement plus concernée par les problèmes de fuites urinaires que les dizaines de jeunes femmes hilares censées représenter les destinataires de cette publicité.

SKIP a longtemps suivi le modèle publicitaire de toutes ses concurrentes : quelqu'un faisait une tâche sur du linge ou un vêtement, la maîtresse de maison se lamentait, puis se souvenait qu'elle avait sous la main la lessive miracle pour tout nettoyer. Les tâches étaient l'ennemi à combattre par tous les moyens et à éliminer le plus vite possible. Comment se démarquer sur un marché aussi encombré, et aussi conformiste ? En prenant le problème à rebrousse-poil. « *Dirt is good* », se met à dire SKIP. On n'apprend rien sans se tacher, ni la cuisine, ni le football, ni la peinture, cela fait partie de la vie des enfants, et même de celle des grands. D'où l'adoption du « *splat* » (l'équivalent du « *swoosh* » de NIKE, une éclaboussure colorée et apposée, désormais, sur tous les paquets de SKIP) et d'une campagne qui met en scène aussi bien des enfants aux prises avec des tubes de gouache qu'une jeune femme vêtue façon hippie, long jupon et cheveux au vent sur une moto de trial et conséquemment couverte de boue, à qui la marque déclare : « N'hésitez plus à salir vos plus beaux vêtements ».

La Coccinelle, dans ses grandes campagnes américaines des années 1970, a pris le contre-pied de la norme automobile yankee selon laquelle une bonne voiture est une grosse voiture. *Think small*, disait à l'inverse VOLKSWAGEN, ou bien « Elle est moche, mais elle vous y emmènera » (sous-entendu, sur la lune, par allusion au nombre de kilomètres qu'une Coccinelle est capable de faire tout au long de sa vie).

DIESEL a construit avec constance, dès le début, son identité sur le non-conformisme de ses campagnes de publicité, largement plébiscitées par le public comme par la profession, un peu partout dans le monde. Le terrain était donc tout préparé pour L'ORÉAL quand il s'est agi de lancer le parfum « Fuel for Life » : le même anticonformisme a forcé le groupe français à sortir de ses habitudes en renonçant à toute égérie, à toute image trop lisse et trop flatteuse au profit d'une campagne privilégiant des physiques inhabituels, une mise en page « ironique » et une signature en forme de clin d'œil : « *Finally legalised* ».

DOVE a opéré un virage drastique en quittant l'argumentaire produit (« Il y a 25 % de crème de soins dans nos savons ») pour une prise de position révolutionnaire à l'égard des pratiques publicitaires du secteur hygiène et beauté. Prenant le contre-pied de L'ORÉAL, la marque est devenue le fer de lance d'une campagne de résistance aux stéréotypes féminins proposés par les médias, campagne qui dépasse largement le cadre d'un discours commercial pour secouer les habitudes du public et même se substituer (par exemple avec les films *Matraquage* ou *Évolution*) aux propos d'une association de lutte contre la pollution publicitaire.

Au moment de son lancement aux États-Unis, ABSOLUT a rompu à la fois avec toutes les normes du marché des vodkas et avec la norme publicitaire de la communication des alcools, volontiers traditionaliste à l'époque. Prenant le parti de la modernité, elle accepta une première offre d'Andy Warhol de peindre la bouteille en noir sur fond jaune. La saga était lancée, et elle dure toujours. Vingt ans plus tard, plus de 500 artistes ont brodé sur le même thème, et la stratégie de communication de la marque, si elle s'est élargie au cinéma, à l'édition et au Web, est restée la même : pas de marketing direct, pas de promotion. Dès le début, le parti pris était clair : « Lorsque les autres crient, nous devons chuchoter ». Le dernier virage publicitaire pris par la marque, où la célèbre bouteille passe du premier au second plan et se retrouve utilisée comme ornement vestimentaire ou décoratif par toute une galerie de personnages à la créativité débridée, contribuera sans doute à transformer ces chuchotements en *buzz* amplifié par Internet, évidemment mis à contribution pour diffuser ces nouveaux visuels, et même pour les mettre aux enchères sur Google.

Mais on court également quelques dangers en rompant avec les normes publicitaires et commerciales d'un secteur : ce fut le cas d'ÉPÉDA, lorsque pendant quelques années la marque se lança dans une série de films résolument anticonformistes, qui « montraient de façon dramatique comment le feu, les acariens ou la moisissure pouvaient se développer si, par malheur, on choisissait un matelas de mauvaise qualité. » En ligne de mire, le roi du ressort Multispire visait ses concurrents en latex et autres matériaux alvéolaires, et en premier lieu, DUNLOPILLO. Seul problème : « Les distributeurs n'ont pas du tout apprécié une campagne qui, indirectement, mettait en cause des produits qu'ils avaient en rayon. »[1] Tant que la publicité comparative sera interdite en France, il sera difficile de dire publiquement ce qu'un vendeur du rayon literie d'un grand magasin ne se prive pas de démontrer en petit comité, si tel est son intérêt cette semaine-là en termes de ristourne.

Difficile du moins en France, où l'on croit encore que la publicité comparative est interdite. C'est qu'on veut bien le croire, car elle est autorisée depuis la loi de 1992, modifiée en 1997, pourvu qu'elle soit « loyale, véridique et objective ».

C'est ainsi que LECLERC peut rompre avec les normes non écrites de la profession publicitaire sans contrevenir à la juridiction, ce qui renforce opportunément son image de preux chevalier défendant coûte que coûte le pouvoir d'achat des consommateurs sans faire courir aucun risque à l'enseigne. On l'a vu à plusieurs reprises dans des campagnes d'affichage où figuraient par exemple, côte à côte et sous l'accroche « Pourquoi dépenser plus ? », un pack de quatre crèmes dessert de NESTLÉ (sans mention de prix) et son équivalent sous la marque LECLERC (en l'occurrence, DELISSE), au prix de 96 centimes d'euro. Un pot de confiture BONNE MAMAN, un flacon de shampoing DOP, un paquet de LA MAISON DU CAFÉ et une pile DURACELL faisaient les frais de la même campagne. Dans la foulée, LECLERC lançait le site comparateur de prix « quiestlemoinscher.com », sur lequel apparaît en première page un petit encadré : « Les enquêteurs n'ont eu accès qu'à 11 magasins Carrefour (81 % de refus) et à 23 magasins Cora (60 % de refus). Si vous désirez cependant avoir accès à une autre comparaison de prix de produits vous permettant

---

1. *Stratégies*, novembre 2000.

de vous rendre compte de la performance de Carrefour et de Cora parmi leurs concurrents, cliquez ici. » En cliquant, on aboutissait au site du magazine professionnel *Linéaires*, avec en première page un article dont le titre sautait aux yeux : « Prix : Leclerc moins cher, Intermarché à la 2ᵉ place, Carrefour déçoit. »[1] Dans la foulée, LECLERC faisait savoir à la France entière, aussi bien par voie de presse qu'à la télévision, la mauvaise volonté que mettait CARREFOUR à se livrer, comme ses concurrents, à ce salutaire exercice de transparence collective. En pleine période de rébellion contre la hausse du coût de la vie, et quelles que soient les chicaneries que les uns et les autres opposaient aux méthodes d'enquête, tout le bénéfice de l'opération revenait bien sûr à LECLERC.

La norme du métier

Une industrie peut changer à plus ou moins grande vitesse de normes techniques, comme c'est actuellement le cas dans l'électronique et dans l'automobile.

Dans l'électronique, le format Blu-ray s'est imposé sur le marché au détriment du HD DVD, consacrant par là même la victoire de SONY sur son concurrent TOSHIBA.

Les préoccupations relatives au réchauffement planétaire et aux pollutions qu'il entraîne conduisent peu à peu les gouvernements à prendre diverses mesures qui s'imposent ensuite aux producteurs comme aux particuliers. Certaines marques peuvent en quelque sorte devancer l'appel : c'est ce qu'a si bien réussi TOYOTA avec sa Prius, véhicule hybride créateur de la catégorie. D'autres essaient, en aval, de modifier leur identité en proclamant leur respect des nouvelles normes, soit dans les faits (HONDA, avec la Civic Hybrid), soit en faisant mine de suivre le sillon environnemental grand ouvert dans l'opinion publique, comme MITSUBISHI avec son nouvel Outlander « conçu et développé au pays des accords de Kyoto ». Couvert de poussière pour les besoins d'une annonce presse, un doigt a tracé sur sa vitre arrière le mot « Respect » assorti de quatre petites fleurs.

---

1. Relevé en avril 2008.

Respect de quoi, au juste, quand on sait que tous les Outlander de Mitsubishi sont frappés d'un malus écologique de 750 € ? On l'ignore. La seule chose claire, en l'occurrence, est la volonté de Mitsubishi de déclarer qu'il connaît et « respecte » les nouvelles normes automobiles.

Nokia a pu dire avec quelque raison « *Rewrite the rules* » (« Réinventer les règles ») : c'est bien ce qu'a fait la marque finlandaise. Après avoir été successivement papetier, fabricant de pneus, de câbles, de télévisions, de bottes en caoutchouc et même de papier toilette, Nokia se convertit au téléphone portable en 1992, et imposa au monde la nouvelle norme numérique GSM.

Apple, née un 1er avril il y a vingt-cinq ans, a mené une attaque en règle contre l'*establishment* informatique en opérant une inversion des rôles qui donnait le premier à l'individu grâce à l'ordinateur personnel, et non plus aux gros clients, aux grosses machines, et aux gros systèmes.

Swatch a complètement changé les règles du jeu de la montre : prenant les Japonais à leur propre piège à quartz, la marque aplatit le produit en assemblant directement les éléments du mouvement électronique au fond du boîtier, ce qui du coup réduisit le nombre de pièces et le temps de fabrication. Au lieu du métal, du plastique coloré. Au lieu de la belle montre solennellement offerte à la première communion, des montres *ultra-light* à changer au gré des saisons et des coups de tête. Au lieu de la petite bijouterie de quartier, des points de vente aux quatre coins du monde. Au lieu du sérieux, le fun, le look et la mode. Le tout, pour une poignée de francs suisses – ou alors, beaucoup plus cher qu'une Seiko, lorsqu'il s'agit d'un modèle de collection épuisé. On ne saurait imaginer de révolution plus complète.

FedEx a plusieurs fois modifié les normes de son métier : en inventant le principe de l'*overnight delivery*, en développant avant même que le nom existe la « traçabilité » des colis (chacun d'eux est scanné au moins 6 fois pendant le transport), en créant un centre d'appels téléphoniques automatisé pour que ses clients puissent suivre l'itinéraire de leur colis, puis, dès 1994, en offrant le même service sur Internet.

VIRGIN ne respecte aucune des règles du jeu des marques, en particulier pas celle de la cohérence : à part sa tendance constante à attaquer tout ce qui ressemble à un privilège ou à une référence (un peu comme LECLERC en France), la marque ne semble pas avoir d'autre ligne directrice que l'envie de Richard Branson de laisser libre cours à ses intuitions. De son côté, la FNAC n'a pas manqué de rappeler qu'elle était « non conforme depuis 1954 », ainsi qu'un « agitateur culturel » patenté.

GRAND OPTICAL a révolutionné le commerce de l'optique avec des magasins plus spacieux, plus lumineux, utilisant des matériaux naturels. Désormais, la norme de l'optique moderne, pour les consommateurs, c'est GRAND OPTICAL.

NEW BALANCE, marque issue de la chaussure orthopédique, s'oppose en tout point à ses trois grands concurrents (NIKE, REEBOK et ADIDAS) en défendant une position de spécialiste du running, presque d'artisan. Pas question de se laisser happer par le tourbillon de la mode, pas question non plus de grandes parades marketing ou de matraquage publicitaire : NEW BALANCE s'exprime essentiellement dans la presse sportive et fabrique des produits très techniques pour coureurs de fond. Même son credo se démarque de la concurrence : au lieu de l'accrocheur « Just do it », un plus mesuré « Achieve New Balance » (Trouver un nouvel équilibre), soutenu par des investissements qui ne représentent que 4 % du chiffre d'affaires, contre 12 % pour NIKE, et des budgets consacrés à la recherche et au développement de nouveaux produits plutôt qu'au sponsoring à grande échelle.

Parmi les nombreux exemples qu'on peut trouver dans le secteur de l'automobile, la Fiat Panda est un bon exemple du bénéfice que peut retirer une marque d'une rupture par rapport à la norme de son métier – surtout quand elle est le fait d'une marque dont l'identité, elle, a toujours été plutôt respectueuse des normes politiques, culturelles ou sociales en vigueur. La Panda, en effet, est une petite voiture dessinée par un grand du design, Giugiaro, et quinze ans avant que la Clio en fasse autant, on pouvait déjà dire d'elle, pour valoriser son espace intérieur : « Elle a tout d'une grande ». Sa communication, de même, « est née sur l'idée de la transgression », disent ses responsables, car pour la première fois (mais pas la dernière), on se mit à vendre une petite voiture non pour son prix ou son faible coût d'entretien, mais parce qu'elle était jeune, gaie, faite pour la vie en ville, bref, pour le fun, ce que la signature française traduisit assez bien en l'appelant « la voiture à malices ».

La presse dite « people » joue souvent sur la corde raide en matières de normes, et les débats sont fréquents. En première ligne, un titre qui se situe, précisément, sur la frontière : ni en deçà, ni au-delà, comme peuvent le faire respectivement deux titres tels que *GALA* ou *VOICI*. *PARIS-MATCH* est sur cette frontière et se défend de la franchir, mais se vante de la déplacer : le jour où le journal a fait figurer en couverture (emplacement hautement stratégique, puisqu'il peut faire varier les ventes de plusieurs centaines de milliers d'exemplaires) la photographie d'Amélie Mauresmo et de son amie, R. Thérond a pu déclarer : « Certains ont pu être choqués que deux lesbiennes et fières de l'être figurent en couverture de *PARIS-MATCH*, qui est un peu un tableau d'honneur. Mais *Match* a marqué ainsi – et c'est sa vocation – un tournant dans les mœurs. Pour la première fois, on a vu en février 1999 un couple d'homosexuelles qui ne veulent plus raser les murs. »

Fidèle à lui-même, LECLERC vient de rompre avec une vieille norme du métier de distributeur : placer aux caisses des confiseries auxquelles on sait que les enfants, qu'il faut calmer pendant qu'on fait la queue, ne résisteront pas. Oui, mais, l'obésité infantile (ou pas) est devenue un souci majeur dans les sociétés occidentales, y compris en France. Avant tous ses concurrents, LECLERC a donc décidé de retirer les friandises – du moins certaines d'entre elles, les plus tentantes pour les enfants – déployées devant les caisses. Manque à gagner ? Oui, de l'ordre de 5 millions d'euros par an, évalue Michel-Édouard Leclerc[1]. Mais, il estime que le bénéfice en termes d'image en vaut largement la peine.

---

1. *Le Parisien*, mars 2008.

La norme du produit

On pourrait être tenté de croire qu'il n'y a pas d'autre option, pour un produit quelconque, que de rompre avec la norme existante afin de se faire remarquer. Ce n'est pas tout à fait vrai : à moins d'inventer le manteau à trois manches, de mettre un talon à l'avant d'une chaussure ou d'imaginer une voiture sans roues, il y a certains produits dont il est (pour le moment, du moins) impossible de changer la forme. Le catalogue des objets introuvables reste, à ce jour, du domaine de l'imagination.

Cependant la couleur, la matière, la consistance, la composition, la texture, l'emballage peuvent varier quasiment à l'infini : c'est alors que la norme du produit change.

Avant l'Eau Dynamisante de CLARINS, personne ne s'était risqué à vendre de l'eau de toilette sous le nom d'« Eau de soins » et dans un flacon rouge. Dix ans plus tard, la marque peut lui consacrer une pleine page de publicité et dire simplement : « Le pouvoir du flacon rouge ».

Face aux nouveaux interdits alimentaires, une marque jusqu'alors discrète à base de soja, ingrédient peu familier des publics occidentaux, avait de bons arguments à faire valoir : SOJASUN peut soudain devenir une marque normative, et déclarer « Si c'est du soja, vous avez le droit. »

ABSOLUT était une vodka suédoise, ce qui était totalement hors normes au moment où elle s'est lancée sur le marché américain, vers la fin des années 1970. La norme, à l'époque, voulait qu'une vodka soit russe ou fasse semblant de l'être. 99 % des Américains buvaient de la vodka produite chez eux et baptisée de divers noms polonais ou russes comme SMIRNOFF, et 1 %, une vodka vraiment russe, elle : STOLICHNAYA. Personne ne voulait parier sur les chances de réussite d'une vodka suédoise, vendue dans une bouteille en forme de flacon pharmaceutique.

Entre 1950 et 1970, MICHELIN a révolutionné le marché des pneumatiques en équipant les voitures du monde entier avec le pneu radial, contraignant ainsi tous ses concurrents à l'imiter.

YOPLAIT a fait son miel du marketing guerrier en appliquant la règle selon laquelle seul le challenger peut adopter une stratégie offensive, qui s'est traduite par de gros efforts d'innovation. « C'est indispensable, dit-on chez Yoplait. Quand vous n'êtes pas le leader, il faut ouvrir des voies et être créatif, d'où les lancements successifs du yaourt à boire (Yop), des produits allégés frais, des yaourts aux fruits, ou à manger sans cuillère (ZAP). »

C'est une innovation produit qui fut à l'origine d'UNCLE BEN'S (un procédé de fabrication qui rendait le riz incollable – argument imparable, jusqu'au jour où la mode bascula vers les riz asiatiques, comme le riz dit gluant –, doublée d'une innovation dans la couleur du packaging (orange) une couleur jusque-là inconnue au rayon alimentaire. MENIER a dû son extraordinaire longévité à l'invention, en 1836, du chocolat en tablettes de six barres demi-cylindriques enveloppées de papier jaune et portant le sceau de son fondateur, et cela avant même que la propriété des marques de fabrique ne soit définie par les lois de 1837[1]. Et l'empire NIKE a été fondé non pas sur la publicité, mais sur l'idée initiale de coller une épaisse semelle de mousse sous une chaussure de sport, pour mieux amortir les chocs.

La norme de la marque

Quand une marque s'est initialement fait connaître en proposant au marché quelque chose de nouveau, l'innovation fait partie de son histoire, c'est-à-dire de son identité. Dès qu'elle l'oublie, son identité s'affaiblit – et la pente est toujours plus longue à remonter qu'elle ne l'a été à descendre. BIC a été à la pointe de l'innovation avec ses stylos, rasoirs et briquets jetables : à partir du moment où ses innovations se sont faites plus rares et plus espacées, la marque a dû relancer sans tarder un important programme d'innovations pour conserver une chance de maintenir son leadership dans chacun de ses marchés. SONY, dont l'histoire et la réputation avaient été fondées sur l'innovation (le transistor en 1955, le Walkman, le Trinitron, la Playstation) semblait avoir perdu la main depuis plusieurs années. Sa

---

1. *La Revue des Marques,* n° 13.

reconquête du marché du divertissement et de l'électronique grand public vient d'être consacrée par l'adoption du standard Blu-ray pour les films haute définition, conçu dans les centres de recherche et de développement de la firme. SALOMON s'est lancé dans le ski en 1990 avec une innovation révolutionnaire, le ski monocoque, grâce auquel il est rapidement devenu n° 1 du marché. Mais la marque s'est ensuite endormie sur ses lauriers et n'est arrivée sur le marché du ski parabolique qu'avec trois ans de retard, ce qui a bien failli lui faire rater le train du snowboard. SEB a passé plus de temps à relooker ses vieux modèles qu'à en créer de nouveaux : le crédit d'innovation que la marque avait acquis à ses débuts avec la cocotte-minute s'est peu à peu épuisé, avant d'être relancé par une politique si volontariste que SEB a lancé 210 nouveaux produits en 2007 et trouvé un puissant levier de développement, aussi bien sur le plan industriel que commercial, en s'alliant avec ZHEJANG SUPOR COOKWARE, le leader chinois du matériel de cuisine.

ANDRÉ avait tout inventé dans le commerce de chaussures, mais « le chausseur sachant chausser » avait oublié de réinventer son métier, laissant les concurrents le copier en ville, la périphérie se doter de HALLES AUX CHAUSSURES encore moins chères que lui, et SAN MARINA relancer le secteur en lui appliquant le principe du libre-service. Résultat : un réveil brutal, et une identité de marque passée au bazooka de trois révolutions successives en trois ans avant de retrouver son équilibre du côté de la mode accessible.

CITROËN a incarné dès ses débuts, et pendant longtemps, la rupture par rapport à la norme : son fondateur a commencé par « un moteur et un brevet sur la taille d'engrenages en forme de chevrons, une vraie révolution technologique : leur denture spécifique rendait leur fonctionnement plus doux, plus silencieux, plus efficace. »[1] Successivement le type A, la 5 CV, la traction avant, la 2 CV, la DS, la XM rallumèrent la flamme de l'innovation, jusqu'à ce que le vent tourne. La flamme menaçait de s'éteindre, la publicité la ranima au cours des années 1980, mais la publicité seule, on le sait, ne peut masquer longtemps les faiblesses d'une marque. L'identité de CITROËN n'est

---

1. J. Séguéla, *Pub Story*, Hoëbeke, 1992.

plus la même depuis que son nom est accolé à celui de PEUGEOT, comme si chacun des deux avait perdu la moitié de sa force au lieu de la multiplier par celle de l'autre. L'innovation, désormais, est (ou semble être par périodes) ailleurs : chez RENAULT, « moteur d'innovation depuis cent ans » en 1999, puis « créateur d'automobiles » depuis l'an 2000, en tout cas premier constructeur français. Des brouillages de gamme comme ceux produits par les cousines 106 et Saxo n'ont aidé ni PEUGEOT ni CITROËN à préserver leur identité, et celle de CITROËN, à force d'auto-plagiat et de cassage de prix, est aujourd'hui la moins forte des deux.

L'hebdomadaire anglais *THE ECONOMIST* suit une ligne éditoriale très respectueuse des normes instaurées dès l'origine du magazine, en 1843. En témoignent les propos de son rédacteur en chef : « Faire la une sur nos otages en Irak ? Trop anglais ! *THE ECONOMIST* est un journal international. Il ne peut exprimer le point de vue britannique. ». Avec deux colonnes en moyenne par sujet, une seule édition de 70 pages pour le monde entier, et une rédaction collective, *THE ECONOMIST* suit à la lettre les règles de conduite qu'il s'est lui-même dictées. Il donne ainsi la preuve qu'il s'agit bel et bien d'une logique de marque : « Cette organisation "communautaire" est le meilleur moyen d'assurer notre cohésion et d'éviter des numéros solitaires [autrement dit, des dérives narcissiques de la part de certains journalistes] qui éroderaient notre actif le plus précieux : notre marque. »[1] Certes, *LE MONDE* aurait plutôt tendance à tomber dans le travers inverse. Mais que ce quotidien ait eu longtemps une ligne éditoriale claire et strictement appliquée, autrement dit sa propre norme, nous en avons la preuve dans la célèbre consigne donnée, dit-on, par Hubert Beuve-Méry à ses troupes de l'époque : « Faites emmerdant. »

La norme sociale ou culturelle

Pour une marque dont la finalité est de se faire accepter par le plus grand nombre, ou du moins par un nombre significatif de clients, il n'y a pas moyen d'ignorer les normes sociales ou culturelles dominantes dans les milieux où l'on opère.

---

1. *Le Nouvel Observateur*, avril 2007.

On pourrait même penser qu'il n'y a pas d'autre solution que de les respecter, et en effet, de nombreuses marques le font, plus ou moins ouvertement. C'est le cas de toutes celles qu'on pourrait appeler consensuelles.

C'est à sa capacité à entrer en résonance avec ce qu'on aurait appelé autrefois la « majorité silencieuse » que le magazine FEMME ACTUELLE doit une diffusion qui reste très importante, même si elle s'est érodée au fil du temps. Elle le doit à de multiples ingrédients, comme toujours, mais entre autres à sa capacité à s'inscrire dans la norme, et même à dire implicitement la norme, à travers les portraits de couverture, le choix des sujets, les prises de parole et les conseils donnés sur les sujets les plus variés, depuis la « meilleure » façon de se maquiller pour les fêtes jusqu'à l'art et la manière de gronder les enfants en douceur.

De même NESTLÉ explique à propos de RICORÉ, dont la publicité a montré plusieurs fois de suite des enfants en train de préparer la table du petit déjeuner, posant à l'envers un pot de RICORÉ qu'une main maternelle remettait aussitôt à l'endroit : « L'une des missions de la marque est de mener les enfants vers l'âge adulte. L'enfant se trompe, mais la mère corrige rapidement son erreur : le monde Ricoré est extrêmement normé et ordonné. »

Aujourd'hui, la marque a abandonné la gentille petite famille au profit d'une campagne adressée à tous ceux qui ne sont pas, comme on dit « du matin » : on y voit des gens mal réveillés, la tête griffonnée d'un nuage noir, émerger du brouillard du sommeil grâce à leur bol de RICORÉ. Mais, les spots télévisés ont gardé, en signature visuelle, le mouvement d'inversion qui remet le pot à l'endroit. RICORÉ est moins enfantine, mais elle reste une marque qui remet les gens sinon dans le droit chemin, du moins dans leur état normal.

Nombre de marques, dans tous les secteurs – et les marques anglo-saxonnes plus encore que les autres – se glissent sur les rails de la normativité, servie à la sauce publicitaire. Brouet quelque peu indigeste à force d'avoir été recuit des années durant, au point que même PROCTER & GAMBLE s'est décidé à le pimenter quelque peu : un peu de Simpson dans VIZIR, moins d'éprouvettes dans ARIEL. Mais le respect de la norme sociale a la peau dure, et plus encore quand la norme devient loi, voire loi religieuse. Coca-Cola, victime d'une rumeur selon laquelle son logo, lu à l'envers en arabe, blasphémait l'Islam, n'a pas hésité bien longtemps. Toutes ses annonces publicitaires pour l'Égypte sont désormais précédées de la classique profession de foi : « Il n'y a de Dieu qu'Allah et Mahomet est son prophète. »

Certaines marques, à l'inverse, foncent tête baissée contre la norme, à commencer par celle qui veut qu'une marque ait pour but de faire du commerce, et soit commandée par la seule loi du profit. Oui, disait The Body Shop, une marque a pour but de faire du commerce, mais non, sa seule loi n'est pas celle du profit. Et elle le disait haut et fort, surtout quand c'était sa fondatrice, A. Roddick, qui prenait la parole : militante dans l'âme, elle était à la pointe de ce qu'on pourrait appeler le marketing éthique ou humanitaire, si tant est qu'un tel monstre existe vraiment. En tout cas, il n'est pas un combat auquel The Body Shop n'ait participé, fût-ce au prix d'un renversement de la norme qui voulait qu'une marque, à l'époque, se mêle de ses affaires et non des problèmes de société. Dès les années 1980, la marque faisait circuler ses camions ornés non pas de jolis minois mais de déclarations telles que : « Si vous pensez que l'éducation coûte trop cher, essayez l'ignorance », ou bien recourait à un mannequin taille 48 au bas mot, accompagnée d'un message en forme de pied de nez à toute l'industrie cosmétique : « *Act natural. Enjoy your age.* » Dove, depuis, a repris le flambeau.

Toutes les marques dont les publicités inversent les rôles habituels jouent à enfreindre les normes : ce fut le cas de la 806, « la voiture que les enfants conseillent à leurs parents », quitte à leur jouer toutes sortes de vilains tours au cas où l'on ne les écouterait pas ; ou de Petit Écolier, goûter de LU qui « n'est que pour les enfants », si bien que la guerre se déclenche avec les grands qui doivent le voler ou se cacher pour en manger. Inversement, il y eut le spectacle réjouissant de la mère qui « explose » son fils adolescent contre le frigo de la cuisine parce qu'il a dépassé, une fois de plus, son forfait SFR.

Cependant, d'autres marques contournent les normes sociales ou culturelles sans même les remettre en question : tout simplement, elles en inventent d'autres. Ce fut le cas de Sony avec le Walkman, qui fit accepter comme normal un comportement jusqu'alors inédit, consistant à faire deux choses à la fois : voyager, manger, écrire, ou courir, tout en écoutant de la musique. On mesure mal aujourd'hui où était l'audace, tant la chose nous est devenue « naturelle », sauf si on la compare avec les réactions que nous avons encore devant certains utilisateurs de téléphone portable : quelqu'un qui s'en sert dans l'autobus ou au restaurant en faisant profiter tout le monde de sa conversation s'attire des regards courroucés, des remarques désobligeantes. De même, aux tout débuts du walkman, la désapprobation était visible. Discrète, surtout au Japon, mais visible. C'est que la règle commune était transgressée, qui voulait qu'on ne s'adonne pas à une activité privée – comme écouter de la musique – en public.

Dans un autre registre, il en va de même pour IKÉA, qui imposa une nouvelle façon de se meubler, plus simple, plus moderne, moins conventionnelle, soulageant nombre de jeunes – et moins jeunes – ménages de l'obligation de paraître avoir hérité ou acheté de « beaux » meubles avant d'oser inviter la famille ou les voisins.

Aux États-Unis, dans les années 1960 et 1970, la norme automobile était de rouler en grosse, voire en très grosse voiture. En tenant un discours de rébellion sur le thème « *Small is beautiful* », la Coccinelle de VOLKSWAGEN devenait un sympathique Tom Pouce au pays des automobiles géantes. Dans la foulée, elle se fit aspirer dans le sillage de la contre-culture hippie. Son succès fut si considérable que trente ans plus tard, au moment du lancement de son rejeton, la New Beetle, la grande épopée *Peace & Love* servit encore de tremplin à la nouvelle campagne, un peu remise au goût du jour toutefois (« *Less flower, more people* »). Inversement en Allemagne, où la Coccinelle n'avait jamais été un objet culte de la contre-culture, les débuts de la New Beetle furent sensiblement plus difficiles.

Il peut en coûter cher à une marque d'enfreindre les normes culturelles ou sociales. Le savon CAMAY en a fait la dure expérience au Japon[1], en tentant d'y imposer le même film publicitaire que partout ailleurs, y

---

1. A. Swasy, *Soap Opera, The Inside Story of Procter & Gamble*, Times Books, Random House, 1993.

compris en France, où l'on avait pris l'habitude de reconnaître son scénario, immuable depuis 1958 : une jeune femme enfouie sous la mousse dans sa baignoire, son mari, séduit et curieux, qui vient lui demander quel est son nouveau parfum, et elle de lui montrer le savon qu'elle est en train d'utiliser. Seule concession faite par PROCTER & GAMBLE : tourner le même film avec des acteurs japonais. Patatras ! Cette fois-ci, les bonnes vieilles recettes proctériennes échouent. N'importe quel guide touristique aurait pu en donner la raison à l'avance, à défaut d'un voyage sur place : au Japon, en raison de l'exiguïté des logements en ville et de la tradition des bains publics, les appartements n'ont pas tous de salles de bains, encore moins de grandes baignoires. Quand il y en a, de toute façon, personne ne s'y lave : on se savonne avant d'entrer dans un bain. De plus, jamais un mari japonais ne se risquerait à entrer dans la salle de bains pendant que sa femme y fait sa toilette. En Occident non plus, mais on était habitué aux mises en scène publicitaires. Au Japon, le film fut compris au premier degré, et choqua le public à plus d'un titre. Le lancement de CAMAY fut un échec, tout comme le fut dix ans plus tard l'ouverture de SEPHORA, toujours au Japon et pour des raisons similaires : négligence ou arrogance d'une entreprise occidentale qui ne prend pas la peine de s'enquérir des habitudes d'une clientèle étrangère. Le groupe LVMH n'a pas mesuré à quel point les Japonaises, habituées depuis longtemps au libre-service pour les biens de consommation courante, et inversement, à une extrême qualité de service dans l'univers du luxe, seraient déroutées par des magasins où l'on vend très cher des produits qu'il faut choisir soi-même, sans conseil ni assistance.

Mieux vaut donc être prudent avec les normes culturelles. L'une des nôtres, aujourd'hui – du moins dans les pays dits « développés » – concerne la protection de l'environnement : nul ne peut plus se risquer à l'enfreindre. Les marques font donc assaut de déclarations enamourées à Gaïa, notre mère à tous, ce qui oblige à être très inventif pour entonner le même refrain sans se noyer aussitôt dans le chœur de tous ces nouveaux petits anges. Pari tenu par TIMBERLAND, qui utilise astucieusement la qualité de ses chaussures Earthkeepers (toile 100 % coton biologique, cire naturelle, 30 % de caoutchouc recyclé pour les semelles) pour déclarer : « Respectons la Terre sur laquelle nous marchons. »

Toutes les normes à la fois

Il arrive que certaines marques enfreignent plusieurs normes, au cours de leur histoire, et non sans succès.

On pense souvent qu'Omo a réussi une vraie rupture publicitaire, dans les années 1990, en faisant sortir la lessive de son pesant vocabulaire proctérien : c'est vrai, mais Omo a été, dès ses débuts, une marque révolutionnaire, et la rébellion « maousse costo » n'était que la dernière d'une longue histoire commencée en 1952 avec l'invention du premier détergent de synthèse. À l'instar de Moulinex quelques années plus tôt, Omo libérait la femme de la corvée de lessive qui jusque-là se faisait à la main, à la brosse au chiendent, et au savon de Marseille. De même, c'est Omo qui avait d'abord établi les codes lessiviels de la lutte contre la saleté (« Omo est là, et la saleté s'en va ») copiés ensuite par tous ses concurrents. Et quant aux singes, s'ils parlent un langage inconnu, le produit qu'ils prônent l'est également : c'est Omo micro, une lessive compacte, vraie innovation elle aussi.

Enfreindre plusieurs normes à la fois, c'est aussi ce qu'a fait Sony avec Playstation, jusqu'à faire tenir par Fifi – une improbable créature à la voix métallique – des propos totalement iconoclastes, tels que « Les grands pas de l'humanité me laissent indifférente. » Car tout ce qui compte pour Fifi, c'est le virtuel. Elle finit pas dire : « Je joue, donc je suis », déclaration qui fit lever pas mal de boucliers chez ceux qui voyaient là une aliénation revendiquée à l'univers des jeux vidéo, qu'il n'est nul besoin d'encourager chez certains jeunes *aficionados*.

Cependant, trop c'est trop. La Smart a failli mourir, avant d'être née, d'un excès de ruptures par rapport à la norme : nouveau mode de production, nouveau réseau de distribution, système informatique révolutionnaire, lancement publicitaire hors normes lui aussi, et voiture absolument inédite. Les turbulences ont été terribles. Défaut de conception (un centre de gravité trop haut : les ingénieurs de Daimler-Chrysler n'étaient pas habitués à construire de si petites voitures), retard du lancement, prix astronomique, difficultés d'approvisionnement, faiblesse du réseau des Smart Centers, et on en passe. Il est vrai qu'il s'agissait de rien moins que de réinventer l'automobile…

Mais les choses ne se passent pas toujours aussi difficilement : on peut être une marque originale et novatrice par son produit, changer les règles de son métier, avoir une identité très affirmée, l'adapter sans la trahir à un nouveau marché, et récolter tous les lauriers : Armani est ainsi le seul designer européen qui ait réussi à s'implanter significativement aux États-Unis, et à l'échelle américaine, où il concurrence avec succès Ralph Lauren (autre marque très normative à sa manière, pas un cheveu ne dépassant de ses impeccables reconstitutions de l'univers *wasp*).

Armani doit une bonne partie de ce succès à une identité forte qui non seulement n'a pas souffert de ses efforts pour s'acclimater au marché américain, mais y a trouvé de quoi s'affirmer plus clairement : forme, matière, couleur, tout y est passé. Les Américains n'aiment pas le lin parce qu'il se froisse ? Au lieu de chercher à leur expliquer, comme tout Milanais qui se respecte, qu'un lin est d'autant plus beau qu'il se froisse bien, Armani a trouvé des qualités de lins plus compatibles avec leurs préjugés en la matière. Ils aiment le bleu et le gris ? Il a retravaillé ses gammes de coloris dans ces deux tons. Ils ont des gabarits différents de ceux des Européens ? Il a adapté ses coupes pour qu'elles leur conviennent, sans trahir son propre style.

Même chose avec Ikea, dont l'identité scandinave est pourtant fermement affirmée partout où la marque s'implante, mais qui n'a pas hésité, pour le marché américain, à changer la dimension de ses lits, de ses canapés et celle de son mobilier de cuisine pour s'adapter aux normes locales. Cela alla même plus loin, puisque, au risque de scandaliser les puristes de l'identité visuelle – dont il y a quelques représentants farouches chez Ikea même –, on mêla au bleu et au jaune du drapeau suédois les étoiles et les rayures de la bannière américaine…

Quant à Benetton, grand trublion publicitaire et spécialiste des coups de canifs dans le ventre mou des idées reçues, s'il a dû calmer ses ardeurs quelque temps pour cause d'excès de transgression, il revient périodiquement à la charge. Partie d'une rupture à la norme technique que tout le monde a oubliée (la teinture des pulls *après* leur fabrication et non avant, pour gagner du temps, ne pas prendre de risques, et coller au plus près des tendances de mode, à une époque où il fallait en moyenne 18 mois à ses concurrents pour passer de la production en usine à la vente en magasins), la marque a conservé cette tradition de désobéissance. Après avoir bousculé les habitudes du métier, BENETTON a transgressé celles de la communication : en boutiques, des photos valorisant les produits ; en presse ou en affichage, des déclarations de principe sur toutes sortes de sujets de société, sans vocation commerciale. Dernière en date de ses campagnes de lutte contre les préjugés : réhabiliter l'Afrique (« *Africa works* ») et montrer qu'on y travaille autant et aussi bien qu'ailleurs, pourvu qu'on trouve des solutions adaptées à ce continent mal en point, comme le microcrédit.

Mais, plus on transgresse de normes en même temps, plus il est difficile de maintenir cette transgression sur la durée. Par exemple, OPIUM d'YSL, marque à part entière qui en son temps créa une véritable révolution dans l'univers du parfum. Tout était alors nouveau et très audacieux : le nom, le jus, le flacon, l'allusion à la drogue, bien sûr, et la communication publicitaire. Plusieurs fois, il fallut relancer la machine à scandales, tandis que la veine orientalisante s'épuisait de plus en plus. Que restait-il à exploiter ? Une nudité progressivement dépourvue de tout exotisme, malgré le recours laborieux à quelques orchidées judicieusement placées. Trente ans après son apparition, il ne reste à peu près plus rien de la femme OPIUM : rhabillée, assagie, convenable, elle a perdu son identité, et le parfum, sa place au hit-parade.

LE PÔLE DES POSITIONS

Les films de guerre ou d'aventure nous ont habitués à l'idée que la position est quelquefois l'indicateur le plus précieux qui soit, plus précieux même que le nom, pour identifier un avion, un bateau ou un homme dont on ne sait rien. « Quelle est votre position ? », leur demande-t-on avant toute autre chose, quand on entre en contact avec eux.

De même, le pôle des Positions (qui n'a rien à voir, rappelons-le, avec le positionnement) consiste à se demander : quelle est la position de la marque ?

Il y a plusieurs façons de répondre à cette question :

La première est directe. Certaines marques répondent à la question en disant : « Voilà ce que je suis ». Ces réponses peuvent être variées, quantitatives ou qualitatives (« Je suis le n° 1 de l'assurance en Amérique du Sud », ou « Je suis la meilleure eau minérale naturelle gazeuse en Europe »).

La deuxième façon de répondre est en quelque sorte une réponse par procuration : la marque ne dit pas « Je suis ceci ou cela », mais « Mon consommateur est ceci ou cela ». Rien ne démontre mieux, d'ailleurs, à quel point les consommateurs sont dans les marques et non pas à l'extérieur, que cette tendance à l'identification absolue, qui fait dire à certaines marques : « Je suis ce qu'est mon consommateur ».

La troisième façon de répondre à la question « Quelle est votre position ? » consiste à dire « Elle dépend de la vôtre », ce qui est toujours vrai, y compris entre deux contacts radio d'un avion à une tour de contrôle. Il s'agit alors, dans le cas des marques, de définir explicitement ou implicitement, deux positions respectives occupées par la marque et par ses consommateurs. On verra que c'est un cas de figure très répandu, mais tout d'abord, observons les deux premiers types de réponses.

« Je suis... »

Les exemples de marques qui non seulement répondent directement à la question de leur Position mais l'affichent publiquement sont nombreux :

- Renault est « créateur d'automobiles » ;

- La MAIF, « assureur militant » ;

- Mauboussin, « artiste joaillier » ;

- Au Crédit du Nord, on est : « Banquiers. Aujourd'hui ».

Cependant, la plupart du temps, les marques n'utilisent pas un langage aussi direct. Leur position d'affirmation de soi passe par le détour d'une déclaration à valeur générale, comme le serait la citation d'un philosophe, d'un savant ou d'un penseur dont la réputation et la solidité de raisonnement lui permettent de prendre la parole sur la place publique et d'être instantanément respecté. Derrière une affirmation telle que « Le divertissement est un besoin vital » (Vivendi) se profile une position d'autorité, au sens où l'on dit de quelqu'un : « C'est une autorité dans son domaine. » La déclaration publicitaire de Vivendi revient donc à dire : « Je suis une autorité dans le domaine du divertissement, et c'est du haut de cette position incontestée que je vous parle. »

Tous les discours de marque construits sur le modèle « X, c'est Y » relèvent du même principe, quelque soit l'emballage sous lequel ils sont présentés : simple (« La beauté, c'est ceci, cela », Nivéa ; « la solidarité est une force », Macif) ou plus solennel (« Les plus belles émotions sont celles que l'on peut partager », Total). Certains se bornent à des généralités auxquelles personne n'opposera d'objection (« La lumière naturelle est aussi vitale que l'air », Velux), d'autres sont plus impérieux (« Quand un enfant ne peut pas aller à l'école, c'est l'école qui doit aller à l'enfant », MAIF). On ne peut tenir de tels propos qu'à partir d'une position de domination – la palme revenant (provisoirement, n'en doutons pas) à Volvo, qui se pose en détenteur de l'autorité écologique et distributeur des blâmes et des récompenses lorsqu'il décide de décerner, en 2008, le prix de la « marque écologique de l'année » à Patagonia.

D'autres marques disent ce qu'elles sont, sans forcément confier à leurs campagnes promotionnelles le soin de le faire. Elles n'en sont pas moins explicites : « Nous sommes les mammouths du marché. Nous sommes le football », disent les responsables d'Adidas peu avant la Coupe du Monde de 1998 – et non sans raison : c'est Adidas qui a inventé les crampons, et l'histoire de la marque est étroitement liée, depuis longtemps, à celle du football, de façon plus légitime que Nike.

La presse professionnelle, de son côté, donne en permanence des informations complémentaires : on peut ainsi apprendre que les patchs purifiants lancés par NIVÉA ont failli ne jamais être commercialisés par BEIERSDORF qui jugeait ce produit d'origine japonaise beaucoup trop « brutal » (il faut l'arracher de la peau, comme un sparadrap, pour en extraire les comédons), autrement dit « pas assez doux pour une marque rendue célèbre par l'onctuosité de sa crème vedette ». NIVÉA est une marque douce.

De même, on dit chez NESTLÉ que « Ricoré est une marque gentille », tout comme on dirait CLUB MED, avec ses Go et ses GM, qu'elle est une marque « sympa ». BRANDT est une marque « masculine, en raison de la force des items de performance et de solidité. »

Cependant il y a des cas où l'autodescription rend perplexe, et ne fournit pas forcément les éclaircissements qu'on attend.

Ainsi pour NOOS (aujourd'hui devenu NUMÉRICABLE), il s'agissait de ne plus être seulement « distributeur de télévision », mais de devenir « distributeur de contenus numériques à domicile ». C'était exact techniquement, mais pour beaucoup de gens, un « distributeur de contenus numériques » ne voulait rien dire. De même, vouloir être « la marque de la convergence » avait certainement du sens pour l'entreprise, mais guère pour le public. Dernière façon de se définir, pour NOOS : être « le premier des réseaux, le réseau des réseaux. » Fallait-il comprendre que NOOS, c'était Internet ? Du début à la fin de sa courte existence, NOOS s'est enfermé dans une position d'affirmation de soi (« Je ») qui l'empêchait de parler un autre langage que le sien, y compris sur le plan commercial – avec le résultat que l'on sait.

Mais le comble de l'autodescription consiste à revenir en boucle sur soi-même, et de déclarer : « Je suis ceci », le « ceci » en question consistant en un melting-pot d'images uniquement accessibles par la publicité. Ce fut le cas de COCA-COLA (« Coca-Cola, c'est ça »), de MCDONALD'S (« Ça se passe comme ça chez McDonald's ») ou de CADBURY (« This is Cadbury »). Quand les images en question puisent au même fond commun de clichés publicitaires, le risque est évidemment une dilution de l'identité dans un « ça » qui équivaut à un « rien ».

« Tu es... »

Rares sont les marques qui déclarent tout de go, comme l'a fait la MAIF à une époque : « On se fiche bien de votre carte d'identité. »

La plupart, au contraire, s'en préoccupent tellement qu'elles l'établissent elles-mêmes, et avec d'autant plus de soin que cette carte d'identité devient la leur : ce sont toutes les marques qui se définissent « par procuration », à travers leurs consommateurs.

On l'a dit, un consommateur est ce qui reste d'un être humain après que le marketing lui ait appliqué une de ces réductions de tête dont les « sauvages » n'ont pas seuls la spécialité – raison pour laquelle je n'emploie le mot qu'avec répugnance, et uniquement par commodité. Mais l'exercice peut encore aller plus loin, puisque certains *marketers* isolent maintenant, à l'intérieur du consommateur, le « *shopper* ». Ce n'est même plus un petit pois qui doit rester sous sa boîte crânienne, c'est une tête d'épingle.

Évidemment, les marques qui se définissent à travers un consommateur réduit à l'état de « *shopper* » n'ont pas une assise identitaire bien large ni bien riche. Quelquefois, celle-ci se ramène tout bêtement à utiliser la segmentation proposée par un institut d'études. De fait, la segmentation est l'exercice préféré des réducteurs de tête : elle consiste à faire rentrer de force les consommateurs dans un certain nombre de cases auxquelles on donne des noms plus ou moins évocateurs. Il est arrivé que des marques prennent l'exercice au pied de la lettre, et décrivent leurs consommateurs en utilisant tels quels ces noms. C'est ainsi que EUROPE 1, vers la fin des années 1970, fit apparaître des « loups », des « abeilles », des « mouches » et des « lions » cravatés, censés représenter les différents profils de cadres identifiés comme auditeurs réels ou potentiels.

Mais la course à la plus petite unité de sens possible, à ce jour, paraît tout de même avoir été remportée par Ariel Essential, à l'occasion de son baptême en 2000 : PROCTER définit ses consommateurs comme « les gens qui sont de bonne humeur le jour où ils enfilent des vêtements propres », ce qui permet de leur promettre « plus de vitalité » s'ils ont fait leur lessive avec ARIEL.

Heureusement, certaines marques ont une vision un tantinet plus large des choses, ce qui ne l'empêche pas d'être précise.

New Balance voit par exemple les choses ainsi : « Nos clients sont des sportifs, pas des *fashion victims*, et ce ne sont pas des adolescents, mais des 25-60 ans. »

Quicksilver est « *the boardriding company* » : « la marque des gens qui glissent sur des planches », traduit son directeur général, définition imitée par Rossignol, qui se veut « la marque des obsédés de la glisse. »

Paris-Match s'adresse à un « public généraliste, un peu au-dessus de la moyenne, qui veut en savoir plus, qu'on ne prend pas par la main pour lui dire ce qu'est l'actualité, mais à qui on raconte des choses pour qu'il se fasse une opinion. »

Parlant de (et à) ses consommateurs, Gerblé affirme : « Vous n'êtes pas du genre à avaler n'importe quoi. »

Olay annonce dans la presse anglaise l'ouverture de son site OlayforYou.com avec un énorme « You » superposé au visage d'une femme devant son ordinateur, dont le visage s'inscrit dans le o central.

Patek Philippe s'adresse à des clients assez fortunés pour raisonner en termes de patrimoine, lorsqu'il met en scène un père et son fils et fait dire au père : « Jamais vous ne posséderez complètement une Patek Philippe, vous en serez juste le gardien pour les générations futures. »

C'est bien le portrait de sa consommatrice que Liérac dessine en lui faisant prendre directement la parole : « Je veux être moi-même, avec le corps qui me plaît et la tête qui va avec. Aimer mon âge, en être fière ! » YSL était encore plus clair en déclarant « Rive Gauche n'est pas un parfum pour les femmes effacées. », ou Azzaro en destinant l'une de ses eaux de toilette aux « hommes qui aiment les femmes qui aiment les hommes. » Encore plus clair, l'horloger IWC quand il présente en gros plan une montre « conçue pour les hommes », sans autres fioritures publicitaires. Et Alfa Roméo qui dit aux clients de l'Alfa 147 : « Vous avez le sens de l'esthétique », « Vous avez le sens de la protection ».

Une marque peut donc très bien se définir à travers ses consommateurs, à ceci près que lorsque le consommateur change, l'identité de la marque change aussi, ou risque de changer : raison pour laquelle certaines marques « détournées » par des clientèles non prévues au programme marketing s'agitent pour éviter les effets pervers de ces embardées. PETIT BATEAU ne s'est jamais plaint de ce que les mères confisquent à leur profit les tee-shirts destinés à leurs filles, et pour cause : la marque elle-même a soigneusement organisé ce détournement en inondant les rédactions des journaux de mode avec les tee-shirts en question. Mais TIMBERLAND, par exemple, n'a pas du tout apprécié que les *fashion victims* des grandes villes s'emparent de ses chaussures de bûcherons, ni HELLY HANSEN que ses doudounes prévues pour les marins des mers du Nord prolifèrent dans les banlieues, ni LACOSTE que les jeunes des cités se soient mis à courir après tout ce qui portait un petit crocodile vert à la fin des années 1990. L'un des dirigeants de la marque a eu beau déclarer que la marque était « un signe d'intégration, transculturel et transgénérationnel, qui vient du sport – un monde qui ignore les ghettos », et qu'elle était « fière d'être une marque transversale qui va du camionneur au roi d'Espagne », les vigiles brusquement apparus aux portes des boutiques LACOSTE en disaient long sur le plaisir qu'éprouvait la marque à accueillir ce flot inattendu de nouveaux clients. Et pourtant, LEVI'S avait fait la démonstration cinquante ans plus tôt qu'une marque centenaire, forte et dotée d'un produit culte pouvait trouver un second souffle quand la jeunesse rebelle s'empare de lui sans crier gare. Il est vrai que cette jeunesse était alors menée par des stars de la trempe de James Dean, Marilyn Monroe ou Marlon Brando…

Les mésaventures de LEVI'S illustrent bien, en tout cas, ce que l'identité d'une marque doit à ses consommateurs. Nombre d'analystes soulignent, en effet que le rebond de LEVI'S repose sur son adoption par la génération du baby-boom, et les sociologues ajoutent que ses récents déboires sont aussi à mettre au compte du refus de la génération suivante d'enfiler l'uniforme de ses parents pour en adopter un qui lui soit propre – survêtement de rappeur, pantalon dit « charpentier » ou « *baggy* » porté sur les hanches, par exemple. GAP – pourtant revendeur de LEVI'S, au départ, mais plus prompt que son fournisseur à tourner la page – en a fait ses choux gras.

Les mésaventures de PERRIER offrent un autre exemple des difficultés que rencontre une marque quand son identité se trouve incarnée par une « cible » devenue hors jeu : aux États-Unis, ce furent les golden boys de la fin des années 1980 qui firent le succès de PERRIER, et eux également qui contribuèrent à la dégringolade de la marque, autant que la malheureuse affaire des traces de benzène en 1990. Ceux que l'air du temps porte inopinément au pinacle ne peuvent être sûrs que d'une seule chose : c'est qu'il les en fera descendre aussi vite qu'ils y étaient montés.

HARLEY-DAVIDSON est une autre de ces marques qui dépendent beaucoup (trop ?) de leurs consommateurs : « C'est une marque extraordinaire, compte tenu du manque de technologie des produits : en fait, la marque est tout entière dans son image. C'est une marque qui se crée elle-même plus qu'elle n'est gérée par ses propriétaires. Elle vit un peu sur le fil, parce qu'elle est presque totalement définie par les gens qui l'achètent et qu'on voit conduire une HARLEY. Si ça tournait mal, si c'étaient des gens à qui vous n'avez vraiment pas envie de ressembler, je pense que le capital de marque de Harley serait en danger. »[1]

« Nous sommes… »

Une marque étant une interface avec le consommateur, sa Position, on vient de le voir, peut être soit la sienne propre, soit celle du consommateur. Il reste une troisième éventualité : celle des positions respectives.

Elle n'est pas si compliquée qu'on pourrait le croire à première vue et en même temps elle est cruciale, si l'on pense aux positions que nous adoptons tous, plus ou moins consciemment, dans le cadre de nos relations personnelles.

Prenons le cas de Mme Dubreuil et son petit-fils Charles, âgé de quatre ans. Mme Dubreuil a sa propre identité, Charles a la sienne. Mais cela ne nous renseigne pas sur la place que chacun accorde à l'autre, donc sur leurs positions respectives. Si la première place, dans le cœur de Mme Dubreuil, est occupée par son petit-fils, celui-

---

1. G. Mackay in *The Future of Brands*, New York University Press, 2000.

ci passera avant tout le monde. Mettons qu'une de ses amies lui téléphone alors qu'elle est en train de jouer avec Charles, elle abrégera la conversation et raccrochera en hâte au premier signe d'impatience de l'enfant, ou même avant. Si, en revanche, l'amie en question est plus chère à son cœur que son petit-fils (tout est possible), elle enverra celui-ci regarder une cassette à la télévision pendant qu'elle bavarde avec son amie. De son côté, le jeune Charles accorde peut-être la première place à sa grand-mère, mais peut-être aussi est-elle occupée par sa mère, ou par son petit frère, ou son meilleur copain.

L'École de Palo Alto a beaucoup étudié le rôle des positions à l'intérieur des familles, par exemple, et leur analyse est à la base des thérapies qu'elle pratique. Tout repose sur le double concept de symétrie et de complémentarité, introduit dès 1936 par l'anthropologue G. Bateson dans son étude d'une tribu de Nouvelle-Guinée, les *Latmul*, sujet de son livre *La Cérémonie du naven*.[1]

Toute relation est donc soit symétrique, soit complémentaire :

- Dans une relation *symétrique*, les partenaires se comportent comme s'ils étaient sur un pied d'égalité : chacun prend à tour de rôle l'initiative de l'action, de la parole, etc. Ils s'entendent pour maintenir cette égalité.

- Dans une relation *complémentaire*, les partenaires sont en position d'inégalité l'un par rapport à l'autre : si l'un est autoritaire, l'autre est soumis ; si l'un donne, l'autre reçoit, etc. Ils s'entendent pour maintenir la différence fondatrice de leur relation.

Il n'est pas préférable *a priori* d'établir des relations symétriques plutôt que des relations complémentaires, ou *vice versa* : l'important est que les partenaires soient d'accord sur leur position respective. Dans le cadre des thérapies familiales pratiquées au Mental Resarch Institute de Palo Alto, ils le sont rarement. À force d'observer les blocages et dysfonctionnements dont sont atteintes ces familles, les travaux de D. Jackson, P. Watzlawick et de leurs confrères ont fini par aboutir à un certain nombre de postulats, le

---

1. P. Watzlawick, J. H. Weakland, *Sur l'interaction*, Le Seuil, 2004.

premier d'entre eux étant l'existence d'une unité de base dans toute relation humaine, la dyade, autrement dit l'interaction entre deux personnes (que l'on peut étendre à deux groupes de personnes).

Les dyades (par exemple, la relation entre mari et femme, ou maître et élève, ou entreprise et syndicat, ou entre deux nations, deux religions, etc.) sont des systèmes.

> **O**n postule qu'elles se comportent – en fonction de certains paramètres au nombre desquels on peut compter la symétrie et la complémentarité – comme des systèmes homéostatiques, tendant constamment vers un équilibre, tant interne à la dyade que relatif à son milieu.[1]

En développant l'idée que la marque est un système, on ne dit pas autre chose : c'est une dyade, autrement dit la résultante d'une relation élaborée par et entre deux partenaires, qui tend vers un certain équilibre et se réajuste en permanence de manière à maintenir cet équilibre en dépit de toutes les turbulences. Mais c'est évidemment une dyade hypercomplexe : quand on mesure la complexité d'une relation réduite à deux individus (un père et son fils, une femme et son mari), on peut se faire une idée de celle qui unit ou rapproche, même de façon fugace, une marque et ses consommateurs, deux « partenaires » aussi dissemblables que possible par leur taille, leur composition, leur organisation et l'intérêt qu'ils prennent au maintien ou à l'arrêt de leur relation.

On mesure aussi que quelque soit le discours tenu par les marques, il se tient sur fond de relation complémentaire, et non pas symétrique : l'un cherche à vendre, l'autre est occasionnellement disposé à acheter, ou non. C'est un point sur lequel on aura l'occasion de revenir, d'autant qu'il a partie liée au pôle des Relations.

Pour le moment, retenons qu'il existe une typologie des dyades : elles sont au nombre de six, dont par souci de simplification je ne citerai ici que les quatre premières.

---

1. *Sur l'interaction, op. cit.*

Dyade	Principe
1 - SS	Symétrie stable
2 - ↑↑ et ↓↓ *	Complémentarité stable
3 - ↑↓	Concurrence symétrique pour la position supérieure
4 - ↓↑	Concurrence symétrique pour la position inférieure

* ↑ indique la position supérieure et ↓ la position inférieure.

On peut observer tous les jours, autour de soi, des exemples de l'une ou de l'autre des quatre premières dyades : une mère et son enfant sont dans la plus classique des relations complémentaires ; deux amis de lycée, dans la même classe, de même niveau et de même milieu, ont entre eux une relation symétrique ; deux familles japonaises qui se rencontrent pour la première fois sont en concurrence symétrique pour la position inférieure, comme le montrent la cérémonie des salutations et le jeu très subtil des inclinaisons réciproques ; deux équipes de hockey sur glace en compétition pour le titre olympique ont une relation de concurrence symétrique pour la position supérieure.

Imaginons deux amis, tous deux amateurs de golf, et voyons ce que donnent les quatre dyades :

1 - Symétrie stable	Pierre et Marc : *Nous avons le même handicap, jouons ensemble.*
2 - Complémentarité stable	Pierre à Marc : *Je joue mieux que toi, je vais t'apprendre.*
3 - Concurrence symétrique pour la position supérieure	Pierre : *Je joue mieux que toi, je vais te battre.* Marc : *Non, c'est moi qui joue le mieux et qui vais te battre.*
4 - Concurrence symétrique pour la position inférieure	Pierre : *Je n'ai pas joué depuis des mois, je vais avoir du mal à tenir 18 trous.* Marc : *Moi, c'est pire, j'ai la grippe, je ne vais rien faire de bon.*

Une remarque : les dyades 3 et 4 se rencontrent principalement dans les relations personnelles entre vendeurs et clients, où elles peuvent être assez perverses. Ainsi, la dyade 3 est une spécialité des marques de mode très branchées, généralement situées entre le haut du milieu de gamme et le début du secteur du luxe, et soutenues par la presse féminine. Les relations qui s'établissent alors entre vendeuses et *fashion victims* valent leur pesant de caviar, chacune ayant à cœur de concurrencer l'autre pour la position de supériorité.

Quant à la dyade 4, elle s'observe également dans le cadre des rapports vendeurs-clients, mais un peu dans tous les secteurs, par exemple entre un acheteur peu sûr de lui et un vendeur un tant soit peu habile. Le premier pourra confesser son incompétence, et le second le mettre à l'aise en admettant que lui-même ne s'y retrouve pas toujours dans les offres complexes proposées par les fabricants.

On sent bien toutefois que ces deux types d'attitude ne peuvent résulter que de certains types d'interactions personnelles, et non du comportement global d'une marque vis-à-vis de ses consommateurs. C'est pourquoi les deux dyades les plus fréquentes dans l'univers des marques sont les dyades 1 et 2 : symétrie et complémentarité, l'une et l'autre stables au moins un certain temps, jusqu'à ce que les évolutions du marché, de la marque ou des consommateurs entraînent une modification de leur équilibre.

Complémentarité stable

En lançant l'iMac, Apple a défini deux positions mutuellement complémentaires : l'une pour ses consommateurs (celle d'un enfant impatient de « jouer à l'Internet », à qui l'on dit *Plug and play*), l'autre, *ipso facto*, pour lui-même (celle de l'adulte qui satisfait les caprices de l'enfant). La marque occupe la position de supériorité.

Starbucks a fait passer les Américains d'une position de profanes à une position d'initiés en matière de café, faisant par là même figure de maître par rapport à ses apprentis : là encore, la marque occupe la position supérieure. Larousse, démocratiseur du savoir, occupe lui aussi tout naturellement la position de celui qu'on appelait autrefois le maître : il est une marque de l'apprentissage, comme peuvent l'être Danone ou Nestlé dans l'alimentaire. Hewlett-Packard, au terme d'une longue étude, a découvert que les valeurs de la marque en faisaient un « mentor ».

FRANCE TELECOM, en disant « Bienvenue dans la vie.com », avait adopté une position de guide : « Nos clients attendent que nous éclairions le sens de la révolution qui se prépare avec la convergence entre le mobile, le téléphone fixe et Internet. Notre volonté, c'est d'accueillir chacun dans ce monde nouveau qui se dessine et qui n'est pas réservé à quelques internautes. » En même temps, FRANCE TELECOM se présentait comme une marque « en avance » sur son temps. La supériorité ici était très subtilement indiquée, réelle.

Le célèbre slogan « Moulinex libère la femme » donnait à la marque un rôle émancipateur.

ELECTROLUX décline une formule simple : « Nous pensons à ceux... » pour qui ménage rime avec quotidien (aspirateur ErgoRapido), ou qui ont plus d'ambition que de savoir-faire (four avec recettes automatiques). En d'autres termes, nous sommes complémentaires.

Tout comme sont complémentaires le parfum « J'adore » et... les adoratrices de la marque DIOR, qui n'hésitaient pas à payer très cher de simples tee-shirts ornés de la mention « J'adore Dior ». Quoi de plus logique ? Voilà un nom qui commence comme « Dieu » et finit comme « or ». Or... on n'adore que Dieu, toujours nimbé d'or, comme la blonde Charlize Théron, recrutée pour l'occasion, mais si bien auréolée qu'à moins de lire son nom sur les annonces ou les affiches, il était impossible de la reconnaître : l'image sainte était littéralement éblouissante. Il ne restait qu'à la vénérer.

Lorsqu'elle prend une position institutionnelle, une marque s'inscrit également dans la complémentarité, en l'occurrence dans une forme de « supériorité » : c'est le cas de DANONE avec l'Institut Danone pour la santé, par exemple, dont le discours pourrait presque être celui d'un ministère – d'où la nécessité de compenser cette « prise de hauteur » par des communications de marque *stricto sensu*, pour se replacer de plain-pied avec le consommateur.

C'est ainsi que TOTAL signe ses campagnes « Pour vous, notre énergie est inépuisable » et CITROËN : « Vous n'imaginez pas tout ce que Citroën peut faire pour vous », tandis que GAZ DE FRANCE parle d'« Une énergie durable entre nous ». EDF a accompagné son changement d'identité visuelle en 2005 avec une déclaration qui procédait clairement d'une position complémentaire de celle de ses clients : « Vous êtes l'énergie de ce monde. Nous sommes fiers d'être la vôtre ». La déclinaison professionnelle de cette campagne était encore plus explicite : « Nos conseillers EDF Pro ne savent peut-être pas comment faire un bœuf Strogonoff, mais vous, vous ne savez peut-être pas comment faire des économies d'énergie. »

C'est là une tendance lourde qui fut celle de la SNCF quand elle déclarait : « À nous de vous faire préférer le train », ou bien d'EDF du temps où elle disait « Nous vous devons plus que la lumière » : il s'agissait dans les deux cas de corriger de vieilles habitudes monopolistiques et d'inciter aussi bien l'interne que les consommateurs à considérer que les deux marques étaient devenues des entreprises de service. L'inversion des rôles suggérée par « Chez Nestlé, le président, c'est Bébé » est une autre façon de montrer que pour certaines marques, la seule position possible consiste à tirer la leçon du fait que le client est roi.

Symétrie stable

C'est la dyade adoptée un temps par la MAIF : « Nous voulons que nos nouveaux membres adhèrent à nos valeurs. Le message est politique : nous sommes les compagnons du sociétaire et nous raisonnons en termes d'affinité », déclarait son directeur de la communication au moment du lancement de sa première campagne TV. La marque cherchait visiblement une relation d'égalité.

Gap, de même, ne se veut pas « prescripteur de style. Notre marque célèbre l'individualisme, et toutes nos campagnes montrent des gens qui portent les vêtements Gap d'une façon qui leur est propre. Gap s'adapte au style individuel de ses clients. » USB signe ses campagnes depuis plusieurs années d'un simple « You and Us ».

À la RATP, on se définit comme « partenaire de la vie urbaine de chaque individu », donc en position d'égalité.

Leclerc se présente souvent comme le partenaire des consommateurs, celui qui anime les troupes et se porte en tête du cortège des manifestants, certes, mais à leurs côtés, sur un pied d'égalité, ce qui lui permet d'apostropher le gouvernement (« On ne peut pas laisser les grandes marques pratiquer des prix excessifs sans rien faire ») et de conclure sa plaidoirie en invitant « les grands groupes industriels à nous accompagner dans ce combat citoyen qu'est la défense du pouvoir d'achat des Français. »[1]

Le parfum Anaïs Anaïs, de CACHAREL, a longtemps fondé son identité sur un double jeu de positions en miroir les unes par rapport aux autres : d'abord celui des deux visages de jeunes filles penchés l'un vers l'autre, si ressemblants qu'ils donnaient parfois l'impression d'être le même (et c'était parfois le cas) : position de symétrie proche de la gémellité. Ensuite l'autre position symétrique, celle des jeunes filles à qui étaient destinées ces images, elles aussi absorbées dans l'introspection narcissique propre au tout début de l'adolescence.

Cela dit, si la durée de vie d'une dyade peut être assez longue, elle n'est pas éternelle. Vient toujours un moment où il faut en changer, et c'est le moment de tous les dangers.

Anaïs Anaïs a quitté le hit-parade des parfums les plus vendus dans le monde en renonçant à son double jeu de miroirs et à une position de symétrie absolue : une jeune fille, une seule, prenait pour la première fois la parole au nom de la marque. En se déplaçant ainsi du « Nous » au « Je » déguisé sous une déclaration faite avec le sourire, mais droit dans les yeux (« Un jour, la tendresse s'étendra sur le monde »), la marque a déséquilibré les positions et modifié en profondeur une identité qui, de cette manière, se rapprochait trop de celle de ses concurrentes pour maintenir avec elles cet écart, cette différence sans laquelle aucune grande marque ne survit très long-temps.

Le passage du temps déplace en effet l'équilibre de toutes les dyades. STARBUCKS, une fois accomplie son œuvre d'initiateur, devra inévita-blement changer de position, tous ses clients ayant rejoint le club des connaisseurs de café. Quand les profanes deviennent initiés, ils quit-tent leurs premiers maîtres : il leur en faut un autre, à moins qu'ils n'en aient plus besoin du tout, ou plus envie. De même, les enfants sont destinés à grandir, et les rebelles à rentrer dans le rang, ou à se

---

1. Annonce publicitaire, pleine page du *Figaro*, 9 janvier 2008.

marginaliser : Apple aussi devra un jour changer sa position, renoncer à traiter ses clients comme des gamins ou à les enrôler dans un combat dépassé, pour ne pas dire une secte.[1]

Il semble que la marque ait commencé à la faire, mais en durcissant sa position de supériorité, et en quittant celle de grand frère complice pour une arrogance et un impérialisme qui commencent à lui être reprochés par nombre de commentateurs, certains issus des rangs de ses critiques jusqu'alors les plus enthousiastes ou pire, de ses plus fidèles clients.

Pour corriger ce genre de dérive (toujours possible quand on se laisse emporter par des succès foudroyants comme l'iPod ou l'iPhone chez Apple), Nivéa a pris bien soin d'équilibrer sa campagne généraliste sur « La beauté », où elle seule prenait la parole, par différentes actions sur son site Internet où cette parole était rendue au public, et au centuple.

Le pôle des Relations

Il y a un monde entre le discours que les marques tiennent sur le chapitre des relations, et ce que le public en pense. En résumé, les marques se racontent de belles histoires que le public écoute d'une oreille distraite, ou sceptique, ou n'écoute pas du tout.

Prenez un mot comme « authenticité »[2] : les marques n'ont que lui à la bouche (lui et quelques autres comme « confiance », « proximité », « convivialité », « transparence » – j'en passe, la liste est trop longue). Pour certaines marques, l'« authenticité » a tellement d'importance qu'à les en croire, toutes leurs réflexions, toutes leurs actions tournent autour d'elle et s'y rapportent comme à la pierre de touche qui jugera de leur pertinence et de leur valeur : c'est le cas chez Philips, par exemple.

---

1. Voir à ce sujet J. S. Young, *Steve Jobs*, Micro Application, 2006 et les commentaires de P. Breton in *Le Culte de l'Internet*, La Découverte, 2000.
2. James H. Gilmore, B. Joseph Pine II, *Authenticity*, Harvard Business School Press, 2007.

Le raisonnement sur lequel ces marques s'appuient paraît imparable : les jeunes, en particulier, demandent plus d'authenticité (ou de proximité, ou de transparence, etc.). Nous allons tout faire pour leur en donner, et le dire. Ils y seront sensibles, donc ils nous seront fidèles. CQFD.

Cependant, écoutez les propos d'un jeune surfeur anglais, âgé de quinze ans, T. Carr :

> J'ai gagné une compétition qui était sponsorisée par COCA-COLA et j'ai trouvé que c'était un peu bizarre. Pour moi, il faut qu'il y ait un lien bien clair entre la marque et la personne ou l'événement qu'elle sponsorise. C'est sympa de sortir de l'eau et qu'on vous offre un Coca, parce que ça énergise, mais où est la relation entre Coca et le surf ? Ça n'a pas de sens, pour moi. J'ai gagné une planche avec le logo de Coca, une bonne planche, mais le logo m'embêtait. Ce n'est pas un logo de surf. Alors je l'ai vendue. Ce n'était pas authentique. J'imagine que Coca veut se mettre dans le surf parce que c'est cool, et tant mieux si grâce à eux il y a eu cette compétition. Mais un meilleur exemple de bon sponsoring, pour moi, c'est quand PLAYSTATION a sponsorisé la première nocturne de surf, chez nous. Ça, ça marche bien, à cause des lumières et des effets spéciaux.[1]

Pour paraphraser une ancienne campagne publicitaire de FORD, l'important ce n'est pas ce qu'on dit, c'est ce qu'on fait. Si ce qu'on fait dévoile une autre authenticité que celle dont on se réclame – une authentique démarche commerciale, et non un authentique intérêt pour le surf – le beau raisonnement du début retourne comme un boomerang à l'envoyeur.

Ce genre de malentendu est constant entre les marques et le grand public, et c'est toujours le même : il consiste à effacer la relation fondatrice, commerciale, celle sur laquelle toutes les autres reposent, et à empiler dessus tout ce que les consommateurs « attendent » (comme s'il était évident qu'ils attendent, espèrent ou veuillent quoi que ce soit) : de la complicité, de la chaleur, de l'émotion, que sais-je. Et puis à espérer que tout le monde soit content.

---

1. T. Carr in *The Future of Brands*, New York University Press, 2000.

Vous avez déjà monté un château de cartes ? Il vous est venu à l'esprit d'enlever celles du dessous et d'espérer que le reste tienne tout seul en l'air ?

Les relations d'une marque avec ses consommateurs sont tout aussi fragiles, pour cette première raison qu'elles commencent par nier ce sur quoi elles sont bâties, c'est-à-dire par faire comme si la transaction marchande n'était pas le but de la relation.

Pour une deuxième raison, aussi : c'est qu'il est impossible de nouer une relation affectivement neutre. Dès que nous sommes en contact avec quelqu'un ou quelque chose – et cela vaut pour les marques comme pour les lieux, les événements ou les gens – si nous accordons à ce contact un tant soit peu de valeur ou d'importance, même de façon fugace, nous le « colorons » en positif ou en négatif. L'attirance ou l'aversion, la sympathie ou l'antipathie sont immédiates, et difficilement contrôlables : la psychologie et les sciences cognitives en découvrent tous les jours de nouvelles preuves.

Évidemment, dans le cas des marques, une seule de ces deux options est envisageable. Dès que la « coloration » commence à se refroidir, à devenir distante, agressive ou arrogante, la marque est en danger. Si elle est inexistante, ce n'est pas beaucoup mieux. L'éventail des qualités possibles d'une relation entre marques et consommateurs est donc d'emblée restreinte à la seule moitié « positive » de cet éventail, d'où l'apparition des « *lovemarks* »[1].

Il s'ensuit souvent que la seule façon d'aborder la question de la relation consiste à établir une liste plus ou moins longue de qualités. Dans la pratique, cependant, le vocabulaire utilisé se réduit à un petit nombre de qualificatifs :

- Les 3 Suisses lancent une campagne de publicité destinée à créer une relation « émotionnelle » avec les clientes potentielles ;

- McDonald's creuse toujours le même sillon affectif en déclarant « We love to see you smile » ;

---

1. K. Roberts, *Lovemarks, le nouveau souffle des marques*, Éditions d'Organisation, 2004.

- De même, BRANDT espère « établir un lien affectif et fort » avec les femmes en signant : « C'est bon de pouvoir compter sur Brandt » ;

- À l'inverse, DIOR ne veut pas, avec son site Web, « devenir une marque "copine" pour les internautes » ;

- LA POSTE a misé toutes ses récentes campagnes sur le thème de la confiance ;

- NESTLÉ déclare que « Ricoré est une marque gentille. Entre Ricoré et ses consommateurs, il y a presque de l'amour ».

Cependant, ces listes de valeurs ou de qualités sont de peu d'utilité, car ce sont toujours les mêmes auxquelles ont recours à peu près toutes les marques, ce qui ne les aide guère à se différencier les unes des autres. Qui, de toute façon, ne souhaite pas avoir avec ses clients une relation chaleureuse, confiante, intime, fidèle et solide ?

Il est bien plus utile de chercher comment se structurent, au fil des échanges, les relations d'une marque avec ses consommateurs. Or elles se structurent toujours, mais en profondeur, ce qui explique pourquoi il est parfois si difficile de les faire évoluer. Cela devient même carrément impossible lorsqu'on ne sait pas quel modèle relationnel est à l'œuvre sous la surface faussement lisse des apparences. Nombre de réunions de groupe s'avèrent ainsi décevantes parce que les consommateurs, mis dans une situation totalement artificielle (parler trois heures de suite sur une marque de bière à laquelle on n'a jamais accordé plus de quelques secondes d'attention au supermarché a de quoi laisser muets beaucoup de gens) s'en tirent en répétant, en boucle, les mots que le marketing leur a appris à employer. Comme ils ont accepté d'être là et qu'on leur donnera un chèque à la sortie, ils jouent le jeu qui consiste à parler, quitte à parler pour ne rien dire. Comment s'étonner qu'il en sorte des litanies de phrases toutes faites, miroirs à peine déformés des énumérations de qualificatifs initialement proposés par l'animateur ? Il a beau se battre les flancs, à la question « Quelle relation avez-vous avec cette marque ? », il obtient toujours les mêmes réponses, qu'il s'agisse de chaussures, de soupes en boîte ou de chemises de nuit.

Une liste de mots ne sert pas à grand-chose. En revanche, deux modèles très simples d'analyse de la relation, proposés par l'École de Palo Alto, peuvent aider à comprendre celle qui unit marques et consommateurs :

- le premier consiste à tirer la leçon du fameux principe selon lequel, dit P. Watzlawick, « toute communication présente deux aspects, la relation et le contenu, telle que la première englobe toujours le second » ;

- le second, de même, consiste à chercher comment se servir de cet autre principe selon lequel « toute relation obéit à l'un ou à l'autre de ces deux modèles : le jeu ou le rituel ».

Relation et contenu

La relation (par exemple celle d'une marque avec ses consommateurs réguliers ou irréguliers) est importante parce que c'est elle qui donne son sens au contenu d'une communication. Or on l'a dit, tout, dans la marque, est communication.

De là à dire que son contenu a moins d'importance que cette relation, il y a un pas qu'il faut se garder de franchir : dans certains cas, le contenu d'une action de marque a du sens par lui-même, par exemple quand FRANCE TELECOM met en place, sans tambour ni trompette, le service de rappel automatique d'un numéro occupé. Inversement, une marque peut avoir établi d'excellentes relations avec ses consommateurs sans que cela garantisse le moins du monde le succès d'une nouvelle initiative. Tout le monde aimait BIC, mais cela n'a pas suffi à faire le succès des parfums BIC.

Ici comme ailleurs, il faut se garder de tout extrémisme.

Cependant, il est vrai que la relation est, dans tous les sens du terme, primordiale. Rien ne le démontre mieux que le succès de COCA-COLA : il ne tient pas (il n'a jamais tenu, si l'on en juge par le fait que le produit lui-même n'a jamais été ni une exclusivité, ni une rareté) à la boisson elle-même. Certains psychologues expliquent en fait que « ce que vend Coca-Cola, c'est une continuité entre les générations, un lien vivant entre des cultures différentes, ce qu'il y a de fondamental et d'essentiel chez les humains. Ça va jusqu'à une sorte de lien spirituel. En somme, il existerait une harmonie globale distincte du vécu de chacun. L'idée, c'est de vivre pareille harmonie, que le monde ressemble à ça. »

Si le « produit » CLUB MED a fait le succès initial de la marque, il faut noter qu'un certain type de relation était dans la marque dès l'origine, et a clairement fait son succès. C'était cette relation-là que les gens venaient chercher au Club, sinon ils seraient allés à l'hôtel voisin à Djerba ou à Agadir, qui offrait également le gîte, le couvert et le même climat, quelquefois pour moins cher et dans un cadre plus luxueux. Bien sûr, la formule du « tout compris » était attractive, mais elle fut imitée. Ce qui ne le fut jamais, c'est le système des GO, des GM, des chefs de village, et les liens qui se nouaient entre les uns et les autres.

Au moment du lancement de la New Beetle, la direction du marketing de VOLKSWAGEN choisit délibérément de perpétuer le langage traditionnel de la marque (« honnête, sans prétention et original ») pour ne pas risquer de rompre « ce qui est fondamental, c'est-à-dire le lien émotionnel qui existe entre la Coccinelle et ses adeptes. »

La légende veut que la reine d'Angleterre se soit vu offrir un nouveau BARBOUR le jour où elle demanda à la maison mère qu'on lui remette en état celui qu'elle possédait. « Je veux bien, répondit-elle, mais réparez-moi quand même l'autre, j'y suis très attachée. » Au point, probablement, de ne même plus s'apercevoir qu'un BARBOUR est lourd, qu'on n'arrive pas toujours à se débarrasser de son odeur, et que dans la catégorie « veste chaude, légère et imperméable », on fait aujourd'hui des produits techniques beaucoup plus performants et moins chers. Mais la relation l'emporte sur le contenu : les balades en forêt, les promenades à cheval, les parties de pêche ou de chasse, réelles ou imaginaires, ont fini par se déposer sur le BARBOUR – tout comme les randonnées en bande chez les cousins d'Auvergne, pendant les grandes vacances, ont plus modestement imprégné des générations de vieilles PATAUGAS qui traînent encore au fond des placards sans que personne ait le cœur de s'en débarrasser.

Les marques qui sont ainsi parvenues à provoquer un effet « doudou » semblent avoir atteint cet Olympe de la fidélité que tout le monde cherche à escalader, depuis quelque temps.

Mais c'est peut-être dans l'alimentaire que le rôle de la relation l'emporte le plus sensiblement sur celui du contenu (en l'occurrence, le produit). Tout le secteur, ou peu s'en faut, est sous le signe de la relation nourricière, c'est-à-dire de la figure maternelle ou de ses différents substituts (un grand-père « gâteau », parce qu'il symbolise la tradition, peut très bien représenter la mère). Il s'ensuit qu'il est presque impossible d'être une marque alimentaire en faisant l'impasse sur la relation, même quand on possède le meilleur produit de sa catégorie, même quand on peut ou quand il faudrait argumenter concrètement sur des qualités qui seules le différencient réellement de la concurrence.

En regard de cette relation maternante, il y a une relation plus directive à l'œuvre, celle-là, dans toutes les catégories de produits. Elle consiste à donner sinon des ordres, du moins des conseils, des incitations à passer à l'action, des encouragements, bref, à réorienter les comportements, ou du moins à suggérer que ce serait de l'ordre du possible, voire du souhaitable. Les exemples abondent : « Never Hide » (RAY-BAN), « Partage, si t'es un homme » (CRÉDIT COOPÉRATIF), « You can » (CANON), « Be like no other » (VAIO/SONY), « Take care » (GARNIER), « Surmontez l'introvertie qui est en vous » (nikewomen.com), « Express yourself » (LAVAZZA), tous descendants, dirait-on, du célèbre « Just do it » de NIKE, lui-même héritier d'un langage publicitaire qui fut toujours tenté par le recours à l'impératif (« Attention, Madame ! L'embonpoint vous gagne ! Savonnez-vous avec le savon Amiral à base d'extrait de fiel spécial, et vous resterez indéfiniment svelte et élégante. »[1])

On voit par ce dernier exemple que si le contenu (ici le savon, ou la marque de savon) est interchangeable, la relation qui l'enveloppe reste toujours plus ou moins stable, et ne peut qu'osciller entre deux grandes options : cajoler comme Maman, ou commander comme

---

1. Publicité datant de 1900, *Cosmétiques : être et paraître*, Ghozland, Milan, 1987.

Papa. Un curieux hybride de ces deux options est né chez THALYS, avec l'image d'un bébé en costume cravate, assis en 1re classe devant son ordinateur, mais nourri à la cuillère par une main féminine et invité à se faire « materner » sur le trajet Paris-Rotterdam. Comme nombre d'hybrides, celui-ci était si monstrueux que THALYS y a vite renoncé. Aucun de ses clients, apparemment, ne s'était reconnu dans ce portrait peu flatteur.

Jeu et rituel

C'est souvent la publicité qui est chargée de formuler le type de relation que la marque souhaite créer avec ses consommateurs. Elle peut le faire de façon explicite, ou implicite.

Explicites : le « & » de FRANCE TELECOM, la signature de BROTHER (« At your side ») ou d'EPSON « Qui vous comprend mieux qu'Epson ? ». Explicites, les biscuits BN : « De l'amour à croquer », ou bien McDO-NALD'S, aussi bien en France (« McDo pour les intimes ») qu'aux États-Unis (« We love to see you smile »), ou encore l'ami Ricoré.

Implicite, la relation exprimée par NESTLÉ dans son logo : un nid avec un oiseau et deux oisillons.

Mais quelquefois, c'est une réflexion et une action plus globales qui précisent le genre de relation recherchée par une marque avec ses consommateurs. BOOTS (un herboriste anglais qui a fondé la marque en 1877 puis est devenu pharmacien) a opéré une véritable révolution un peu avant les années 2000, en installant au premier étage du magasin de High Kensington Street, à Londres, un espace intitulé Health & Beauty Experience avec 44 services différents qui vont du nettoyage de peau à la pose de tatoos en passant par une épilation au laser à des prix à peine supérieurs à ceux d'une traditionnelle épilation à la cire. Tout a changé chez cette enseigne mythique au Royaume-Uni, en vertu d'une approche de plus en plus holistique de la santé, qui inclut désormais le bien-être. « Nous avons toujours eu pour mission de faire que les gens aillent mieux. Maintenant, nous cherchons à ce qu'ils soient au mieux de leur forme », dit-on chez BOOTS. Et cela va jusqu'à la mise en place de programmes intitulés Smoking Cessation Program ou Boots Dental. Surgeries (des rencontres préparatoires à une intervention ou à des soins entre un dentiste et des patients qui n'en ont pas vu depuis longtemps), activités non lucratives qui complètent la panoplie d'actions mises bien concrètement en place pour signifier l'évolution et l'élargissement de la relation que BOOTS entend établir avec ses clients.

Cet exemple est symptomatique du *jeu* qu'une marque introduit dans sa relation avec les consommateurs pour la renouveler. Effet de surprise, légère désorientation, nouvel espace, nouveaux produits, nouvelles habitudes à prendre : le rituel établi jusque-là est cassé.

Tous les *vrais* changements de « concept », c'est-à-dire ceux qui ne se bornent pas au choix d'une nouvelle moquette ou à l'adoption d'un mobilier à la mode, sont des jeux. Ils correspondent à des déplacements de l'identité de la marque, et ce déplacement s'exprime par l'introduction du jeu dans un rituel relationnel jusque-là (trop) bien huilé. C'est à quoi correspond la tendance au « *retailtainment* », venu des États-Unis où la distribution tire parti depuis longtemps des ressources du show-business pour animer les magasins et divertir le consommateur. Dans tous les cas, il s'agit de bien autre chose que de vendre : il s'agit de « nouer avec la clientèle une relation commerciale qui ne soit pas purement mercantile ou utilitaire ».

Une autre façon de renouveler la relation est d'entretenir une sorte de jeu amoureux avec le consommateur, qui fonctionne d'autant mieux qu'il existe d'abord à l'intérieur de la marque. Ainsi R. Thérond, juste avant de passer la main sur *PARIS-MATCH*, déclarait qu'« un reporter n'est jamais aussi bon que quand il tombe amoureux de son sujet » : c'est évidemment ce qui lui est arrivé avec son magazine fétiche, dont il avait bien conscience que c'était une marque et qu'il fallait la défendre (« Notre marque, c'est la rapidité et la liberté d'action »). Nul doute que le même jeu se joue avec le lecteur, ce qui explique en retour l'attachement farouche de certains au titre, attachement qui peut aller jusqu'à l'osmose (« *PARIS-MATCH*, c'est comme notre album de famille ») mais verse à l'occasion dans le dépit ou la bouderie (« Un jour, j'ai trouvé que ça allait trop loin dans le voyeurisme, je l'ai boycotté pendant plusieurs mois, mais finalement j'y suis revenu, parce que j'ai eu beau chercher, il n'y a rien qui ressemble à *PARIS-MATCH*. »)

Il y a également des cas où le jeu fait partie intrinsèque de l'identité de la marque, comme chez Diesel ou chez Google (avec les jeux visuels autour du logo). Mais alors, s'il devient la règle, le jeu n'introduit plus de jeu (c'est-à-dire d'espace, ou de mouvement) dans la marque, il tourne paradoxalement au *rituel*.

N'en concluons pas toutefois que l'un vaut mieux que l'autre : les marques ont besoin des deux.

Weight Watchers est une marque hautement ritualisée, tout comme Avon et Tupperware, et sans recours à la publicité, mais simplement par l'organisation de réunions ou de ventes à domicile. Obao tente de renaître après une longue période d'éclipse en proposant sur Internet ses « rituels bienfaisants de l'Extrême-Orient », et organise son site autour du rite visuel de l'ouverture des doubles portes coulissantes. À leur façon, Ikea ou Starbucks sont également des marques ritualisées : seuls les initiés savent comment est organisé un magasin Ikéa, et qu'il faut prendre soin de noter au passage les références des meubles à l'aide des petites fiches et crayons disponibles un peu partout, sinon on ne peut pas les retrouver dans les allées où ils sont stockés à plat dans de grands cartons, et où il faut les prendre soi-même avant de passer en caisse. Un client qui entre pour la première fois chez Starbucks est désarçonné quand on lui demande son nom et ce qu'il veut consommer : la carte est composée de noms bizarres, il ne sait pas dire tout de suite ce qu'il veut, ni qu'il faut payer avant d'être servi, ni qu'on lui a demandé son nom (en réalité, son prénom) pour l'écrire sur le grand mug en mousse de polyuréthane qui l'attend à l'autre bout du comptoir. S'il sera un client régulier, ce sera entre autres pour retrouver ces mêmes rituels et entrer grâce à eux dans la communauté Starbucks.

Lorsque Kodak introduisit les « kodakettes », ces trois petits lutins en maillots rayés rouge et bonnet noir, il s'agissait clairement d'un nouveau jeu, d'autant que les trois lutins passaient leur temps à s'amuser. Mais en peu de temps, le jeu tourna au rituel : chaque nouvelle campagne de Kodak mettait en scène une nouvelle farce jouée par les trois lutins.

La bière est un rituel, qui se célèbre dans les pubs. Guinness l'a si bien compris que ce qu'elle vend, c'est cela : un pub irlandais, des gens qui s'y rassemblent pour boire une bière, être ensemble, jouer au billard ou aux fléchettes, chanter et bavarder. Guinness, en partenariat avec Irish Pub Company et d'autres, vend de la convivialité irlandaise ritualisée autour d'une bière.[1]

Orangina mit quelque temps avant de tirer parti d'un léger handicap du produit : il faut secouer la pulpe pour qu'elle se mélange à la boisson, sinon elle reste au fond de la bouteille. Puis vint le jeu du « Secouez-moi, secouez-moi ! », qui dure encore et s'est transmis à Orangina rouge. Certes, nous sommes régulièrement « secoués » par les campagnes publicitaires : mais le jeu consisterait aujourd'hui à ne pas secouer du tout le public. Orangina est désormais du côté du rituel.

Certaines marques n'ont jamais eu besoin de passer par le jeu pour établir un rituel. Estée Lauder, par exemple, est une marque extrêmement ritualisée, qui ne déroge jamais à ses propres règles. Rolex, non plus, L'Oréal pas davantage.

Mais, Rolex introduit régulièrement du jeu à l'intérieur de son rituel de communication (jusqu'à brandir, dans une légende qui accompagne une photo de la chanteuse Diana Krall, ce mot d'ordre inattendu : « Breaking the rules »), tandis qu'Estée Lauder et L'Oréal Paris, aux deux extrémités du marché de la beauté, souffriront tôt ou tard, et davantage tôt que tard, de s'être enfermées trop longtemps dans leur propre rituel.

C'est que, de temps en temps, il *faut* relancer le jeu. Les marques ne s'y résolvent en général que le dos au mur, parce que le jeu apporte du désordre et qu'elles pensent encore que le désordre, c'est un mal absolu contre lequel il faut lutter par tous les moyens. Le jour où il deviendra clair pour elles que c'est aussi le seul moyen de réintroduire de la vie dans un système qui tend vers la sclérose, comme c'est le cas pour tout système excessivement ritualisé, elles y viendront peut-être plus volontiers.

---

1. R. Jensen, *The Dream Society*, Mc Graw-Hill, 2001.

LE PÔLE DES PROJETS

Chacune de nos actions a un but, même si nous ne le connaissons pas toujours. Nous sommes ce que nous projetons de faire ou d'être.

Rien d'étonnant à cela : A. Mucchielli rappelle que le contexte des identités – que j'appelle ici le pôle des Projets, pour les raisons que j'ai dites plus haut – est moins celui des acquis que celui des intentions. L'acquis est statique, l'intention est dynamique. Je ne suis pas seulement la somme de ce que j'ai été jusqu'à présent, je suis surtout ce que j'ai l'intention d'être. Tout ce que je fais, tous mes actes de communication (parole, geste, regard, action) expriment cette intention, parfois à mon insu. Il en va de même pour les autres, à qui j'attribue diverses intentions, réelles ou imaginaires.

C'est pourquoi on ne va pas très loin (rarement au-delà de son nom) quand on cherche à répondre tout à trac à la question « Qui suis-je ? », du moins tant qu'on cherche la réponse dans le rétroviseur. Mais si on regarde devant soi, les choses deviennent plus claires.

Il en va de même pour les marques : on peut répondre à la question de leur identité en cherchant quelles sont leurs intentions, leurs projets, leurs enjeux, leurs valeurs, leurs croyances, bref, ce qui les fait avancer, ce qui les motive (au-delà de leur motivation universelle qui est de gagner de l'argent, et dont la pertinence avoisine zéro pour le problème qui nous occupe, puisqu'en étant partagée par tous, elle s'oppose à toute logique de différenciation, fondement de l'identité de marque).

C'est peut-être même encore plus flagrant pour les marques que pour les individus, parce que toutes leurs actions ont un objectif, un calendrier, et un budget bien clairs, ce qui est rarement notre cas. Même quand elle ne fait pas ce qu'elle avait prévu de faire, paradoxalement, l'action d'une marque est toujours volontaire. S'il faut affecter un budget à une action promotionnelle pour contrer une campagne de la concurrence alors qu'on l'avait réservé au soutien de la nouvelle campagne de publicité, on le fait, bon gré mal gré, mais on le fait volontairement et consciemment, avec un but précis en tête.

Bien entendu, le mot Projets est à la fois large et trop étroit pour tout ce qu'il faut y mettre ici, mais encore une fois, simplifions les choses.

Et tout d'abord, observons que la démarche de mise en route d'un projet peut se décomposer en trois temps :

- Je suis dans l'état A.

- En vertu de telle vision, de telle valeur, de tel enjeu, de telle croyance, de telle conviction…

- … j'ai le projet d'atteindre l'état B.

Ce qui, en langage de marque, pourrait par exemple prendre la forme suivante :

- Je suis n° 4 de mon marché.

- En vertu de la prévision selon laquelle, dans quelques années, il n'y aura plus de place que pour trois marques…

- … j'ai le projet de passer dans l'année qui vient de n° 4 à n° 3, et de gagner encore un rang l'année d'après.

Ou bien :

- Je suis une banque bien placée sur le marché européen, mais celui-ci est très encombré.

- En vertu de ma conviction selon laquelle c'est en Amérique du Sud qu'il y a les meilleures perspectives de développement pour une banque comme la mienne…

- … j'ai le projet de devenir la première banque européenne en Amérique du Sud dans les trois ans à venir.

Ou encore :

- Je suis une marque alimentaire « écologique ».

- En vertu de mon refus de polluer l'environnement par des emballages plastiques…

- … j'ai le projet de rechercher des solutions « papier + verre » les moins nocives et au meilleur coût possible.

Le CLUB MED est né exactement sur ce type de raisonnement : G. Blitz vint trouver G. Trigano pour lui acheter des tentes afin de créer un village de vacances en Méditerranée. « Le monde actuel ne me convient pas, lui dit-il. Je veux en créer un autre. Tout est à faire, la société change, à nous de la faire évoluer. Vous pouvez m'aider à offrir des vacances nouvelles à des prix exceptionnels à des gens qui en rêvent. »[1]

Une marque n'a d'identité qu'en mouvement, et ce mouvement est celui de ses projets, car si elle n'avance pas, elle recule, et si elle reste sur place, aussi. Elle n'a pas d'autre choix que de se projeter sans cesse vers l'avenir proche ou lointain. Il s'ensuit que le pôle des Projets se structure autour de deux des trois temps d'élaboration du projet :

- le temps 1 est celui des Positions : « Je suis » (ou bien « Tu es » ou « Nous sommes ») dans telle « Position », ou dans tel état ;

- le temps 2 est celui des motivations : au nom de quoi le projet va-t-il se former ? En vertu de quel enjeu ? de quelles valeurs ? de quelle vision de l'avenir ? de quelle croyance ? de quelles convictions ?

- le temps 3 est celui de la définition et de la mise en route du projet lui-même.

Dans la vie quotidienne, nous mettons parfois moins d'une seconde à passer du temps 1 au temps 3. Dans la vie des marques, il en faut évidemment davantage.

Passons donc directement aux points 2 et 3, puisque le premier, on l'a dit, correspond au pôle des Positions.

Dans le cas de KARCHER, par exemple, les choses sont claires. Au point 2, nous avons une marque qui a pour motivation de mettre « son expertise et son savoir-faire au service de la rénovation du patrimoine mondial. » Elle le proclame donc au point 3 en disant, avec un clin d'œil : « Pour nous, il n'y a pas de petits projets. » Enfin, elle le démontre avec de spectaculaires interventions de ses équipes

---

1. G. et S. Trigano, *La Saga du Club*, Grasset, 1998.

au Mont Rushmore (avec les statues géantes de quatre présidents américains taillées dans le roc), sur le Christ qui surplombe la baie de Rio de Janeiro, ou sur la place Saint-Pierre à Rome.

Intentions, enjeux, visions, croyances, valeurs

Ah, les fameuses « valeurs »…

Fleury-Michon a pris le temps de s'organiser autour d'elles, après avoir constaté que la moitié de ses consommateurs avaient une vision ambivalente de la marque : pour eux, on ne pouvait être à la fois charcutier et traiteur, les deux métiers traditionnels de Fleury-Michon (on a du mal à comprendre pourquoi, étant donné le nombre de « charcutiers traiteurs » installés à tous les coins de rues de France…). Cette ambivalence s'était doublée, au fil du temps, d'une hiérarchisation introduite par la gamme de plats préparés frais sous vide signée Joël Robuchon, et d'une certaine dilution de l'identité provoquée, elle, par l'introduction de produits sans liens avec l'activité d'origine, comme les salades ou les produits de la mer. Interrogé sur la meilleure manière de résoudre ce problème d'identité, son PDG, répondit : « en faisant de l'épicurisme la valeur centrale de la marque », et en refondant aussi bien l'identité visuelle que la communication publicitaire à partir de cette valeur.

La revendication des valeurs est devenue très à la mode, depuis quelques années. Quelle est la marque qui ne s'est pas lancée à la recherche de ses valeurs ? Michelin, au moment de changer d'identité visuelle, s'est donné pour objectif d'exprimer « les valeurs de la marque, c'est-à-dire "l'innovation au service du client", d'où le choix final d'un Bibendum "salueur", le bras levé, plutôt que d'un Bibendum "fonceur". »

Renault a expliqué en changeant de campagne publicitaire, en septembre 2000, qu'une vaste étude menée pendant deux ans sur l'identité de la marque avait conduit à déterminer les valeurs fortes qui guident l'entreprise : « Elle est visionnaire, elle est audacieuse, et elle est chaleureuse. ».

Nivéa est d'un bleu qui évoquerait « la sympathie, l'harmonie, la fidélité, l'amitié ». Chez Krafts Jacobs, on déclare que la valeur centrale du chewing-gum Hollywood, aujourd'hui, c'est que « le bonheur appartient à ceux qui osent ». QUICKSILVER travaille autour des notions « d'authenticité, de plaisir, de liberté et de tribu ». GAP a pour valeurs « l'indépendance et l'individualisme ». AIGLE, « la protection ». CHANEL, « la modernité, l'insolence ». NIKE, « la pugnacité et la victoire ». ABSOLUT, « la clarté, la simplicité, la perfection ». Le CLUB MED, à une époque, incarnait « la générosité, la sensualité, la créativité, la beauté, la convivialité », mais aussi, au hasard d'une autre interview « la jeunesse, l'impertinence, la liberté et le bien-être », ou encore « la détente, la table, les enfants, l'action, le ressourcement personnel ».

N'en jetez plus ! Quand on peut faire entrer tout et son contraire dans la liste des valeurs d'une marque, c'est que le mot n'a plus grand sens, et d'autant moins qu'il reste un vœu pieux tant qu'on ne le met pas en pratique. Pouvez-vous deviner quelle marque a pour valeurs « famille, confiance, solidité, accessibilité, modestie, discrétion » ? Non ?[1] C'est que les valeurs ne sont pas, à elles seules, créatrices d'identité – pas plus que ne l'est une image de marque, ou son positionnement, ou son territoire. L'avantage de tous ces propos tenus sur les « valeurs » de la marque, est qu'ils permettent de lire en filigrane ce que les marques ne disent pas toujours : que leur identité porte en elle une utopie, et que nombre de leurs projets consistent à réaliser cette utopie. Si l'on ne devait en citer qu'une seule preuve, à tout seigneur tout honneur, on renverrait par exemple au célèbre chœur qui accompagnait un spot TV pour COCA-COLA au début des années 1970, et dont voici quelques paroles :

Je voudrais offrir au monde une maison, j'y mettrais de l'amour,
Des pommiers, des abeilles et de blanches colombes
J'aimerais apprendre au monde à chanter en toute harmonie.

Envolée quelque peu gâchée par les vers suivants, qui ajoutaient :

J'aimerais offrir au monde un Coke et lui tenir compagnie
Parce que ce que veut le monde aujourd'hui
C'est ça.

---

1. C'est Ford (*Stratégies*, janvier 2001).

Le temps des utopies

Quand on apprend que France Telecom, au moment de changer d'identité visuelle début 2000, avait pour plate-forme de marque : « Un monde qui communique plus et mieux a toutes les chances d'être meilleur », on ne peut s'empêcher de repenser aux analyses de P. Breton dans *L'Utopie de la communication*[1], reprises et développées dans *Le Culte de l'Internet*[2]: la « plate-forme » de France Telecom pourrait en être la synthèse.

Les utopies, autant que les valeurs mais moins visiblement, pullulent dans le monde des marques, au point qu'on peut se demander si tel n'est pas le vrai soubassement de leur identité.

Monoprix, en se définissant comme « démocratiseur des modes », ajoute que son ambition va bien au-delà, puisqu'il s'agit de rien moins que « d'embellir le centre-ville et le quotidien de nos clients citadins. »

La devise initiale de P. Larousse était « instruire tout le monde sur toute chose ». La marque qu'il a créée conserve encore aujourd'hui une trace de cette première mission, en se voulant « l'éditeur du savoir et des connaissances pour le plus grand nombre. »

Air France cherche à « Faire du ciel le plus bel endroit de la terre. » Kenzo fait des vœux « Pour que le monde reste beau. » La RATP a pour projet d'« Aimer la ville. »

Certaines marques, cependant, se contentent d'ambitions plus modestes, ainsi Éminence (« être bien ») ou Philips : « Let's make things better » (Faisons toujours mieux). D'autres, d'ambitions plus ou moins floues (« Noa : a fragrance with a new vision. ») Si floues qu'elles s'évanouissent assez vite.

Mais, à mi-chemin du *minimum minimorum* et de l'enivrement utopique, il existe des marques dont les « programmes », plus restreints, ont le mérite d'être clairs, voire réalistes. C'est le cas de Patagonia : « Nous avons une conception particulière des sports extrêmes comme moyen de se rapprocher de la nature sauvage. Il

---

1. P. Breton, *L'Utopie de la communication*, La Découverte, 2004.
2. *Le Culte de l'Internet, op. cit.*

faut défendre cette identité. » Ou bien de Compaq, qui se définit aujourd'hui non plus comme un fabricant d'ordinateurs, mais comme la marque qui développe tous les produits d'accès à l'information : micros, terminaux Internet, agendas électroniques, etc. Ou encore d'IBM, quand il se proposa d'être le fournisseur de « solutions pour une petite planète. »

C'est aussi le cas des marques qui ambitionnent de devenir la marque de référence sur leurs marchés respectifs, comme Décathlon qui « doit devenir le Nokia, le Sony, l'Ikéa du sport français », ou Babybel qui a pour ambition de devenir le « Coca-Cola du fromage », tout comme Gap voulait être le « Coca-Cola de la fringue », et Stimorol, l'« Absolut vodka » du chewing-gum.

La MAIF, elle aussi, est très claire sur ses intentions : « Notre démarche est militante, elle est basée sur le respect de la personne, et ce respect passe avant toute autre considération, y compris d'ordre financier. La MAIF a été fondée et s'est développée en mettant en avant l'humanisme et la solidarité. Notre modèle a réussi, et nous voulons développer une alternative au tout économique. »

Apple tire la leçon de son identité sous forme d'un programme d'action bien clair : « Être rebelle, c'est lutter contre l'hégémonie du PC. »

Une dernière catégorie de projets est celle qui incite directement le consommateur à participer à l'utopie implicite que le projet comporte. Il en existe de nombreux exemples, où l'on retrouve la tendance à l'autorité de très nombreuses marques, déjà évoquée plus haut :

- Lancôme : « Believe in beauty » ;

- Camper : « Imagine » ;

- Hewlett-Packard : « Invent » ;

- Siemens : « Be inspired » ;

- Lacoste : « Deviens ce que tu es » ;

- Hugo Boss : « N'imite que toi » ;

- APPLE : « Think different » ;

- SONY : « Go create » ;

- NESCAFÉ : « Open Up ».

Ou – retour au programme minimal – CALVIN KLEIN, avec le parfum CK be : « Just be ». Pour l'anecdote, c'était aussi la devise de D. Packard, l'un des deux créateurs de HEWLETT-PACKARD, une marque notoirement allergique à la publicité et qui pensait, comme son père fondateur, qu'il est inutile de claironner ses valeurs : il suffit de les vivre.

La méthode de l'empreinte, mode d'emploi

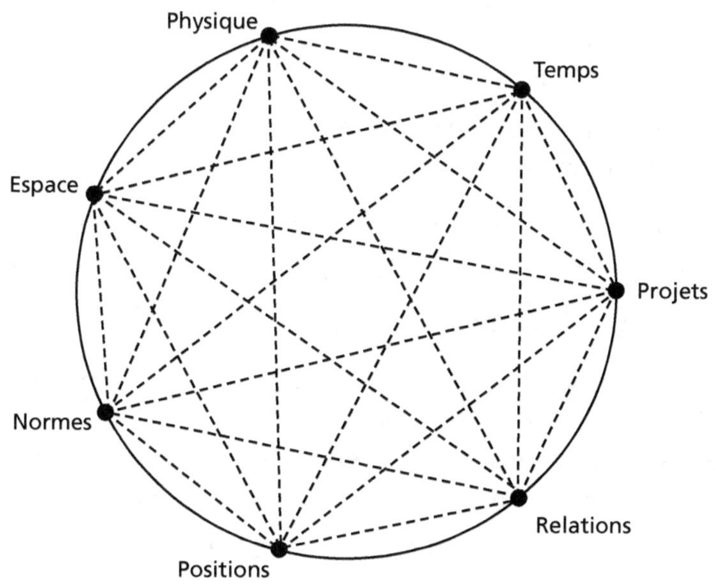

Figure 31 : La rosace de marque

Copyright : M.-C. Sicard

Pour les raisons précédemment expliquées, j'ai choisi de disposer les sept contextes de la communication non pas à la queue leu leu, sous forme de liste, mais selon une figure à sept pôles

Il m'arrive de supprimer le cercle : on obtient alors un heptagone. Mais l'heptagone, outre qu'il est doté d'un nom peu engageant, est une figure fermée, ce qui dénature le sens de l'identité de marque telle qu'elle est décrite ici : ouverte, au contraire, et plus intéressante par ce qui s'échange entre elle et l'extérieur, ou entre ses sept pôles, que par ce qu'elle « contiendrait ». Autrement dit, son contenu a moins d'importance que l'ensemble des relations qui s'y déroulent.

De plus, on a tendance à positionner une figure géométrique à peu près d'aplomb par rapport au cadre dans lequel elle se trouve : par exemple, alignée par rapport à la page d'un livre. Mais dans ce cas, pour respecter la symétrie, l'heptagone se retrouve soit avec une pointe, soit avec deux pointes en haut.

Or j'aurais beau plaider que telle n'est pas mon intention, le ou les deux pôles qui se trouveraient en haut seraient aussitôt crédités de plus d'importance que les autres.

Je préfère donc inscrire l'heptagone dans un cercle. Cette figure me paraît plus intéressante pour les raisons suivantes :

- les sept pôles sont équidistants et disposés le long d'un cercle pour qu'aucun ne soit en position de supériorité par rapport aux autres ;

- il ne s'agit pas d'une figure fermée ;

- ce qui joint les sept pôles entre eux a beaucoup plus d'intérêt que ce qui les relierait de l'extérieur. Certes, cela dessinerait une belle étoile à sept branches, mais si tentant qu'en soit le symbolisme, il n'a pas grand-chose à voir avec le sujet qui m'occupe ici.

On m'a fait observer que tant qu'à inscrire les sept pôles dans un cercle, j'aurais pu songer aussi bien à une sphère.

Pourquoi, en effet, ne pas imaginer une empreinte en trois dimensions, plutôt que deux ?

Parce que l'on se représente généralement une empreinte sur une surface plus ou moins plane : la neige, le sable, la pierre, le bois. Qui plus est, vous lisez ce texte dans un livre, et je souhaite simplifier autant que possible la lecture de celui-ci.

Dernier point : l'ordre dans lequel se trouvent les sept pôles le long du cercle est aléatoire, tout en obéissant à une certaine logique.

Il est aléatoire en ce sens que le pôle Physique, par exemple, pourrait être n'importe où ailleurs sur le cercle. Et il obéit à une certaine logique en ce qu'il faudrait tout de même qu'il reste encadré par celui du Temps et de l'Espace. Les quatre autres, de leur côté, peuvent intervertir leurs positions, du moment qu'ils restent également groupés. Pourquoi ?

Parce que les trois pôles Physique, Espace, Temps, sont (relativement) plus tangibles que les quatre autres, et l'on verra pourquoi il est important de vérifier que les empreintes de marque recourent bien aux deux groupes de pôles, et non à un seul. Ce qui apparaît mieux si on les distingue l'un de l'autre.

LES NEUF RÈGLES DU JEU

Chacun des sept pôles étant connecté à tous les autres, tout ce qui s'y passe est susceptible d'avoir des conséquences sur les six autres pôles. L'identité de la marque peut partir de chacun d'entre eux, et se propager ensuite à tout ou partie de l'ensemble. Autrement dit, chaque pôle est à la fois un texte et un hypertexte. On peut rappeler que le fonctionnement d'un hypertexte repose sur six principes[1] :

- principe de métamorphose ;

- principe d'hétérogénéité ;

- principe de multiplicité et d'emboîtement des échelles ;

- principe d'extériorité ;

- principe de topologie ;

- principe de mobilité des centres.

---

1. P. Lévy, *Les Technologies de l'intelligence*, La Découverte, 1990.

J'en ajouterai trois, en ce qui concerne l'identité de marque :

- principe d'émergence ;

- principe de tenségrité ;

- principe de pluralité.

L'identité de marque, analysée par la méthode de l'empreinte, offre un champ d'observation parfait pour l'application de ces neuf principes.

1. *Métamorphose.* De l'identité de marque, et parce qu'elle fonctionne en réseau, on peut dire, comme de l'hypertexte, qu'elle est « sans cesse en construction et en renégociation », et qu'elle peut « rester stable un certain temps », mais au prix d'un travail constant auquel participent aussi bien ses concepteurs que ses consommateurs.

2. *Hétérogénéité.* « les nœuds et les liens d'un réseau hypertextuel sont hétérogènes », on peut y trouver « des images, des sons, des mots, des sensations diverses », les liens peuvent être « logiques, affectifs, etc. ». Raison pour laquelle rien n'oblige à définir l'identité de marque uniquement par des « valeurs » : elle n'est pas une pure abstraction, elle ne se réduit pas à une « essence », elle a aussi une existence bien concrète, et comme tout ce qui est vivant en ce bas monde, il faut se résoudre à la voir comme un mélange impur peut-être, mais bien réel, de matériel et d'immatériel.

3. *Multiplicité et emboîtement des échelles.* L'identité de marque est fractale, comme on l'a vu avec le sticker des 3 SUISSES, c'est-à-dire que « des effets peuvent se propager d'une échelle à l'autre : l'interprétation d'une virgule dans un texte (élément d'un micro-réseau documentaire), s'il s'agit d'un traité international, peut se répercuter sur la vie de millions de gens (à l'échelle du macro-réseau social). »

4. *Extériorité.* À l'image de l'hypertexte, l'identité de marque « ne possède pas d'unité organique, ni de moteur interne. Sa croissance et sa diminution, sa composition et sa recomposition permanente dépendent d'un extérieur indéterminé ». Pas de moteur interne : la marque n'est décidément pas une machine, elle n'a pas non plus d'« âme », rien ne la meut de l'intérieur, seuls agis-

sent sur elles les différents acteurs et metteurs en scène qui en élaborent la représentation, avec (et jamais sans) l'accord et le soutien des consommateurs.

5. *Topologie.* « Dans les hypertextes, tout fonctionne à la proximité, au voisinage. Le cours des phénomènes est affaire de topologie, de chemins. Tout ce qui se déplace doit emprunter le réseau hypertextuel tel qu'il est, ou est obligé de le modifier. » Voilà pourquoi il faut partir, pour traiter l'identité de marque, d'une approche suffisamment synthétique pour contenir tous les chemins possibles, sans en négliger, en privilégier ou en oublier aucun. L'identité n'est d'ailleurs pas la somme de ce qui transite par les sept pôles, c'est le chemin le plus fréquemment emprunté par une marque donnée, sur une durée de temps significative, pour relier deux ou plusieurs de ces pôles.

6. *Mobilité des centres.* L'identité de marque est un réseau et donc « n'a pas de centre, ou plutôt, il possède en permanence plusieurs centres qui sont comme autant de pointes lumineuses perpétuellement mobiles, sautant d'un nœud à un autre », un peu à la manière d'une guirlande de Noël dont les ampoules s'allument et s'éteignent à tour de rôle.

Les trois principes supplémentaires qui me paraissent utiles pour comprendre le fonctionnement de l'identité de marque sont les suivants :

7. *Émergence.* Il existe un seuil en deçà duquel les efforts déployés par l'entreprise ne permettent pas de former une empreinte identitaire lisible. On pourrait croire que c'est uniquement une question d'investissements, mais c'est plus subtil, car à investissement égal, même modeste, la qualité de l'action marketing (incluant – mais ne se limitant pas à – la création publicitaire) peut créer une vraie différence.

Il n'y a quelquefois rien à redire aux déclarations d'une marque, sauf qu'elles ne « marquent » rien ni personne. Qui, par exemple, a affirmé : « Nous ne sommes pas là pour vous compliquer la vie » ? Je serais prête à parier que 99,99 % de la population l'ignore. Cependant, la notoriété de CITER, puisqu'il s'agit de CITER, doit être quelque peu supérieure à 0,01 % car même moi, qui ne loue jamais de voitures, je sais que c'est une marque de location de véhicules. Même exercice : qui a dit « Écoutons respirer le monde » ? Vous donnez votre langue au chat ? C'est pourtant une marque connue : LAFUMA, et la campagne de publicité qui le disait, ne déméritait pas plus qu'une autre. Mais là encore, à défaut de budgets notablement plus élevés, il faudrait de la constance et du temps pour que ces signatures fassent partie de l'identité de ces deux marques.

8. *Tenségrité.* On a vu à la fin de la première partie que l'architecture du vivant s'expliquait, en partie tout au moins, par le principe de tenségrité. Celui-ci concerne la façon dont les liens qui attachent entre eux les éléments d'un système vivant assurent sa stabilité par un certain jeu de tension et de compression.

L'application de ce principe à l'identité de marque permet de mettre en valeur le dynamisme des relations qui unissent entre eux les sept pôles. On a tendance, en effet, à penser ces relations comme des liens statiques – à vrai dire, on a du mal à les « penser » tout court, parce que personne n'a encore vraiment basculé dans une pensée de la relation : nous sommes tous enclins à réfléchir aux éléments d'un système, à les dénombrer, à les classer (par exemple, à distinguer les composantes du marketing-mix), beaucoup moins à réfléchir sur la nature de ce qui les relie entre eux. Quand on représente ces relations, un simple trait suffit en général.

Mais un trait ne suffit pas à expliquer les liens d'un système vivant. Comme l'ensemble du système, le lien lui-même est vivant, il bouge, il se tend, il se relâche. Il est plus ou moins fort, plus ou moins faible selon les circonstances. Mme Dubreuil a acheté pendant des années des yaourts DANONE et des goûters LU à ses enfants, mais le jour où elle a appris que DANONE fermait des usines LU, elle a été choquée, comme des millions de Français. Au même moment, elle a été encore plus choquée d'apprendre que MARKS & SPENCER, qu'elle fréquentait assidûment depuis des années, allait fermer : ses liens avec l'enseigne en ont été resserrés. Au moment de la catastrophe de l'Érika, révoltée contre TOTAL, elle avait cessé de fréquenter les stations-service. Elle allait souvent chez SEPHORA, mais depuis que sa carte de fidélité lui donne droit à des chèques de réduction, elle va plutôt chez MARIONNAUD. Cependant, la dernière fois qu'elle y est allée, elle a été mal reçue. Ses relations avec l'une et l'autre enseigne sont aussi fluctuantes que les différentes expériences qu'elle y fait.

9. *Pluralité.* Pour qu'il y ait empreinte de marque, il faut que l'identité, comme un tabouret, ait au moins trois points d'appui, si possible quatre, et idéalement davantage.

Au moins l'un de ces points d'appui doit appartenir au groupe des trois pôles « tangibles » (Physique, Espace, Temps), sinon l'identité manque de consistance. Au moins l'un d'eux doit appartenir au deuxième groupe de pôles, comparativement plus « intangibles » (Positions, Normes, Projets, Relations), sinon l'identité manque de puissance et d'élévation – en d'autres termes, de transcendance.

PLUSIEURS PÔLES À LA FOIS

Physique – Espace

Longtemps, CONFORAMA s'est présenté comme « le pays où la vie est moins chère », ce qui reliait deux éléments, l'un matériel (le prix), l'autre spatial (le pays). Aujourd'hui, LEE COOPER tente de se démarquer en se revendiquant comme « Fine english denim company », par référence à un tissu (matière) et à un pays (l'Angleterre). BOMBAY SAPPHIRE concentre de même dans son nom une couleur et un lieu (chance ou malchance, le temps que la marque se lance, la ville avait repris le nom de Mumbaï).

Physique – Normes

DANONE a lancé TALIANS avec une caractéristique bien précise : c'est l'eau minérale qui possède le taux le plus élevé de calcium (elle couvre 50 % des besoins journaliers en calcium). Ce faisant, TALIANS déplace légèrement la norme de minéralisation des eaux vendues en grande distribution, tout en respectant celle, non écrite, qui veut aujourd'hui que tout apport alimentaire protège la santé.

Le premier aspirateur DYSON avait un physique absolument hors normes, révélateur d'une technologie inédite dont la concurrence n'a emprunté, au début, que la forme, avant que toutes les marques ne se mettent à vendre à leur tour des aspirateurs sans sac. Mais les consommateurs avaient eu le temps d'apprendre à repérer l'identité d'une marque radicalement nouvelle. Les jus de fruits INNOCENT, de même, ont construit leur identité de marque sur un ingrédient (des fruits) et une rupture à la norme industrielle qui jusque-là voulait qu'on ajoute des conservateurs, du sucre et toutes sortes d'additifs aux jus de fruits vendus dans le commerce pour permettre une plus longue conservation, et donc une plus longue durée de mise en vente. INNOCENT a tout supprimé, sauf les fruits.

Physique – Projets

Un moyen de transport – activité matérielle – peut avoir un projet tel que : « À nous de vous faire préférer le train. » (SNCF)

Physique – Relations

Quand on a fait une fois l'expérience d'acheter des bibliothèques BILLY (les moins chères du marché), qu'elles ont résisté à quatre déménagements en quinze ans et se sont insérées sans problème dans tous les styles d'intérieur, on établit avec IKEA une relation de confiance difficile à ébranler par la suite. Inversement, quand on a choisi un fauteuil de bureau noir, avec des accoudoirs, et qu'après un mois d'attente on rentre chez soi pour déballer un carton dans lequel se trouve un fauteuil bleu, sans accoudoirs, orné d'une grande fente à l'arrière et auquel manquent deux roulettes sur quatre, c'est toute la relation avec BUT qui se retrouve estampillée « camelote ».

Physique – Temps

GRAND OPTICAL qui « fabrique des lunettes en une heure » joue à la fois sur un produit (pôle Physique) et sur le pôle Temporel. LUSTUCRU qui invente un riz à cuire en cinq minutes, aussi. AFTER EIGHT a construit son identité sur une alliance de goûts très particulière (menthe-chocolat) et un moment précis de la journée.

Espace – Positions

En ouvrant de très grandes surfaces consacrées aux produits de cosmétique et parfumerie en libre-service, SEPHORA a complètement modifié la relation traditionnelle qui s'établissait entre les marques et les clientes, et transitait obligatoirement par une vendeuse. Tout à coup, la liberté du consommateur prenait du sens : liberté de circuler dans de vastes magasins, liberté de toucher, d'essayer tous les produits, liberté de choisir entre des centaines de marques et pas seulement celles d'une petite parfumerie de quartier : SEPHORA s'est ainsi posée en libératrice de la consommatrice de produits de beauté.

Espace – Projets

Un lien exploité par TOTAL, lorsque la marque dit : « Vous ne viendrez plus chez nous par hasard. »

Espace – Relations

NATURE & DÉCOUVERTES avec ses magasins où les objets, les odeurs, les matières, les sons, tout rappelle la nature, THE BODY SHOP avec ses brochures et son étiquetage « engagés » sont quelques-uns des multiples exemples de marque essayant d'utiliser leurs espaces de contact avec le public à des fins de manipulation du pôle Relations.

Espace – Temps

En disant « Vous entrez sur les terres du CLAN CAMPBELL », le whisky CAMPBELL joue à la fois sur le pôle Spatial et sur le pôle Temporel, car les visuels de la campagne publicitaire multipliaient les allusions à l'époque moyenâgeuse (chapelle en ruine, armures, vieux portail de château, etc.). FEDEX travaille également sur ces deux pôles à la fois quand il explique : « Un de nos clients avait des entrepôts dans vingt endroits différents. Aujourd'hui, il n'en a plus que deux, et son cycle a été réduit de trois semaines à trois jours (…). Les avions FedEx sont les entrepôts volants de nos clients. »

Normes – Positions

OPIUM, parfum d'YSL, a eu partie liée à la fois au pôle des Normes par le fait même que son nom incite à la transgression d'un interdit, et au pôle des Positions, puisqu'il met la marque dans celle de dealer, et inversement ses consommateurs – c'est un parfum mixte – en position de drogués. Chics peut-être, mais drogués. La dyade est complémentaire.

Normes – Projets

Ce même Opium est très lié à la fois au pôle des Normes, puisqu'il se situe dans la transgression (par rapport à la drogue ou au sexe, l'un étant la métaphore de l'autre), et au pôle des Projets, car il n'est jamais question d'échapper à la dépendance, mais au contraire de la prolonger indéfiniment (c'était initialement un parfum « pour celles qui s'adonnent à Yves Saint-Laurent »).

Normes – Relations

La norme, sur Internet, c'est de répondre quand on vous parle, et de répondre vite. D'autant que Mme Dubreuil, quand elle se connecte sur le site Scholtès, par exemple, ne le fait pas par curiosité, ou pour passer le temps. Elle a besoin d'un renseignement précis, et urgent. Elle veut savoir comment nettoyer sans rayer sa plaque de vitrocéramique, sur laquelle elle vient de passer par inadvertance une éponge abrasive qui y est restée scotchée ; et elle attend qu'on lui réponde d'autant plus vite que pendant ce temps, la plaque en question est inutilisable. Huit jours plus tard, lassée d'attendre, elle s'adresse au dernier droguiste du quartier, qui lui donne de quoi se sortir d'affaire. Mais la relation avec Scholtès est définitivement abîmée, et le jour où Mme Dubreuil changera d'équipement électroménager, c'est sûr, elle s'en souviendra.

Normes – Temps

Quand Zara habitue ses consommatrices au renouvellement permanent et fréquent des modèles, cette accélération temporelle devient la norme pour tout le secteur, et les marques qui ne peuvent pas s'aligner prennent du retard sur le leader, ce qui dans un secteur comme la mode peut s'avérer dramatique. Mais il faut, en amont, la capacité de le faire : chez Zara, entre l'idée d'un nouveau modèle et son arrivée en boutique, il ne s'écoule pas plus de deux semaines.

C'est en adoptant les deux principes du « just in time » et du « zéro stock » deux nouvelles normes du métier – que ZARA s'est hissée, en vingt-cinq ans, au premier rang des marques de prêt-à-porter.

Positions – Projets

Ces deux pôles, on l'a vu, sont « naturellement » liés l'un à l'autre par le simple fait qu'un projet identitaire commence toujours par la définition de la position dans laquelle on se trouve à l'instant T, avant un éventuel passage à l'instant T1. LEVI'S a joué sur cet axe aussi longtemps que l'adoption d'un 501 équivalait à un rite de passage de *boy* à *man*. Les cigarettes WINSTON ont fait de même, dans les années 1970, en se présentant comme la cigarette de l'âge adulte, quand « avec la maturité vient le goût du plaisir ».

Positions – Relations

En disant « Faites équipe avec Lapeyre », la marque proposait une dyade symétrique et renonçait à la position de supériorité technique qu'avait l'enseigne avant de créer son service d'installation à domicile en 1998. Ce changement correspondait à un changement de cible : jusque-là LAPEYRE s'était adressée aux « bricoleurs lourds », alors que sa clientèle s'était progressivement répartie entre 30 % d'artisans et 70 % de particuliers.

Positions – Temps

Pendant quelques années, CHRONOPOST s'est intitulé ni plus ni moins que « Les maîtres du temps ».

Projets – Relations

Quand le CLUB MED s'est mis à moduler sa sacro-sainte formule égalitaire (table de huit pour tout le monde, célibataires logés à deux dans la même chambre, etc.), son projet était de s'adapter à l'air du temps, et l'air du temps n'était plus au communautarisme façon *Les Bronzés*, mais à la prise en compte de désirs plus individualistes de la part des GM. Il s'en est inévitablement suivi une modification des relations : la marque cassait un rituel et introduisait du jeu dans sa formule, en permettant à ceux qui voulaient dîner en tête-à-tête, échapper au restaurant collectif, ou dormir solo, de le faire. L'identité du Club en a été profondément modifiée.

Projets – Temps

C'est un axe que France Telecom a travaillé lorsqu'elle disait : « Nous allons vous faire aimer l'an 2000. »

Temps – Relations

ooshop.com, service de commande en ligne de Carrefour, dit bien que « le respect des horaires de livraison est primordial, car c'est là notre premier point de contact avec nos consommateurs. » Une étude américaine a montré, il y a quelques années, que la meilleure impression était laissée – dans le cas d'une banque sollicitée pour une demande d'information – non par celle qui répondait *avant* le délai annoncé, ni évidemment par celle qui le dépassait, mais par celle qui donnait l'information exactement à l'heure dite et au jour annoncé. La ponctualité, ici, est peut-être encore plus importante qu'un gain de temps marginal.

Bien entendu, à mesure que l'identité de marque s'élabore, les liens se multiplient et se déplacent non plus seulement entre deux pôles, mais entre trois, ou quatre pôles, ou davantage.

Physique – Espace – Relations

Nespresso doit son succès, d'abord confidentiel, à l'alliance d'un double produit (la machine à espresso individuelle + le café), d'un « Espace » de marque qui, au début, a été restreint, luxueux, douillet, et des relations créées dans cet espace, avec l'appui d'un marketing direct lui-même très soigné : les clients se sentaient privilégiés, reçus, presque élus. Conformément au principe de tenségrité évoqué précédemment, les manipulations actuellement opérées sur le pôle « Espace » de Nespresso, par exemple avec l'ouverture de la « boutique » des Champs-Élysées, vont inévitablement avoir des répercussions sur l'identité d'une marque initialement confidentielle. On ne peut pas avoir les mêmes relations avec ses clients dans un petit hôtel particulier de la plaine Monceau, à Paris, ou dans un lieu de vente spacieux sur l'une des artères les plus fréquentées du monde.

Physique – Espace – Temps

Les boulangeries PAUL vendent du pain : les pôles « Physique » et « Espace » sont donc indissociablement liés. S'y ajoute une dimension temporelle travaillée dans de nombreux détails évocateurs du passé : escouades de mitrons coiffés d'une faluche à l'ancienne, qui s'activent, à la vue des clients, à pétrir et à cuire toutes sortes de pains spéciaux, et non de la baguette blanche. Le mobilier intérieur (bois, présentoirs), les uniformes des vendeurs, les devantures noires participent à cette imagerie du vieux fournil qu'on croit souvent issue d'une pure et simple démarche marketing, c'est-à-dire d'un trompe-l'œil. Fausse piste : la famille Holder, détentrice des boulangeries PAUL, est bel et bien dans le métier depuis deux siècles. Le marketing a simplement servi à mettre en scène une vérité jusqu'alors invisible.

Mêmes ingrédients chez STARBUCKS : l'« Espace » (le café, le bistrot, tel qu'on le conçoit en Italie ou en France) et le « Physique » (le p'tit noir, le café comme boisson et matière première) ont été alliés dès l'origine avec le « Temps », puisque l'enseigne ouverte par Howard Schultz ouvrait un troisième moment dans la journée des citadins, un temps détendu et suspendu, rien que eux, entre celui du travail et celui de la vie privée.

Du Physique au Projet

Longtemps, TOTAL ou SHELL ont été chez nous des marques associées à un produit (l'essence), élargi à la station-service dans laquelle on pouvait se le procurer. Désormais, l'une comme l'autre – pour des raisons faciles à imaginer – affichent des projets qui dépassent de loin l'horizon des programmes politiques les plus ambitieux. TOTAL se concentre sur une communication qui pourrait être celle d'un centre mondial de recherche et de développement sur les ressources de l'environnement, et SHELL va jusqu'à parrainer dans la presse améri-caine de pleines pages de textes à la gloire d'une association humani-taire fourmillant de projets pour l'Afrique, textes dans lesquels il n'est nulle part question de Shell[1].

Du Temps à l'Espace

La lessive SuperCroix 73 (date du premier lancement) est devenue SuperCroix Secrets d'Ailleurs (en l'occurrence, et en théorie, du Maroc, du Japon ou de Madagascar, d'où sont censés provenir les parfums ajoutés au détergent).

Du Temps au Physique

C'est le déplacement qu'a tenté d'opérer 1664 en lançant la variété de bière blanche, la 1664 Blanche.

Un tableau de bord de l'identité montrerait que les marques en bonne santé, en vitesse de croisière, manipulent environ un tiers de ces 21 liens, et le doublent, voire davantage, en phase d'activité intense. De plus, elles veillent à pratiquer une rotation minimale de ces liens, de manière à varier les prises de parole et à éviter tout danger de sclérose.

L'avantage de raisonner par liens à partir des 7 pôles est de bien faire apparaître la dimension globale de l'identité de marque et de concré-tiser cette intuition qu'on a tendance à oublier : dans le système marque, tout est lié, donc la plus petite action se répercute sur l'ensemble, le long des fils tracés par les liens qui unissent indissocia-blement les pôles entre eux.

TOUS LES PÔLES ?

Avec le recul du temps, on voit bien comment certaines grandes marques ont travaillé les 7 pôles de leur identité de marque, le plus

---

1. Time, *Campagne Principal Voices*, 2007.

souvent de façon intuitive et tous ou presque, en même temps, ce que rendait possible la vision initiale de leur fondateur.

Ikea

Chez IKEA, le pôle Physique est activé à la fois par les couleurs du logo (jaune et bleu : celles du drapeau suédois), les produits (ameublement simple et fonctionnel, conditionnement en kit), et leurs prix (peu élevés, bien en évidence). Le pôle Espace joue à la fois sur l'éloignement et la proximité, et non par hasard : conformément au souhait de son fondateur, Ingvar Kamprad, IKEA est bel et bien vu comme « typiquement suédois à l'étranger » (c'est-à-dire « venant d'ailleurs »), et en même temps proche (« ici ») de ses 450 millions de visiteurs par an, dans les 34 pays où la marque comptait 220 magasins en 2008. L'organisation spatiale des magasins, très rationnelle, participe elle aussi à l'identité : elle est rigoureusement identique partout dans le monde, sauf dérogations spéciales et très rares. C'est que les normes, chez IKEA, sont nées d'une rupture avec les normes du marché de l'ameublement dans les années 1950 en Europe, et de l'établissement de normes maison aussi claires que strictes. Normes de qualité, avec les célèbres tests de matelas, fauteuils, canapés ; normes du prix (ils doivent toujours être bas) ; normes de management, de recrutement, d'organisation juridique et financière : il y a une « Ikea Way » qui circule partout dans la culture d'entreprise, et qui assure sa cohérence interne et externe. Il existe même des Tables de la loi, ou au moins Neuf commandements auxquels tout le monde est prié d'adhérer (« Pas de camelote chez Ikea ! Mais jamais la qualité ne devra constituer un but en soi, il s'agit avant tout de l'adapter aux besoins de la clientèle. »[1])

Le pôle du Projet était posé dès le départ, et IKEA continue à l'exécuter fidèlement : il s'agissait de fournir à tout le monde de quoi se meubler de façon moderne et au coût le plus bas possible, sans compromis sur la qualité. Bref, un projet démocratique où le célèbre design suédois était d'emblée mis à contribution, et plutôt deux fois

---

1. B. Torekull, *Un design, un destin, la saga Ikea*, Michel Lafon, 2000.

qu'une, car « à la fois doté d'une vraie valeur esthétique et conçu d'emblée pour une fabrication automatisée, c'est-à-dire peu coûteuse ». Il s'ensuit logiquement que la Position d'Ikea est affirmative (elle équivaut à dire : « Je suis un démocrate militant ») et complémentaire (« Je forme le goût de la foule de mes clients en les initiant au design »), clients qui ont l'air ravis d'être ainsi éduqués en douceur à ce design, et derrière lui, à un certain mode de vie simple, naturel, sans ostentation, qui n'oublie jamais ses racines scandinaves, comme en témoignent aussi les noms des produits. Cette Position entraîne l'identité de marque, au pôle des Relations, dans le registre d'une solidarité de type communautaire ou familial avec sa clientèle[1] : l'étroitesse et la régularité des contacts comptent davantage que la profondeur des échanges. Le rituel l'emporte sur le jeu, et la relation sur le contenu. La routine, chez Ikea, a du bon parce qu'elle a du sens.

Quant au pôle du Temps, on aurait tort de croire qu'il est moins activé que les autres. Non seulement Ikea incarne la modernité en démontrant tous les jours sa capacité d'adaptation à de nouveaux marchés, en Chine, en Russie, au Moyen-Orient, mais ses campagnes de publicité se renouvellent sans cesse et ne ratent pas une occasion de s'inscrire dans l'actualité, comme on l'a vu en France au moment de la dernière campagne présidentielle avec le site « oui-au-changement.com ». Son utilisation d'Internet, par exemple pour l'opération « Cuisine » en 2006, contribue à l'ancrer dans le présent, tout comme son inventivité en matière de *street marketing* (habillage des bus et métros français à l'automne 2007, sur le thème du manque de place, pour promouvoir la gamme de rangements modulaires Pax) et le renouvellement, quatre fois par an, de la gamme textile, ne laissent aucun doute : Ikea est une marque pleinement contemporaine.

---

1. Pour 76 % des Français, Ikea est une marque dévouée qui simplifie la vie quotidienne et trouve des solutions à tout en cas de problèmes (sondage BVA, juin 2007).

Club Med

Autre marque ayant très vite manipulé les sept pôles de l'identité : le
CLUB MED.

Dès le début, on l'a vu précédemment, le Projet était clair : « Rendre
la vie plus belle que l'ordinaire, approcher le rêve de la tribu avec ses
codes, ses rites, sa langue et ses initiations : un monde nouveau où
les humains n'auraient plus qu'à aimer et à s'aimer, donner vie à une
utopie qui pouvait exister au moins le temps des vacances. »[1] L'apparition du mot « rites » prouve aussi que, d'emblée, la marque a
travaillé le pôle des Normes selon un schéma classique (comme chez
IKEA : refus de la norme du métier qu'on aborde, puis instauration de
normes nouvelles, propres à la marque) et celui des Relations : le
CLUB MED a été, longtemps, une marque extrêmement ritualisée dont
les codes demandaient un temps d'apprentissage aux nouveaux
venus, et pouvaient même rebuter certains d'entre eux. Le pôle
Physique, quant à lui, a été immédiatement porteur d'une identité
forte : camps de tentes installées en bord de mer, dans des endroits
paradisiaques, et regroupées sous le nom de « village », qui n'a
évidemment rien d'innocent. La formule du « tout compris » était
également une nouveauté, tout comme l'organisation des restaurants
en tables de huit personnes. On est déjà, ici, dans le pôle Espace –
espace privé comme l'est celui d'un club, ou espace clos d'un village.
La vie au CLUB MED, pour ceux qui choisissent de ne pas en sortir et
qui le peuvent grâce, précisément, à la formule du « tout compris »,
se passe comme dans une bulle nomade, la même quel que soit le
pays où elle se trouve. En même temps, cet espace est ouvert sur la
mer. Ce fut d'abord une mer vaste mais fermée (la Méditerranée),
puis des océans, puis d'autres paysages, peu à peu, dans le monde
entier.

Mais c'est au pôle du Temps que la construction d'une identité de
type utopique apparut de manière frappante : c'était un temps à la
fois suspendu, structuré, et déstructuré. Suspendu, parce qu'il inter-
rompait le train-train de la vie quotidienne. Structuré, parce qu'une

---

1. *La Saga du Club, op. cit.*

fois au Club, l'emploi du temps des vacanciers ne leur laissait pas une minute de libre. Repas, sport, animations, spectacles, de l'aube à l'aube, chaque heure, chaque minute était occupée. Déstructurée, parce qu'on était en même temps libre de dormir en plein jour, de danser toute la nuit, de boire et de manger à point d'heure.

Quant au pôle des Relations, on y observait un remaniement des rapports humains inédit : tout le monde se tutoyait, chacun était encouragé à porter un paréo et rien d'autre (avec leçons, en début de séjour, sur les diverses façons de le nouer), l'ingénieur et l'ouvrier pouvaient se retrouver coude-à-coude à la même table. Pas de hiérarchie entre les membres du Club (relations symétriques), mais ce Club était organisé pour les « Gentils Membres » par le chef des « Gentils Organisateurs » (relations complémentaires).

Depuis, beaucoup d'eau a coulé sous les ponts, et le Club a changé d'identité, quelquefois en douceur, quelquefois en traversant des turbulences qui auraient pu lui être fatales.

Qu'en est-il aujourd'hui ?

Pratiquement tous les pôles de l'identité ont été réactivés différemment, et réorientés vers le haut de gamme, sélectionnant *ipso facto* une population bien différente de celle qui composait le Club à l'origine. Or, une marque est une coproduction, et on le voit bien ici : les clients font la marque, et quelquefois même, la défont, la déforment. En changeant de clientèle, on change donc d'identité. De fait, le Club d'aujourd'hui ne ressemble plus guère à celui des origines. On ne s'y tutoie plus, ni entre clients, ni entre clients et animateurs, serveurs, ou moniteurs. On rénove les hôtels, on agrandit les chambres, on ferme les villages de cases, on ouvre des spas, des suites avec *room services*, et aux restaurants, on peut s'installer par tables de deux, de quatre, de six, de huit. Fini, l'ère du retour à la nature. Les bons sauvages ont laissé place aux « HR », c'est-à-dire à des clients définis par leur pouvoir d'achat (les « hauts revenus »). Autrement dit, le Physique, l'Espace et le Temps du Club se rapprochent de plus en plus de celui du tourisme de luxe. Son Projet n'a plus rien d'utopique : quand son président, H. Giscard d'Estaing, prend la parole, c'est le plus souvent dans la presse économique. Il s'agit de gagner de l'argent et de satisfaire une nouvelle catégorie de clientèle, avec laquelle les Relations sont de l'ordre d'une bonne transaction marchande, rien de plus. La Position du CLUB MED est moins celle d'un chef de camp ou de village que d'un commerçant assez avisé pour promettre, ni plus ni moins, « Tous les bonheurs du monde. » Plus question d'œuvrer à la « libération intérieure de l'homme » qu'imaginaient les fondateurs : la satisfaction des actionnaires a désormais la priorité. Elle doit beaucoup au virage pris par le CLUB MED en direction du haut de gamme, toute la question étant de savoir comment conserver une identité forte quand on entre dans un segment de marché où les traits les plus marquants de cette identité (la convivialité, le mélange des genres et des gens) ne font pas partie des habitudes d'une clientèle exigeante et qui peut facilement trouver ailleurs ce qu'elle recherche. Quand il n'y avait qu'un CLUB MED, son avantage concurrentiel était indéniable. Que devient cet avantage, quand ce nom ne désigne plus qu'une chaîne de *resorts* de luxe comme il en existe des dizaines dans le monde, notamment en Asie, en Amérique et dans le Pacifique ? Mais peut-être le Club réussira-t-il son pari, qui est d'imposer un hybride issu de son passé et de sa métamorphose actuelle avec le concept de « luxe décontracté » ?

QUI ACTIVE LES 7 PÔLES DE L'IDENTITÉ DE MARQUE ?

Il serait trop beau que les départements marketing aient toute liberté de modifier à leur gré l'identité d'une marque. Tous les manuels du monde peuvent leur affirmer le contraire, la réalité les démentira toujours.

Dans la pratique, il y a quatre acteurs susceptibles d'influer sur cette identité, sciemment ou pas :

- l'entreprise propriétaire et/ou gestionnaire de la marque ;
- les consommateurs ;
- la concurrence ;
- le hasard.

Inutile de s'appesantir sur le rôle des trois premiers.

Si une marque est une coproduction entre l'entreprise et les consommateurs, tout ce qui se passe chez ceux-ci et chez celle-là peut avoir des répercussions directes ou indirectes, immédiatement ou à long terme, sur la vie de la marque et son identité. Il suffit de voir les efforts désespérés du CLUB MED pour se débarrasser de l'image des *Bronzés*, succès de cinéma fidèlement décalqué de la vie au Club dans les années 1970, pour mesurer à quel point une entreprise est à la merci de ce que ses clients feront de sa marque. Même chose avec l'exemple précédemment cité de HARLEY-DAVIDSON.

L'entreprise elle-même influe, bien entendu, sur les identités de marque. Un turnover rapide a très souvent des conséquences elles-mêmes rapides, voire cacophoniques, dans la trajectoire d'une marque que chaque nouveau dirigeant met un point d'honneur à envoyer dans une direction différente de celle choisie par ses prédécesseurs. Comment BIG BOSS repérerait-il ses meilleurs hommes, s'ils ne se faisaient pas remarquer par des initiatives audacieuses ? Dès lors, tous les moyens deviennent bons, même les plus dangereux, pour faire progresser les résultats à très court terme. C'est ainsi que l'on voit de belles marques s'effondrer deux ou trois ans après le passage éclair d'un petit Attila du marketing.

Naturellement, les changements d'actionnaires interviennent également pour maintenir ou modifier les identités de marque. Quand L'ORÉAL rachète THE BODY SHOP, marque encore imprégnée d'une idéologie anti-l'oréalienne, on peut se demander ce qu'il en restera une fois consommée cette union contre-intuitive. Quand Alan Lafley prend la direction de PROCTER & GAMBLE, les marques du groupe reprennent une vigueur nouvelle, et celles qu'il rachète (GILLETTE, CLAIROL ou WELLA) peuvent être sûres que leur identité sera sérieusement revissée ou révisée. Les aléas de la vie d'APPLE ne peuvent guère être dissociés des allers et retours de Steve Jobs à sa tête. Chez BENETTON, la fin du tandem LUCIANO-TOSCANI a marqué un tournant très net. Un journal comme *The Times* a été si bien infléchi par son dernier propriétaire que la presse économique peut analyser le phénomène en titrant : « L'empreinte de Murdoch »[1]. La fameuse

---

1. *Les Échos*, juillet 2007.

innovation après laquelle courent toutes les marques ne s'épanouit pas dans n'importe quelle culture d'entreprise, elle-même parfois trop lourde pour être ébranlée par le plus énergique des patrons.

Quant au pouvoir d'influence des concurrents d'une marque sur son identité, il est souvent dénié, mais non moins indéniable. MICHELIN avait beau avoir dans les gènes l'ancêtre du GPS, cela ne lui a pas suffi pour imposer au marché son système de navigation routière, signé ViaMichelin. On tient là un bon exemple à opposer aux tenants des vertus de l'ADN de marque, car indéniablement, MICHELIN avait tout inventé : les cartes routières, le balisage des routes, le célèbre guide qui porte son nom, et même un « Bureau des renseignements », boulevard Pereire, à Paris, qui offrait aux voyageurs des feuilles personnalisées, intitulées « Itinéraires Michelin » suggérant le meilleur trajet en fonction des envies ou contraintes de chacun. C'était en 1908, et le succès fut immédiat. Exactement un siècle plus tard, leur version numérique, des navigateurs portables fixés au tableau de bord par une ventouse, s'arrêtent après seulement deux ans d'existence. Pas moyen de déloger MAPPY, leader du marché, ni même de contrer GOOGLE MAPS. MICHELIN, qui « ne croyait pas au GPS », avait pris trop de retard. Ses concurrents lui ont barré la route et mis à mal, dans le même temps, son identité de champion de l'innovation.

Toutefois, la concurrence peut aussi jouer positivement sur l'identité d'une marque, et même contribuer à la construire en quelque sorte à l'envers : de ce point de vue, APPLE n'existerait pas sans IBM, ni QUICK sans McDONALD'S.

L'acteur dont on ne reconnaît le rôle qu'avec réticence, dans l'univers des marques (du moins, sur le versant marketing), c'est l'ennemi juré, celui que l'on combat avec acharnement en cherchant par tous les moyens à le neutraliser : le hasard.

Et pourtant, tout porte à croire qu'il a plus de poids que les trois autres, parce qu'il influe sur eux aussi.

Démonstration.

Aujourd'hui, un MAC est un ordinateur de la marque APPLE, par abréviation de son nom originel, le Macintosh. Quel rapport entre APPLE et Macintosh ? En botanique, l'un est une variété de l'autre : au début du XIXe siècle, un fermier canadien, John MacIntosh donna son nom à une variété de pomme rouge vif, devenue aujourd'hui l'une des plus vendues au monde.

Mais, c'est d'un autre Macintosh, aussi célèbre, que nous allons parler ici – ce qui demande quelques éclaircissements, car les MacIntosh, d'origine écossaise comme leur nom l'indique, ont eu d'innombrables descendants. Celui qui nous occupe est né à Glasgow et se prénommait Charles. Encore faut-il préciser : Charles tout court, sinon c'est à Charles Rennie MacIntosh, le non moins célèbre architecte, que l'on pourrait penser. Non, Charles MacIntosh tout court, son aîné de presque un siècle, était un industriel, chimiste et inventeur. En 1823, il créa un procédé à base de caoutchouc permettant d'imperméabiliser les tissus. Vu le climat de son pays natal, on imagine sans peine le succès de cette trouvaille, et de ce fait, en Angleterre, on a longtemps dit familièrement un « mackintosh » comme on dit aujourd'hui un imper.

Ce Charles Macintosh avait une nièce, Elizabeth Pugh-Barker, née en 1809. Comme beaucoup de jeunes Anglaises de sa génération, elle fut envoyée en France, à Paris, pour y parfaire son éducation dans un pensionnat tenu par une certaine Mme Daubrée. Cette dame n'était pas n'importe qui : n'allons pas imaginer quelque sordide Maman Vauquer tenant la pension du même nom dans *Le Père Goriot*, à peu près à la même époque. Non, Mme Daubrée était une respectable veuve dont la famille avait fait fortune dans le sucre avant d'être ruinée à la suite des guerres napoléoniennes, et qui ne recevait que des jeunes filles de la meilleure société.

Son fils Édouard, militaire de carrière qui avait lui-même combattu à Waterloo, tentait au même moment de remonter, tant bien que mal, la sucrerie familiale. Le blocus britannique sur les importations en provenance des Antilles, qui avait eu raison de la fortune des Daubrée, l'avait rendu prudent, et donc résolu à ne pas se contenter de raffiner du sucre de canne importé, mais à fabriquer lui-même du sucre de betteraves, industrie toute nouvelle que Napoléon Ier soutenait par de nombreuses subventions.

Restait à Édouard Daubrée à choisir où s'implanter. Ce fils de parisiens, curieusement, avait fait ses études à Clermont-Ferrand, peut-être pour des raisons de santé, l'air des monts d'Auvergne étant à l'époque réputé plus pur que celui de la capitale. Sans doute en gardait-il un bon souvenir, car il choisit d'y retourner et de s'installer à Lavaur, au bord de l'Allier.

Entre-temps, il avait remarqué, courtisé, puis épousé l'une des pensionnaires de sa mère, la belle et blonde Elizabeth Pugh-Barker. Mais à peine le jeune couple avait-il eu le temps de donner naissance au petit Ernest qu'une violente crue de la rivière au bord de laquelle s'étendaient les champs de betteraves, la raffinerie et la maison, détruisit tout en quelques heures.

Vers qui se tourner, après une telle catastrophe ?

Vers Aristide Barbier, ami d'enfance et lointain cousin d'Édouard, récemment rentré d'un séjour en Guadeloupe où il s'était initié au commerce du sucre, et d'où il rapportait non seulement des capitaux, une bonne expérience des affaires, mais deux petites filles, Émilie et Adèle, issues d'un mariage abrégé par la mort prématurée de sa femme.

En 1832, Édouard Daubrée et Aristide Barbier décident de s'associer pour prendre leur revanche sur un destin contraire, et commencent sagement par le métier qu'ils connaissent : raffiner du sucre. Cette fois, ils ne s'en chargent pas eux-mêmes, mais se contentent de fournir du matériel aux raffineries de la région. L'affaire démarre en douceur, et c'est alors que le récit bifurque, soit côté *Veillée des Chaumières*, soit dans *L'épopée industrielle en Auvergne*, chapitre premier : la préhistoire.

Selon la première version, la jeune Mme Daubrée se souvient un beau jour des petites balles en caoutchouc que son oncle MacIntosh lui fabriquait, quand elle était enfant, et qui rebondissaient de façon si amusante. Pourquoi ne pas en fabriquer pour ses propres enfants ? Il suffirait d'un peu de latex, que son mari fait venir du Brésil — alors premier producteur mondial de caoutchouc — et voilà les petits Daubrée jouant à la balle avec leurs amis, qui bientôt accourent en nombre. Leur mère, obligeante et voyant le succès de ce nouveau jouet, se met bientôt à en fabriquer d'autres pour les distribuer peu à peu à tous les enfants du voisinage.

La seconde version, moins primesautière, nous montre la même Mme Daubrée à la tête de l'atelier Barbier & Daubrée, en plein centre du vieux Clermont-Ferrand, en train de découper des bandes de caoutchouc à l'aide de quelques ouvrières. Édouard la décharge bientôt de ce travail ingrat en inventant une machine qui accélère la production, tandis que l'ami Barbier se met à voyager pour vendre les balles, surtout dans les écoles, tout en réfléchissant à ce qu'on pourrait bien faire d'autres avec du caoutchouc. Des tuyaux, des courroies, des joints, des pompes d'arrosage ?

Autant de bonnes idées. Bientôt, l'atelier se transforme en fabrique, se déplace au bord d'une rivière, et recrute davantage de main-d'œuvre. Sur quoi, en 1863, Aristide Barbier meurt, et l'affaire se met à péricliter doucement, jusqu'à frôler la faillite.

C'est alors qu'entrent en scène les deux filles de Barbier, Émilie et Adèle. Nous sommes en 1886. Adèle a 57 ans et le sens des affaires, comme son père. Pour tâcher de sauver ce qui peut l'être encore, et soutenue par sa sœur, elle fait d'abord appel à son fils aîné, un ingénieur de l'École centrale qui a démarré une jolie carrière d'entrepreneur dans la métallurgie à Bagnolet, où les commandes affluent. C'est un bon vivant qui aime la fête et les plaisirs de la vie parisienne, mais son sens du devoir l'emporte, et il rejoint sa ville natale.

André se met au travail. D'abord, trouver de quoi payer les factures, les salaires en retard, amadouer les banques, mettre de l'ordre dans la paperasse. Ensuite, explorer les ressources de l'usine. Familier de la fonte et du fer, il ne connaît rien au caoutchouc, mais il apprend vite, d'autant qu'on a fait des progrès avec l'invention de la vulcanisation, qui prolonge les propriétés de ce matériau plein d'avenir.

À peine un an plus tard, le voilà qui invente un premier dispositif, un patin de frein en toile et en caoutchouc pour les voitures à cheval qui supprime tout grincement, progrès couronné d'une médaille de bronze à l'Exposition universelle de 1889. Le succès est immédiat, y compris en Angleterre, car en même temps que ce nouveau patin, André a inventé un nom à la mode, et à consonance britannique,

« *The Silent* ». Il n'est pas seulement doué pour l'industrie et les affaires, il l'est aussi pour la publicité.

De qui tenait-il tant de talents contradictoires ? Nul ne le sait. Adèle Barbier, sa mère, avait épousé un fonctionnaire des douanes avec un tempérament d'artiste du nom de Jules Michelin. Son frère cadet Édouard, semblait avoir hérité du même tempérament : élève prometteur du peintre Bouguereau aux Beaux-Arts, il suivit néanmoins l'exemple de son frère et le rejoignit peu après pour fonder avec lui, en 1889, l'entreprise qui porte leur nom.

À combien de hasards cette entreprise doit-elle d'avoir vu le jour ? À combien d'autres hasards a-t-elle dû de survivre jusqu'à aujourd'hui ? Quelle était la probabilité pour qu'Édouard Michelin traverse la cour de l'usine, un matin de septembre 1889, après qu'un cycliste anglais soit arrivé la veille dans un char à bœufs avec un pneu crevé ? Il avait fallu trois heures à ses ouvriers pour le réparer, plus une nuit de séchage. On teste la réparation devant le patron : le pneu crève à nouveau. Cet incident, dit la légende, marque le point de départ d'une idée qui fit son chemin dans la tête d'Édouard, et la fortune de la manufacture : un pneu démontable en un quart d'heure. La gestation dura presque deux ans, la naissance eut lieu en 1891 et reçut immédiatement une couronne de lauriers : en septembre, Charles Terront remporta la première édition de la course Paris-Brest-Paris sur une bicyclette équipée de pneus démontables MICHELIN.

La suite appartient à l'histoire de l'industrie française et même mondiale, dont MICHELIN est l'une des plus belles marques, malgré les menaces qui pèsent sur elle aujourd'hui.

De nombreux livres ont raconté la belle aventure de MICHELIN. L'un des plus récents commence par affirmer : « Nous verrons que la réussite de Michelin n'est pas le fruit du hasard. »[1] Un autre, dix ans plus tôt, s'interrogeait sur les raisons qui avaient pu pousser ses lointains fondateurs à s'installer en Auvergne, et aboutissait à la conclusion inverse : « Un historien du processus industriel, étudiant le développement des usines de caoutchouc avant même les débuts de Miche-

____

1. P.-A. Donnet, *La Saga Michelin*, Le Seuil, 2008.

lin dans cette région oubliée par les initiateurs de la révolution industrielle, région privée d'accès facile aux villes clés de la France industrielle, éloignée de ses sources de matières premières comme de ses clients, fut obligé de conclure que la consécration de Clermont-Ferrand comme capitale de Michelin et du caoutchouc n'était due qu'au hasard. »[1] Le premier revient lui-même sur une formule toute faite pour expliquer que la réussite de MICHELIN n'est pas le fruit du hasard « mais le résultat d'une alchimie assez rare dans le monde de l'industrie : la combinaison réussie et hautement stimulante entre le génie créatif, une bonne gouvernance, un sens aigu des affaires, la priorité à la recherche, au développement et aussi l'audace. »[2] Cette alchimie – pour ne pas dire mystère – conduit l'auteur à poser la question, quelques lignes plus loin, de la « bonne fortune » dont a bénéficié François Michelin, petit-fils et successeur d'Édouard.

Mais, la bonne ou la mauvaise fortune, n'est-ce pas l'autre nom du bon ou du mauvais sort, autrement dit du hasard ? Et ce même hasard n'est-il pas revenu sans cesse croiser la route de MICHELIN ?

N'a-t-il pas participé à la croissance de la firme dans les années 1920, lorsque les autorités françaises décidèrent de limiter les importations de produits en caoutchouc, ce qui favorisa *ipso facto* le leader français ? N'a-t-il pas joué un rôle déterminant dans le rapprochement avec CITROËN, son débiteur, dont MICHELIN devait devenir propriétaire dans les années 1930, acquérant du même coup un formidable levier à la commercialisation du pneu radial, le pneu X ? Et dans la conception de ce célèbre pneu X ? On sait qu'il doit beaucoup à un ingénieur maison, Marius Mignol. Mais celui ne serait-il pas resté simple employé de bureau si Édouard Michelin, entrant un jour au service des exportations, n'avait remarqué, sur sa table, un objet insolite ? Il s'agissait d'une règle à calcul bricolée pour aller plus vite. Le patron, impressionné, décida que Mignol était un véritable génie et devait travailler au service technique, où, en effet, il participa de manière décisive à la mise au point du pneu X.

---

1. H. Lottman, *Michelin, 100 ans d'aventures*, Flammarion, 1999.
2. *La Saga Michelin, op.cit.*

On n'en finirait pas, en décortiquant l'histoire de MICHELIN, d'aligner de tels exemples. On en trouverait autant chez L'ORÉAL, chez SONY, chez KELLOGG'S, chez GUINNESS. Partout, dans l'univers des marques comme ailleurs, se vérifie la loi en vertu de laquelle « le nez de Cléopâtre eut-il été plus court, la face de la terre en eut été changée », comme l'avait observé Pascal à propos des aléas de l'amour. Mais, à propos, surtout, de la « vanité » des hommes, car tel est le titre sous lequel sont rassemblés ces fragments de *Pensées* où Pascal évoque, en réalité, la fragilité des liens que nous établissons parfois entre telles causes et tels effets, et la démesure des conséquences que nous en tirons.

Le marketing croit au pouvoir suprême de la volonté. Couplé à cette croyance virile, son rationalisme forcené le pousse à traquer sans relâche les causes de la réussite ou de l'échec des marques, pour en tirer autant de leçons permettant d'éviter celui-ci et d'atteindre à coup sûr celle-là. Dans cette foire aux bonnes recettes, il y a pléthore de vendeurs, sauf un : celui qui se risquerait à rappeler qu'il n'y a pas de recette infaillible, et que s'il existe des conditions meilleures que d'autres pour favoriser le succès, aucune ne protège contre l'intrusion du hasard.

Mais si le marketing devait reconnaître le rôle que joue le hasard dans la vie des marques, il se saborderait lui-même, puisque pour l'essentiel, il vend des certitudes, des méthodes, des exemples – s'il le faut, même, sous la forme de 22 lois réputées « infaillibles »[1].

Plaignons ceux qui se seront laissé prendre à ce pur artifice marketing qui ne leur vend rien d'autre que le talent de leurs auteurs. Il n'y a pas de lois en marketing, seulement quelques règles, et donc, autant d'exceptions. S'il devait y en avoir une, ce serait celle-ci : le hasard viendra tôt ou tard bousculer vos plans, et vous ne saurez jamais d'avance si ce sera pour le pire ou pour le meilleur.

---

1. *Les 22 lois du marketing, op. cit.*

Conclusion

> *… la seule grande et véritable idée force de cette société
> concurrentielle : la marchandise et la marque.*
>
> *Simulacre et simulation*, J. Baudrillard

En fin de compte, et pour en revenir à ce que beaucoup considèrent comme l'essentiel : à quoi sert l'identité de marque ?

D'abord à gagner de l'argent. Ce sont les professionnels qui le disent, y compris les plus pragmatiques d'entre eux, tel Sergio Zyman.

Il officia treize ans – en deux fois – à la tête du marketing de COCA-COLA, et le moins qu'on puisse dire, c'est que ce n'est ni un rêveur ni un tendre. Sur la couverture de son livre[1], sa photo ne laisse aucun doute à ce sujet, et le surnom que lui avaient donné les publicitaires américains non plus : ils l'appelaient Aya-Cola. Sa conception du marketing est d'un radicalisme à faire frémir ses confrères les plus orthodoxes, mais il n'hésite pas, en même temps, à renverser leurs convictions les mieux ancrées. Écoutons-le parler d'une des marques dont il avait la responsabilité, en plus de Coca : FANTA. Il raconte comment, chaque fois qu'il fallait pousser les ventes, la solution consistait à lancer de nouvelles variétés (à la pomme, à la framboise, etc.), avec des résultats finalement très inquiétants. Pourquoi ? Voici sa réponse :

> FANTA était fondamentalement une marque à base de citron. Avec les nouveaux parfums, on commençait à diluer l'intégrité et l'identité de la marque. D'accord, chacun de ces nouveaux parfums provoquait un

---

1. *The End of Marketing as We Know It, op. cit.*

accroissement des volumes, mais si on commençait à examiner leur compte d'exploitation, on s'apercevait que même si les volumes augmentaient, la "profitabilité" globale de la marque se détériorait rapidement. Si on avait continué, à la fin, on n'aurait plus gagné d'argent du tout.

L'identité de marque sert aussi à conquérir des marchés. Le président de Shiseido a pour ambition de devenir le numéro un mondial des cosmétiques au XXIe siècle. Interrogé sur les moyens d'y parvenir, il répond :

> Nous essayons de mettre en valeur l'identité de Shiseido, fondé dans le quartier de Ginza, à Tokyo, au Japon. Dans la mondialisation en cours, il est très important pour une entreprise de garder son identité. C'est en la respectant que nous parviendrons à nous internationaliser et à atteindre nos objectifs.[1]

Absolut en a fait la démonstration : seule une identité forte pouvait lui permettre de pénétrer le marché très fermé des vodkas aux États-Unis, et l'on sait avec quel soin cette identité a été travaillée, entretenue et protégée. Cadbury pense également que c'est « son identité et sa position prééminente sur le marché anglais du chocolat qui ont servi de tremplin au développement international de la marque. »[2] Etam déclare : « Si nous tenons tellement à développer notre identité de marque, c'est parce qu'elle nous servira de passeport pour attaquer plus efficacement les marchés étrangers. » L'identité de marque sert également à reconquérir des positions perdues. On sait ainsi que la relance du Club Med s'est faite à partir du constat de la perte de « l'esprit Club » qui avait présidé aux débuts de la belle aventure :

> Au début des années 1970, l'image, l'identité et le produit étaient parfaitement alignés. Depuis, le produit a évolué mais l'image est restée la même. L'identité était donc tiraillée entre les deux. Le Club Med doit redevenir plus proche des jeunes, en cultivant à nouveau une "culture pirate" qui était la sienne originellement.

Chez Rémy Cointreau, la dispersion des filiales à travers le monde avait fini par peser sur l'identité de la marque, jusqu'à la vider de sa

---

1. *Les Échos*, novembre 2000.
2. *Brand Warriors, op. cit.*

substance. C'est un travail de fond sur l'identité qui a permis de la redresser et de faire remonter sa courbe des ventes alors que le marché restait stable. Même chose chez YSL, au moment de son rachat par Gucci : un gros travail de réflexion interne a été mené autour des « valeurs fondatrices de la marque YSL, de manière à pouvoir fédérer l'ensemble des actions autour d'une identité unique et forte, la même pour les parfums, les cosmétiques, les licences, qui jusque-là manquaient d'unité. » Ironie de l'histoire : c'est également la dilution de son identité qui avait mené Gucci au bord du gouffre vers le milieu des années 1990, et c'est le resserrement de cette identité autour d'un stylisme agressif et extrêmement cohérent, contrôlé dans les moindres détails, qui a permis ensuite son spectaculaire redressement.

Mais, s'il fallait souligner une fois de plus que la réflexion sur l'identité est un travail sans fin, un processus en perpétuel devenir, on notera qu'aucune des marques précédemment citées n'a pu se reposer longtemps sur le constat auquel elles avaient abouti. Quelques années – moins de dix ans – ont suffi pour que Gucci, YSL, Cointreau et le Club Med voient de nouveau leur identité évoluer, mais pas toujours dans le sens qui leur aurait été le plus favorable.

L'identité de marque, enfin, sert à perdurer, et la marque perdure d'autant mieux que cette identité est claire. Chez Ikea, elle est si limpide et si cruciale qu'elle figure en tête des « neuf commandements » édictés par son fondateur I. Kamprad. (« N° 1 : L'identité : notre assortiment. Nous devons proposer une vaste gamme d'articles d'ameublement esthétiques et fonctionnels, à si bas prix que le plus grand nombre pourra les acheter. »)

Inversement, que se passe-t-il quand on ne dispose pas d'une identité de marque forte ?

On peine à conquérir des marchés, comme l'avoue le directeur général de Wal-Mart Europe. Sa tête de pont étant établie en Angleterre et en Allemagne, avec moins de 350 magasins de formats disparates, on lui demande s'il n'envisage pas d'autres acquisitions pour atteindre une taille critique dans d'autres pays européens. Que répond-il ?

> **L**e problème n'est pas la taille, mais l'identité de l'enseigne. Que ce soit
> dans l'alimentaire ou le non-alimentaire, nous avons la même puissance
> d'achat que n'importe quel grand distributeur européen. Nous voulons
> être le meilleur, pas le plus gros.[1]

Il faut croire que ce projet n'a pas pu s'appuyer sur une identité suffisamment forte, puisque WAL-MART a jeté l'éponge et quitté l'Europe en 2006.

Sans identité forte, on perd l'avantage compétitif qui avait été à l'origine du succès de la marque, comme l'a constaté A. Norman, président d'ASDA, une célèbre chaîne de supermarchés anglaise : à force de copier ses concurrents SAINSBURY et TESCO, et d'investir dans des diversifications coûteuses, ASDA « avait fini par saper l'identité de marque qui avait fait son succès, et donc traversait une triple crise : crise financière, crise de confiance, et crise d'identité. »[2] La recette appliquée par A. Norman pour redresser la situation ? Restaurer l'identité de la marque dans toutes ses dimensions – et il insiste à plusieurs reprises sur le fait que bien qu'ASDA soit une enseigne, c'est bien la logique de marque qu'il s'agissait de lui appliquer, et qui a permis en cinq ans d'apurer ses dettes, de remonter la courbe des ventes et de retrouver le profit. Même constat pour GAP, au moment de s'installer en France : son implantation en Grande-Bretagne ou au Japon a été plus rapide du fait que la marque souffrait chez nous, d'après son président, d'un « déficit d'identité ». La marque est pourtant bien placée pour savoir que c'est là un levier majeur pour la conquête ou la reconquête d'un marché : elle a fait la démonstration qu'elle l'avait compris dès 1983, au moment où elle changea radicalement d'identité pour se transformer de vendeur de jeans en démocratiseur du casualwear, avec le succès que l'on sait (et qui avait été calculé dans le moindre détail, du logo jusqu'au merchandising en passant par les produits et la publicité). Mais l'usure du temps refaisant sans cesse son travail de sape, fin 2000 GAP s'est retrouvé de nouveau en perte d'identité et en difficulté financière, à force d'avoir multiplié les ouvertures de magasins aux quatre coins du monde sans

---

1. *Les Échos*, 26 juillet 2000.
2. *Brand Warriors, op. cit.*

prendre garde à la banalisation des produits. Et les turbulences continuent : une excursion du côté de la mode, un retour précipité vers le sportswear… on finit par s'y perdre.

CS✴SO

L'identité est bel et bien devenue un concept clé du marketing, dont aucune marque ne saurait aujourd'hui se passer. Celles qui en ont une la protègent et la surveillent comme le lait sur le feu, et les autres se demandent comment faire pour en acquérir une, la renforcer, ou la gérer. Il n'est pas un de leurs problèmes – fusions, acquisitions, diversifications, marketing relationnel, publicité, sponsoring, mécénat, promotion, on en passe – qui n'ait quelque chose à voir, de près ou de loin, avec la question de leur identité. Dirigeants et commentateurs en témoignent à longueur d'interviews : « L'identité est le bien le plus précieux d'une entreprise »[1], elle est « centrale pour la vision stratégique de la marque. »[2] Elle devient même partie intégrante de la définition d'une marque, comme on put le voir à l'entrée d'une exposition londonienne sur le sujet, en janvier 2001. Le premier panneau qui accueillait les visiteurs affirmait en effet :

> Une marque est un nom ou un symbole qui distingue un produit ou un service de ses concurrents. Dans le monde commercial d'aujourd'hui, chaque marque est dotée d'une identité complexe, créée par le marketing, la publicité, les relations publiques et le design. La valeur des marques repose sur l'acceptation par le consommateur de cette identité.[3]

Et si l'on se demande quel est le secret des plus grandes marques, même réponse :

> L'identité de la marque a représenté la pierre angulaire de la stratégie de Coca-Cola.[4]

Dès lors que tout le monde est d'accord sur l'importance de l'identité de marque, restait à examiner la façon dont le marketing la conçoit.

---

1. *Les Échos*, 28 juin 2000.
2. *Building Strong Brands, op. cit.*
3. J. Pavitt, *Brand New, op. cit.*
4. *L'Audace et le marché : l'invention du marketing aux États-Unis, op. cit.*

Or il la conçoit aujourd'hui comme il concevait hier ou avant-hier la plupart de ses « concepts » : en transposant aux marques des idées d'un autre âge. Idées certes vénérables, mais de plus en plus déphasées par rapport à une époque qui est en train de redéfinir radicalement un concept comme l'identité.

La preuve ? Cherchons-la en comparant ce que l'on en disait hier et ce que l'on en dit aujourd'hui.

Une assez bonne illustration de la façon dont on se représentait traditionnellement l'identité a été offerte par l'un de nos plus éminents biologistes, prix Nobel de médecine, François Jacob. Dans *La Statue intérieure*, son livre de mémoires, il commence par se poser l'inévitable question : « Comment en suis-je arrivé à être ce que je suis ? » Voici comment il y répond : « Je porte ainsi en moi, sculptée depuis l'enfance, une sorte de statue intérieure qui donne une continuité à ma vie, qui est la part la plus intime, le noyau le plus dur de mon caractère. Cette statue, je l'ai modelée toute ma vie. »[1]

Depuis l'enfance, c'est-à-dire depuis les années 1930. Le témoignage est précieux, mais il vient d'un passé qui s'éloigne de plus en plus à mesure que l'eau coule sous les ponts. Les conditions de vie ont changé, les mentalités ont évolué. La question n'est pas de savoir si c'est en bien ou en mal, mais dans quel sens. Et tout confirme que ce sens est celui d'une dilution. Le « noyau dur », qui contiendrait et protégerait l'identité individuelle à son plus haut degré de concentration, est en train de se dissoudre. Conséquence : on ne peut plus se représenter l'identité de marque comme une extension de l'identité humaine sans tenir compte de cette dissolution. La statue intérieure, de plus en plus souvent, est devenue statue de sable.

Les raisons en sont multiples et bien connues, les sociologues ne cessent de nous les rappeler : redéfinition des frontières entre identités masculine et féminine, éclatement des unités familiales, recomposition sociale sous l'effet du mixage de l'immigration, perte des repères idéologiques qu'étaient les appartenances religieuses ou politiques, morcellement et redéfinition des identités professionnel-

---

1. F. Jacob, *La Statue intérieure*, Odile Jacob, 1996.

les, aucun des grands points fixes, individuels ou collectifs, autour desquels les générations précédentes trouvaient de quoi se définir ne subsiste. Nous en sommes à l'ère de « l'individu incertain »[1], de la « crise des identités »[2], et les rêveries secrètes d'un enfant d'autrefois ne sont désormais plus les nôtres, mais bien plutôt les intuitions de Brecht : « Notre permanence, que nous la chérissions ou (…) que nous la regrettions, n'est faite que de changement. Notre corps, loin d'avoir la relative stabilité concrète que nous croyons lui connaître, est une structure abstraite traversée par un rapide flux de matière qui se plie provisoirement à une forme assez lentement variable. »

Une discipline comme le marketing, qui se veut à la pointe de la modernité, peut-elle ignorer une telle mutation ? Évidemment non. C'est pourquoi ce livre a été conçu comme une machine à laver les idées reçues (y compris les miennes) en matière d'identité de marque. L'exercice est périlleux, mais il est impossible d'assister à une évolution aussi radicale du concept d'identité sans en tirer les conséquences lorsqu'on applique ce concept à d'autres champs que celui de l'expérience humaine – et par exemple au marketing. Nous n'avons même le choix qu'entre deux solutions : ou bien nous cramponner vaille que vaille à nos vieilles habitudes de pensée, ou bien essayer d'accompagner l'émergence d'une nouvelle approche de l'identité, et en tirer les conclusions qui s'imposent quand on transpose ce concept aux marques.

Pour ma part, j'ai choisi la deuxième solution, et j'engage tous les responsables de marque à en faire autant.

Et si, en fin de compte, je ne devais leur donner qu'une seule raison de le faire, je leur donnerais celle-ci : la vie des marques évolue si vite qu'elle ne peut plus s'accommoder d'une conception de l'identité trop statique. Non pas qu'il faille aller trop loin en sens inverse et se comporter comme une girouette sans tenir aucun compte des acquis du passé, mais ces acquis ne doivent pas se transformer en boulets. Les héritages trop lourds à porter ruinent leurs bénéficiaires plus qu'ils ne font leur fortune.

---

1. A. Ehrenberg, *L'Individu incertain*, Hachette Littérature, 1999.
2. C. Dubar, *La Crise des identités*, PUF, 2004.

En parlant d'un « code génétique » de la marque, en présentant son identité comme immuable, intouchable et quasi sacrée, le marketing classique a construit un tabou qui en dit plus long sur ses propres superstitions qu'il ne rend vraiment service aux entreprises confrontées aux problèmes posés par l'évolution des marques. On ne peut pas leur dire à la fois : « Renouvelez-vous » et « Ne touchez pas à l'identité de marque ». Le plus léger changement remanie l'identité de marque, parce qu'il n'y a pas une « surface » où s'opéreraient librement diverses modifications, et un « fond » où rien ne bougerait jamais et où l'identité serait assignée à résidence. Cette distinction est fallacieuse, tout le monde le sait désormais. On ne peut pas non plus leur dire : « N'allez pas sur tel marché » ou « Changez de niveau de prix » au seul motif que leur identité leur interdirait ou leur permettrait de le faire : si le déplacement vers un nouveau marché ou un changement de prix est la seule solution à un problème donné, il serait stupide d'y renoncer. Si la marque est solide, son identité y résistera, moyennant un minimum de précautions. Sinon, de toute façon, ce n'est pas la défense de son identité qui la tirera d'affaire.

Non, mieux vaut repenser l'identité de marque, la sortir du carcan où on l'a enfermée, et la faire évoluer dans la même direction que l'identité tout court. Mais pour ce faire, encore faut-il accepter de renoncer à toute espèce de confort intellectuel.

Hier, en effet, ce concept paraissait clair et solide. Aujourd'hui, si l'on s'informe auprès des spécialistes, il n'est plus ni l'un ni l'autre. À partir de là, on peut faire comme si de rien n'était : il y a des gens qui continuent de marcher droit devant eux même dans le vide, c'est un gag bien connu des dessins animés.

Ou bien on peut se lancer dans l'aventure d'une nouvelle réflexion, en tâchant de prendre en compte les données les plus récentes sur la question, comme j'ai tenté de le faire ici.

Ce n'est certes pas la voie la plus facile, mais c'est la plus intéressante, et à terme, la plus utile pour les marques.

Bibliographie

Aacker D. A., *Brand Leadership*, Free Press, 2000.

Aacker D. A., *Building Strong Brands*, Simon & Schuster Ltd, 2002.

Alard P., Dirringer D., *La stratégie de relation client*, Dunod, 2000.

Arnold D., *The Handbook of Brand Management*, Perseus, 1993.

Atlan H., *Entre le cristal et la fumée*, Le Seuil, 1986.

Balandier G., *Le Désordre*, Fayard, 1998.

Breton P., *Le Culte de l'Internet*, La Découverte, 2000.

Brun M., Rasquinet P., *L'Identité visuelle de l'entreprise*, Éditions d'Organisation, 1996.

Candau J., *Mémoire et identité*, PUF, 1998.

Carter D. E., *Branding : The Power of Market Identity*, Watson-Guptill Publications, 2002.

Chernatony L. (de), Mc Donald M., *Creating Powerfull Brands*, Butterworth Heinemann, 1998.

Cochoy F., *Une histoire du marketing*, La Découverte, 1999.

Collins J. C., Porras J. I., *Bâties pour durer*, First, 1996.

Damasio A. R., Tiercelin C., Larsonneur C. *Le Sentiment même de soi : corps, émotions, conscience*, Odile Jacob, 1999.

Danchin A., *La Barque de Delphes*, Odile Jacob, 1998.

Debord G., *La Société du spectacle*, Gallimard, 1996.

Decker C. L., *Winning with the P & G 99*, Pocket Books, 1999.

Dubar C., *La Crise des identités*, PUF, 2004.

Financial Times, Les Échos, PricewaterhouseCoopers, *L'Art du marketing*, Village Mondial, 2000.

Floch J.-M., *Identités visuelles*, PUF, 1995.

Jacob F., *La Statue intérieure*, Odile Jacob, 1996.

Gould S. Jay, *L'Éventail du vivant*, Le Seuil, 2001.

Kapferer J.-N., *Les Marques, capital de l'entreprise*, Eyrolles, 2007.

Kerckhove D. (de), *L'Intelligence des réseaux*, Odile Jacob, 2000.

Knapp D. E., *The Brand Mindset*, Mc Graw-Hill, 1999.

Kotler P., Dubois B., *Marketing Management*, Pearson Education, 2003.

Laplantine F., *Je, nous et les autres*, Le Pommier-Fayard, 1999.

Lendrevie J., Lévy J., Lindon D., *Mercator : théorie et pratique du marketing*, Dalloz, 2003.

Lévi-Strauss C., *L'Identité*, PUF, 2007.

Lévy Leblond J.-M., *Aux contraires*, Gallimard, 1996.

Lévy P., *Les Technologies de l'intelligence*, La Découverte, 1990.

Lipiansky E. M., *Identité et communication*, PUF, 1992.

Lipovetsky G., *L'Ère du vide*, Gallimard, 1989.

Lynch D., Kordis P., *La Stratégie du dauphin*, Les Éditions de l'Homme, 2006.

Mackay G., *The Future of Brands*, New York University Press, 2000.

Maffesoli M., *Le Temps des tribus*, Table Ronde, 2000.

Mannoni P., *Les Représentations sociales*, coll. « Que sais-je ? », PUF, 2006.

Marcenac L., Milon A., Saint-Michel S.-H., *Stratégies publicitaires*, Bréal, 2002.

Marion G., *Marketing, mode d'emploi*, Éditions d'Organisation, 2001.

Maucher H., *La Stratégie Nestlé*, Maxima, 1998.

Michel G., *La Stratégie d'extension de marque*, Vuibert, 2000.

Moore J. F., *The Death of Competition*, Wiley & Sons, 1996.

Morin E., *Pour sortir du XXe siècle*, Le Seuil, 1984.

Mucchielli A., *L'Identité*, coll. « Que sais-je ? », PUF, 2003.

Mucchielli A., *Théorie des processus de la communication*, Armand Colin, 1998.

Mucchielli A., *Théorie systémique de la communication*, Armand Colin, 1999.

Ogilvy D., *La Publicité selon Ogilvy*, Dunod, 2007.

Ouvrage collectif, *Brand Warriors*, HarperCollins Business, 1997.

Ouvrage collectif, *Identité(s)*, Sciences Humaines, 2004.

Ouvrage collectif, *The World's Greatest Brands*, Interbrand, New York University Press, 1997.

Ouvrage collectif, *Understanding Brands*, Kogan Page, 2006.

Pringle H., Thompson M., *Brand Spirit*, Wiley & Sons, 1999.

Perec G., *Je me souviens*, Hachette Littérature, 1998.

Ries A., Trout J., *Le Marketing guerrier*, Mc Graw Hill, 1987.

Ries A., Trout J., *Les 22 lois du marketing*, Dunod, 2003.

Ries A., Ries L., *Les 20 lois du capital marque*, Dunod, 2000.

Rosnay J. (de), *L'Homme symbiotique*, Le Seuil, 2000.

Schmitt B., Simonson A., *Marketing Aesthetics*, Free Press, 1997.

Séguéla J., *Hollywood lave plus blanc*, Flammarion, 1992.

Séguéla J., *Pub Story*, Hoëbeke, 1992.

Semprini A., *Analyser la communication*, L'Harmattan, 2000.

Semprini A., *La Marque, une puissance fragile*, Vuibert, 2005.

Sicard M.-C., *La Métamorphose des marques*, Éditions d'Organisation, 1998.

Sperber D., *La Contagion des idées*, Odile Jacob, 1996.

Tedlow R. S., *L'Audace et le marché, l'invention du marketing aux États-Unis*, Odile Jacob, 1997.

Treacy M., Wiersema F., *Discipline of Market Leaders*, HarperCollins, 1996.

Torekull B., *La Saga Ikea*, Michel Lafon, 2000.

Trigano G., Trigano S., *La saga du Club*, Grasset, 1998.

Underhill P., *La Science du shopping*, Village Mondial, 2001.

Upshaw L. B., *Building Brand Identity*, Wiley & Sons, 1995.

Varela F., *Invitation aux sciences cognitives*, Le Seuil, 1997.

Variot J.-F., *La Marque post-publicitaire*, Village Mondial, 2001.

Watzlawick P., Weakland J. H., *Sur l'interaction*, Le Seuil, 2004.

Watzlawick P. (dir.), *L'Invention de la réalité, contributions au constructivisme*, Le Seuil, 1988.

Watzlawick P., *Le Langage du changement*, Le Seuil, 1986.

Watzlawick P., BEAVIN J. H., JACKSON Don D., *Une logique de la communication*, Le Seuil, 1979.

Winkin Y. (dir.), *La Nouvelle Communication*, Le Seuil, 2000.

Zyman S., *The End of Marketing as We Know It*, HarperCollins, 2000.

Index des marques

A

Abercrombie 171
Absolut 167, 169, 185, 199, 205, 245, 278
Actimel 160, 167
Agnès B 177
Aigle 155, 180, 245
Air France 41, 151, 246
Alcyon 6
Alessi 167
Amtrack 13
Andersen Consulting 161
André 207, 272
Apple 39, 41, 75, 110, 156, 164, 202, 226, 230, 247, 248, 268
Ariel 159, 189, 210, 219
Armani 65, 195, 214
Asda 164, 280
Atlantic 6
Azzaro 220

B

Badoit 176
Bally 174, 195
Balmain 25
Bang & Olufsen 158, 169
Bass 13
Beiersdorf 218
Bell 57

A

Benetton 45, 180, 214, 268
BMW 186
BN 237
Bombay Sapphire 255
Boots 237
Bouygues Telecom 158
Brandt 8, 218, 232
British Airways 43, 151
British Petroleum 163
Brother 237
Buitoni 68
Bulgari 65
Burberry 45, 155, 173
But 256
Butagaz 155

C

Cacharel 162, 229
Cadbury 68, 126, 184, 218, 278
Calvin Klein 76, 194, 248
Campbell 155, 257
Camper 41, 247
Canon 26, 236
Caroll 169
Carrefour 69, 177, 201, 260
Cartier 65, 178
Chanel 39, 166, 190, 245
Chaumet 195
Chevignon 185
Chevron 26

Cinzano 68
Citroën 207, 227, 274
Clarins 29, 189, 191, 205
Clinique 29, 189
Club Med 60, 64, 170, 218, 235, 243, 259, 264, 278
Coca-Cola 37, 134, 154, 180, 193, 210, 218, 234, 245, 277
Colgate 8, 26, 46
Compaq 25, 152, 247
Conforama 255
Corona 9
Crédit du Nord 217

D

Daimler-Chrysler 214
Danone 62, 226, 254, 255
Décathlon 191, 247
Diesel 62, 177, 198, 238
Dim 158
Dior 65, 179, 186, 190, 227, 233
Disneyland 171
DKNY 176
Dyson 156, 167, 255

E

eBay 182
EDF 187, 227, 228
Épéda 200
Epson 237
Estée Lauder 29, 240
Etam 278
Evian 168

F

Fabergé 8
Fanta 277
Fauchon 146, 156
FedEx 26, 153, 191, 202, 257
Félix Potin 6

Femme Actuelle 190, 209
Ferragamo 65
Fidji 59
FNAC 109, 203
fnac.com 191
France Telecom 44, 187, 227, 234, 237, 246, 260

G

Gala 204
Gap 221, 228, 245, 247, 280
Gérard Darel 185
Gerblé 220
Google 182
Grand Optical 192, 203, 256
Gucci 65, 179, 190, 279
Guerlain 99, 157, 195

H

H&M 177
Halle aux Vêtements 40
Halles aux chaussures 207
Harley-Davidson 222, 268
Helly Hansen 63, 221
Hermès 62, 65, 156, 159, 181, 190, 193
Hewlett-Packard 226, 247
Hugo Boss 76, 247

I

IBM 25, 46, 109, 156, 247, 269
Ikea 169, 173, 180, 214, 256, 263, 279
iMac 42, 226
ING 156
Innocent 155, 256
iPhone 159

J

Jack Daniels 188

Jacques Vabre 159, 168, 175
Jaeger Le Coultre 194
Jaguar 62, 166, 179, 186

K

Kanterbrau 173
Keebler 13
Kenzo 246
Kodak 26, 41, 163, 239
Krisprolls 158

L

La Prairie 170
La Redoute 191
Lacoste 25, 63, 76, 155, 166, 185, 221, 247
Lancia 62
Lancôme 29, 167, 196, 247
Lapeyre 259
Lavazza 158, 191, 236
Le Monde 189, 208
Leclerc 158, 200, 204, 228
Lee Cooper 255
Lego 163
Les Échos 184
Levis 25, 155, 164, 185, 221, 259
LOréal 59, 175, 198, 240, 268
LU 210
Lustucru 40, 191, 256

M

M & Ms 160
Macintosh 41, 269
Maggi 6, 68
MAIF 99, 216, 228, 247
Marionnaud 254
Marks & Spencer 254
Marlboro 75
Mastercard 26
Mauboussin 216

McDonalds 41, 109, 134, 156, 180, 191, 218, 232, 237, 269
Melitta 163
Menier 206
Mercedes 148
Michelin 5, 68, 155, 166, 183, 205, 244, 269, 274
Microsoft 110
Miele 26, 155
Minelli 170
MMA 146, 192
Mobil 26
Monsavon 5
Motorola 156

N

Nespresso 156, 178, 260
Nestlé 29, 70, 92, 163, 177, 200, 209, 218, 226, 233, 237
New Balance 203, 220
New Man 174
Nicolas Feuillatte 176
Nike 171, 198, 203, 206, 217, 236, 245
Nina Ricci 195
Nivéa 156, 178, 217, 230, 244
Noa 162
Nokia 202
Noos 161, 218
Nouvelles Frontières 75

O

Old Virginia 173
Omo 6, 213
ooshop.com 260
Opium 215, 257
Orange 156
Orangina 156, 240
Ossau-Iraty 172

P

Paco Rabanne 159
Panzani 45, 168, 191
Paris-Match 204, 220, 238
Patagonia 75, 217, 246
Pataugas 62, 184, 235
Patek Philips 188
Paul 261
Paul Ricard 178
Perrier 157, 167, 222
Peugeot 39, 184, 188, 208
Philips 6, 167, 246
Pierre Cardin 177
Piper Heidseick 156
Porto Cruz 173
Prada 195
Procter & Gamble 43, 70, 209, 212, 268
Puget 173

Q

Quézac 173

R

Raider 160
Ralph Lauren 65, 174, 179, 214
RATP 15, 139, 171, 183, 187, 228, 246
Red Bull 156
Reebok 69, 203
Rémy Cointreau 278
Renault 25, 46, 70, 86, 179, 183, 208, 216, 244
Ricoré 156, 209
Roger & Gallet 184
Rolex 26, 240
Roquefort Société 173
Rosebud 7
Rossignol 156, 220

S

Sainsbury 280
Salomon 207
San Marina 207
San Pellegrino 173
Scholtès 258
Schweppes 185
Seat 99
Seb 207
Sephora 212
SFR 188, 210
Shell 25, 26, 68, 261
Shiseido 29, 278
Siemens 247
Sisley 170
Smart 148, 213
Smirnoff 205
SNCF 139, 168, 193, 228, 256
Société Générale 157
Sony 201, 206, 211, 213, 236, 248, 275
Starbucks 155, 157, 180, 226, 229, 239
Stimorol 247
Stolichnaya 205
Swarovski 157, 170
Swatch 150, 163, 182, 190, 202

T

Tag Heuer 194, 197
Teisseire 168
Tesco 280
The Body Shop 9, 75, 156, 180, 210, 257, 268
The Economist 208
Tiffany 156
Timberland 63, 155, 180, 212, 221
Tipiak 173
Toblerone 174
Tods 185
Toshiba 25, 201

Total 10, 26, 217, 227, 254, 261
Toyota 178, 201
Treets 160
3 Suisses 143, 191, 232, 252
Twix 160

U

Uncle Bens 69, 206

V

Vache qui Rit 39, 189
Van Cleef & Arpels 184
Vaseline 159
Vinci 161
Virgin 163, 166, 203
Vivendi 161, 217
Vizir 210
Volkswagen 186, 198, 211, 235
Volvic 173

Volvo 169, 217
Vuitton 65, 179

W

Wal-Mart 280
Warsteiner 13
Winston 259

Y

Yahoo! 182
Yoplait 197, 206
Young & Rubicam 73
YSL 166, 191
Yves Rocher 76, 195

Z

Zap 206
Zara 177, 180, 258

Dépôt légal : Septembre 2008

Imprimé en Allemagne par BoD